Der Kartenprofi

Beim Lesen und Verstehen von Karten hilft der Kartenprofi.
So lese ich eine Karte:

1. Schritt: Eine Karte hat ein bestimmtes Thema.

Der Kartentitel sagt mir bereits einiges über die Karte.
Ich lese den Kartentitel.

Was ist nach dem Kartentitel das Thema der Karte?

2. Schritt: Eine Karte hat eine Legende.

Die Legende hilft mir, die Karte besser zu verstehen.
Ich suche die Legende der Karte und ihre einzelnen Punkte.

Ich lese die Legende:
- **Was bedeuten die Farben?**
- **Was bedeuten die Linien?**
- **Was bedeuten die Symbole?**

3. Schritt: Eine Karte hat einen Maßstab.

Mit dem Maßstab kann ich Entfernungen in der Karte berechnen.

- **Ich suche die Maßstabsangabe und notiere den Maßstab der Karte.**
- **Ich berechne mit dem Maßstab Entfernungen auf der Karte.**
- **Wie viele Kilometer entsprechen 1 cm auf der Karte?**

4. Schritt: Ich habe mir die Karte genau angesehen.

Ich habe die Legende sorgfältig gelesen.

Jetzt kann ich aufschreiben, was die Karte zeigt:
- **Was ist auf der Karte zu sehen?**
- **Was zeigen die einzelnen Punkte der Legende?**
- **Welche Informationen aus der Karte sind neu für mich?**

Hilfen zum Lösen von Aufgaben (Operatoren) Teil 1

Was ist zu tun?
In den Arbeitsaufgaben dieses Buches wirst du aufgefordert, etwas Bestimmtes zu tun. Hier kannst du nachlesen, was du jeweils genau machen sollst, wenn du die Aufgabe nicht sofort verstanden hast. Die Aufgaben sind mit [⚀, ⚁, ⚂] gekennzeichnet. Die Würfel geben jeweils ungefähr an, wie schwierig die Aufgaben sind.

⚁ Befrage

Du sollst jemandem, der über eine Sache Bescheid weiß, eine Frage zu einem Sachverhalt stellen.

⚁ Berichte

Du sollst eine Sache oder ein Ereignis mit deinen Worten darstellen.

⚀ Beschreibe

Du sollst einen Sachverhalt oder Materialien gut geordnet darstellen.

⚀ Besprich

Im Klassengespräch sich zu einer Sache äußern.

⚂ Beurteile

Hier sollst du einen Sachverhalt überprüfen und ein Urteil abgeben. Wichtig ist, dass du dein Urteil von der Sache her oder deiner Meinung nach begründest.

⚂ Diskutiere

Hier sollst du deine Meinung, also das „Dafür" und „Dagegen" einer Sache mit deiner Partnerin (bzw. Partner) oder mit der Klasse besprechen und deinen Standpunkt gut begründen.

⚁ Entwirf

Du sollst zunächst einen Entwurf, eine Vorzeichnung, eine Skizze für eine spätere Darstellung, z. B. auf einer Wandzeitung, machen.

⚂ Entwickle

Du sollst für einen Sachverhalt, ein Problem einen Lösungsvorschlag, einen Gegenvorschlag formulieren.

⚁ Erarbeite

Aus den Materialien sollst du einen Sachverhalt so untersuchen, dass du Zusammenhänge zwischen oder innerhalb der Materialien darstellen kannst.

⚁ Erkläre

Mithilfe verschiedener Informationen sollst du einen Sachverhalt im Zusammenhang so darstellen, dass Bedingungen, Ursachen, Gesetzmäßigkeiten und Zusammenhänge verständlich werden.

⚂ Erkundige

Du sollst jemanden, der über eine Sache Bescheid weiß, befragen (Eltern, Schulleiter/-in, Geschäftsmann, Handwerker, Museumsleiter/-in), um eine bestimmte sachliche Auskunft zu bekommen.

⚁ Erläutere

Hier sollst du Sachverhalte an Beispielen oder Theorien verdeutlichen.

⚁ Erstelle

Du sollst eine Tabelle, eine Übersicht, einen Bericht anfertigen.

⚀ Fasse den Text mit deinen Worten zusammen

Zunächst musst du den Text genau lesen, dann solltest du dir wichtige Stichwörter notieren und dann mündlich oder schriftlich die wichtigsten Inhalte des Textes wiedergeben.

⚁ Fertige

Du sollst etwas herstellen, z. B. eine Zeichnung.

C **Bayerns Schlösser.** *Karte.*

B Indien. ***Karte.***

Menschen | Zeiten | Räume

MITTELSCHULE • BAYERN

Geschichte / Politik / Geographie

Herausgegeben von
Wolfgang Humann
Manuel Köhler
Dr. Elisabeth Köster
Dr. Dieter Potente

Erarbeitet von
Monika Adler-Schmid
Katrin Blaufuß
Thorsten Bröckel
Markus Gumbiller
Wolfgang Humann
Manuel Köhler
Dr. Elisabeth Köster
Dr. Dieter Potente
Claudia Zwinger

Cornelsen

Autorinnen und Autoren: Monika Adler-Schmid, Thorsten Bröckel, Markus Gumbiller, Wolfgang Humann, Manuel Köhler, Dr. Elisabeth Köster, Dr. Dieter Potente, Claudia Zwinger
Redaktion: Johannes Völker, Matthias Vogel
Bildassistenz: Anja Schwerin
Grafik/Illustrationen: Carsten Märtin, Oldenburg; Joana Stratmann, Oldenburg; Michael Teßmer, Hamburg
Karten: Carlos Borrell Eikötter, Berlin

Umschlaggestaltung: ROSENDAHL BERLIN
Technische Umsetzung: L101 Mediengestaltung, Fürstenwalde
Titelfoto: Getty Images

www.cornelsen.de

Soweit in diesem Lehrwerk Personen fotografisch abgebildet sind und ihnen von der Redaktion fiktive Namen, Berufe, Dialoge und Ähnliches zugeordnet oder diese Personen in bestimmte Kontexte gesetzt werden, dienen diese Zuordnungen und Darstellungen ausschließlich der Veranschaulichung und dem besseren Verständnis des Inhalts.

Die Mediencodes enthalten zusätzliche Unterrichtsmaterialien, die der Verlag in eigener Verantwortung zur Verfügung stellt.

1. Auflage, 1. Druck 2018

Alle Drucke dieser Auflage sind inhaltlich unverändert und können im Unterricht nebeneinander verwendet werden.

Druck: Firmengruppe APPL, aprinta Druck, Wemding

ISBN 978-3-06-064897-9 (Schülerbuch)
ISBN 978-3-06-065266-2 (E-Book)

Inhaltsverzeichnis

Kapitel 8: Lernzirkel: Wir nutzen Ressourcen 204

ANHANG

Methoden/Arbeitstechniken im Buch

Kl = Klappe

Ein Rundgang durch das Buch

Liebe Schülerin, lieber Schüler,
wir möchten dir kurz die Seiten dieses Buches vorstellen.

Auftaktseiten
Jedes Kapitel startet mit einem großen Bild. Du kannst Eindrücke sammeln und Vorwissen zusammentragen.

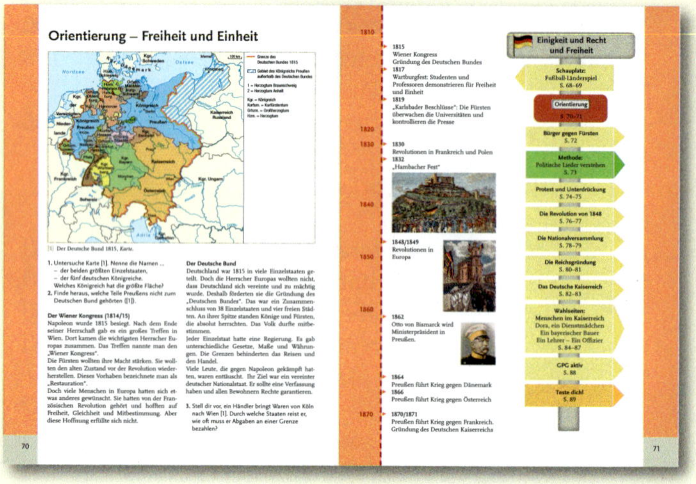

Orientierung
Hier kannst du dir einen zeitlichen und räumlichen Überblick verschaffen. Ein Wegweiser zeigt einen **Überblick** über das Kapitel.

Lexikon
Ab S. 217 im Buch findest du ein Lexikon. Hier gibt es Erklärungen zu vielen schwierigen Wörtern.

Aktiv-Seiten
Hier findest du Ideen und Tipps, wenn du mit der Klasse ein Projekt zum Thema, eine Werkstatt-Arbeit oder mehrere „Miniprojekte“ durchführen möchtest.

Teste dich!
Jedes Kapitel endet mit einer „Teste dich!“-Seite. Hier kannst du dein Wissen und Können testen.

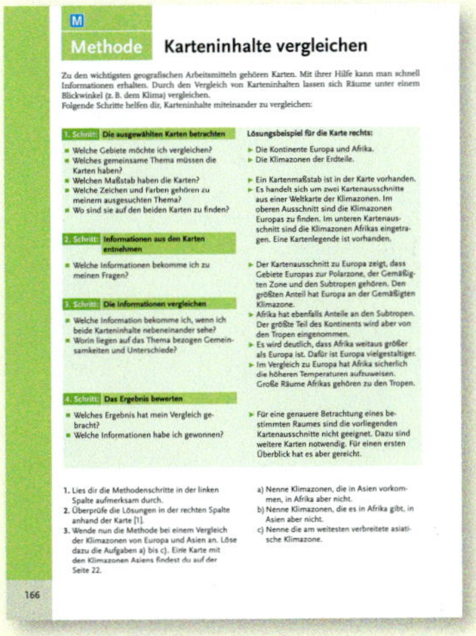

Methode
Du kannst Schritt für Schritt erlernen, wie du aus verschiedenen Quellen und Materialien Informationen entnehmen, diese verarbeiten und schließlich deine Lernergebnisse präsentieren kannst.

M

Der **Mittlere-Reife-Zug**, auch M-Zug, M-Zweig oder M-Klasse genannt, ist fester Bestandteil des bayerischen Schulsystems. Der M-Zug beginnt in der siebten (M 7) und endet in der zehnten Klasse (M 10) nach der erfolgreichen Abschlussprüfung mit dem mittleren Schulabschluss. Mit einem guten Notendurchschnitt in den Fächern Mathematik, Deutsch und Englisch ist es den bayerischen Mittelschülern ab der siebten Jahrgangsstufe möglich, von der Regelklasse in die entsprechende M-Klasse zu wechseln. M-Klassen haben einen eigenen Lehrplan, der sich jedoch stark an dem der Regelklassen orientiert. Die im Lehrplan Plus genannten Kompetenzen für die M-Klassen sollen die Schülerinnen und Schüler dazu befähigen, schwierigere Aufgabenstellungen eigenständig zu lösen.
Im Lehrwerk Menschen|Zeiten|Räume **Band 7** sind Inhalte und Aufgaben für die M-Klasse ausgewiesen und besonders gekennzeichnet (M). Gleichwohl können diese Inhalte und Aufgaben teilweise auch von Schülern der Regelklasse bearbeitet werden.

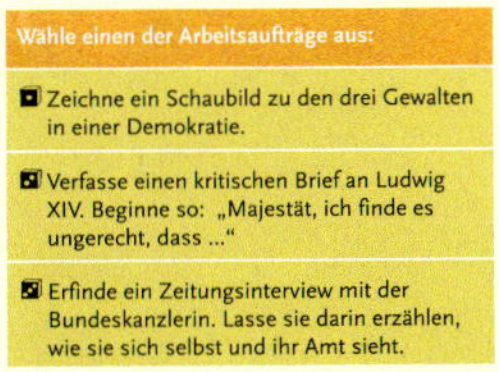

Wähle einen der Arbeitsaufträge aus:

- Zeichne ein Schaubild zu den drei Gewalten in einer Demokratie.
- Verfasse einen kritischen Brief an Ludwig XIV. Beginne so: „Majestät, ich finde es ungerecht, dass …“
- Erfinde ein Zeitungsinterview mit der Bundeskanzlerin. Lasse sie darin erzählen, wie sie sich selbst und ihr Amt sieht.

Differenzierungsangebot: Auf vielen Doppelseiten gibt es einen gelben Kasten mit Wahlaufgaben. Hier kannst du einen Arbeitsauftrag auswählen. Die Aufgaben mit ⚀ sind etwas leichter, die Aufgaben mit ⚂ etwas schwieriger zu lösen. In der Regel haben die Aufgaben eine mittlere Schwierigkeitsstufe ⚁.

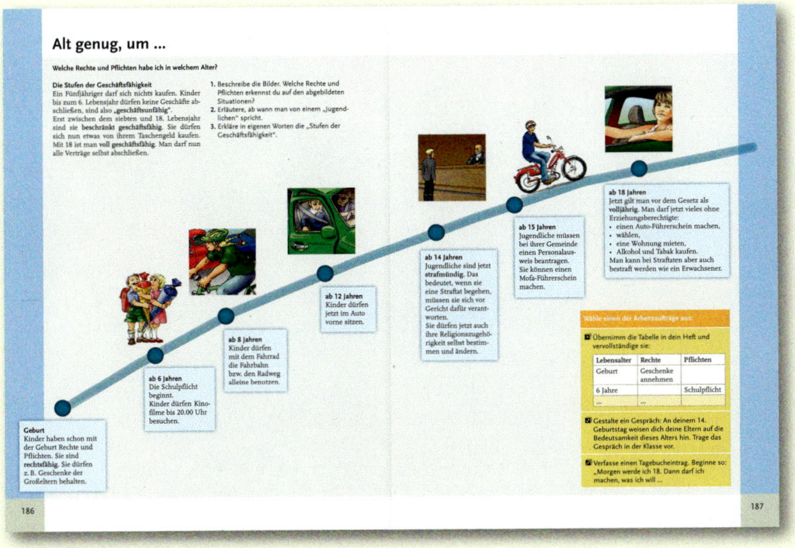

Themendoppelseiten
Oben auf der linken Seite findest du eine Leitfrage. Sie zeigt, worum es auf der Doppelseite geht. Fremdtexte sind mit einem grauen Balken markiert. Schwierige Begriffe haben ein Sternchen und werden in einem Kasten erklärt.

Asien – Kontinent der Extreme

Shanghai – Millionenstadt in China

Shanghai ist eine Hafenstadt im Osten Chinas. Dort leben etwa 23 Millionen Menschen. Shanghai ist das wirtschaftliche Zentrum Chinas. Wo noch vor 20 Jahren Ackerland war, liegt heute der Stadtteil Pudong mit dem 632 Meter hohen Shanghai Tower.

1. Beschreibe die Abbildung.
2. Wie stellst du dir das Leben in Shanghai vor? Vergleiche mit deinem Heimatort.
3. Notiere Fragen, die du zu Shanghai hast.

HSBC

Schauplatz Shanghai

[1] Panoramabild vom Fluss Huangpu, dem neuen Stadtteil Pudong und dem alten Stadtzentrum. *Foto, 2016.*

1. Betrachte die Abbildungen [1] bis [5]. Welche Eindrücke bekommst du vom Leben in Shanghai? Berichte darüber.

2. Finde Shanghai im Atlas auf einer Karte von China. Beschreibe die Lage.

Die Bedeutung Shanghais

Seit etwa 1980 hat sich Shanghai zu einem der bedeutendsten Handelszentren in der Welt entwickelt. Viele ausländische Firmen haben Niederlassungen in Shanghai. Der Stadtteil Pudong soll mit seinen Hochhäusern und Bürotürmen Chinas Zukunft darstellen. Direkt gegenüber von Pudong liegt der Bund, das ehemalige Zentrum der Stadt. Heute findet man dort teure Hotels, Geschäfte aller Art und Angebote für die zahlreichen chinesischen und ausländischen Touristen.

[2] Figuren in einem buddhistischen Tempel in Shanghai. *Foto, 2016.*

[3] Wohnen in einem der zahlreichen Hochhäuser in Shanghai. *Foto, 2017.*

Schattenseiten des Wachstums

Staus, Baulärm und die starke Luftverschmutzung (Smog) gehören zum Alltag in Shanghai. Kohlekraftwerke, Stahlwerke und der Autoverkehr belasten die Umwelt sehr. Besonders wichtig ist die Wasserqualität des Flusses Huangpu, aus dem die Stadt mit Trinkwasser versorgt wird. Man schätzt, dass etwa fünf Millionen Wanderarbeiter aus den ländlichen Gebieten Chinas im Großraum Shanghai leben. Die meisten Wanderarbeiter sind auf den zahlreichen Baustellen beschäftigt. Experten erwarten weitere fünf Millionen Menschen, die in den nächsten Jahren nach Shanghai kommen sollen.

Fakten zu Shanghai:

Einwohnerzahl:	etwa 23 Millionen (geschätzt); bevölkerungsreichste Stadt Chinas
Lage:	am Huangpu, einem Nebenarm des Jangtsekiang
Wirtschaft:	wirtschaftliches Zentrum Chinas; internationales Handels- und Finanzzentrum. Containerhafen. Wichtige Produkte: Textilien, Autos, Computer, Stahl.
Probleme:	Umweltbelastungen; Wanderarbeiter; Mieten

[4] Altes Wohnviertel. *Foto, 2017.*

Wohnungsmangel

Das Leben in Shanghai ändert sich sehr schnell. Zahlreiche alte Wohnviertel wurden abgerissen. Innerhalb von fünf Jahren wurden 2000 Hochhäuser gebaut. Die Mieten sind geradezu explodiert. Die Neubauwohnungen liegen oft am Stadtrand, weitab vom Arbeitsplatz.

[5] Chinesische Touristen am Bund. *Foto, 2017.*

3. Beschreibe die Folgen des Wohnungsmangels in Shanghai mit eigenen Worten.

Wähle einen der Arbeitsaufträge aus:

- ⚀ Notiere Stichworte, wie sich das Leben in Shanghai in den letzten Jahren verändert hat.
- ⚁ Sammle Gründe, warum ein Hafen wichtig für die Entwicklung einer Stadt sein kann.
- ⚂ Schreibe einen Bericht über Shanghais aktuelle Situation.

Orientierung – Asien

Welche Staaten gibt es in Asien?

[1] Der Kontinent Asien und seine Teilräume. *Politische Karte.*

1. Zeige die Grenzen Asiens auf der Karte [1]. Welche Meere bilden eine Grenze zu Asien?
2. Nenne Länder, die in Nordasien, in Vorderasien, in Zentralasien oder in Ostasien liegen.
3. Betrachte die Karte und nenne Länder, über die du schon etwas weißt. Erzähle in der Klasse.
4. Vergleiche Europa und Asien mithilfe der Angaben in den Fakten-Kästen.
5. Zähle Staaten Asiens auf, die keinen Zugang zum Meer haben.
6. Wähle ein Land in Asien. Erstelle einen kurzen Steckbrief des Landes.

Fakten zu Europa:
10 180 000 km² Landfläche
etwa 740 Millionen Menschen
50 Staaten
Besonderheiten: Teil von Eurasien
Keine eindeutige Grenze zu Asien.

Fakten zu Asien:
44 615 000 km² Landfläche
etwa 4 Milliarden Menschen
47 Staaten
Besonderheiten: größter Kontinent (Fläche, Bevölkerung)

Teilräume von Asien

Es gibt verschiedene Ansätze zur Unterteilung des Kontinentes Asien. Die Vereinten Nationen (UN) verwenden folgende Gliederung:

Nordasien
Vorderasien
Zentralasien
Ostasien
Südasien
Südostasien

[2] Vulkane auf Kamtschatka (Russland), *Foto 2016.*

[3] In Tokio (Japan), *Foto, 2017.*

Asien – Kontinent der Extreme

Naturräume Asiens

Welche naturräumlichen Rekorde kann man in Asien finden?

[1] Der Kontinent Asien. *Physische Karte.*

1. Notiere, was dir an der Karte [1] auffällt.

2. Beschreibe die Oberflächengestalt Asiens. Benutze dabei folgende Begriffe: Tiefebenen, Hochgebirge.

3. Beschreibe die Lage der Städte auf dem Kontinent Asien (Karte [1]).

4. Beschreibe den Verlauf der großen Flüsse in Asien.

[2] Am Baikalsee. *Foto, 2017.*

Der tiefste und älteste Binnensee der Welt liegt in Sibirien. Der Baikalsee ist über 1600 Meter tief und mehr als 25 Millionen Jahre alt. Er speichert eines der größten Süßwasservorkommen der Erde.

[3] Totes Meer. *Foto, 2016.*

Das Tote Meer ist das am tiefsten gelegene Gewässer der Welt. Der See liegt 428 Meter unter dem Meeresspiegel. Das Meer ist nicht „tot“. Viele Arten von Bakterien leben in dem stark salzhaltigem Wasser.

5. Lies die Texte zu den Bildern [2] bis [5]. Finde die genannten Orte auf einer Atlaskarte.

Was du sonst noch tun kannst ...

- Erforsche im Internet, welche Namen der Mount Everest noch hat. Berichte in der Klasse darüber.

[4] Der Mount Everest. *Foto, 2017.*

In Asien liegt die höchste Gebirgskette der Welt: der Himalaya. Im Himalaya befindet sich der höchste Berg der Erde, der Mount Everest. Er ist 8848 Meter hoch.

[5] Wüste Dascht e Lut im Iran. *Foto, 2015.*

In dieser Wüste wurden am Boden 78,2 Grad Celsius gemessen.

Wähle einen der Arbeitsaufträge aus:

- Suche in der Karte oder im Atlas Staaten Asiens, die im Hochgebirge oder im Tiefland liegen. Schreibe sie auf.
- Ordne die Staaten Asiens den einzelnen Teilräumen Asiens zu. Benutze dazu die Karte auf S. 14.
- Finde mithilfe der Asienkarte links Staaten, die Anteil an zwei verschiedenen Kontinenten haben. Notiere ihre Namen.

Klimazonen in Asien

Wie ist das Klima in Asien?

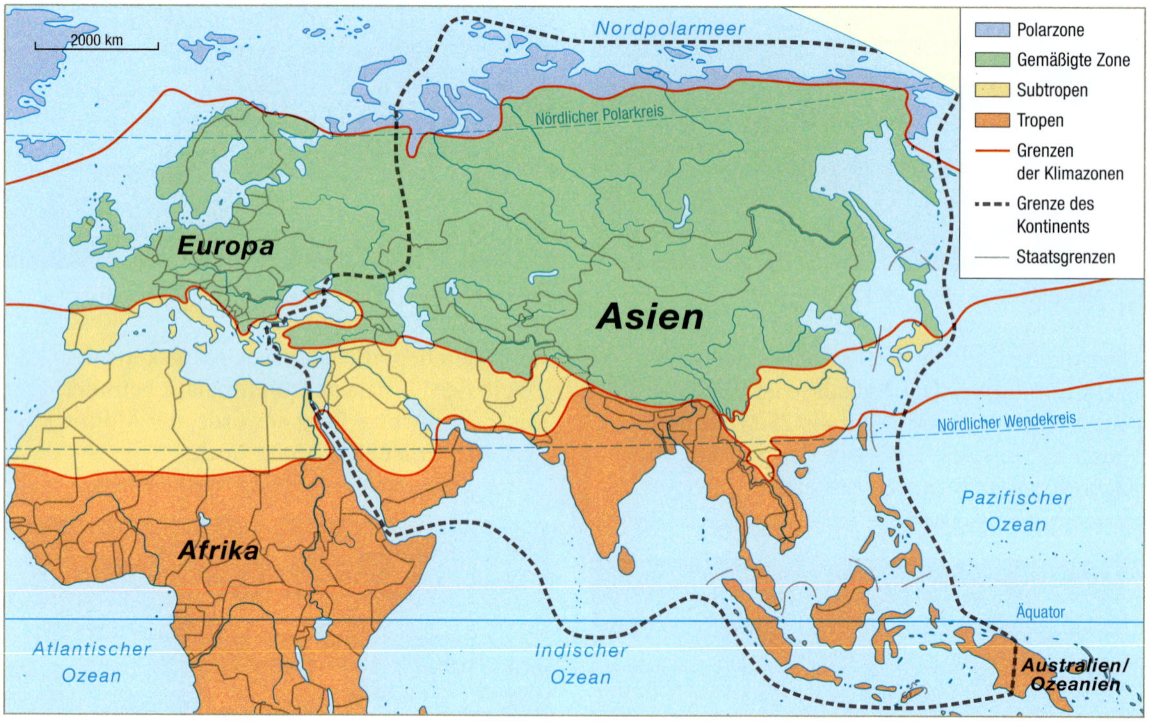

[1] Klimazonen in Asien. *Karte.*

1. Benenne die vier großen Klimazonen der Erde. Beschreibe ihre Lage in Asien mit der Karte [1].

Vielfältiges Klima
Auf dem asiatischen Kontinent sind alle vier großen Klimazonen vertreten.

[2] Jakutsk im Winter. *Foto, 2017.*

Die Temperaturen steigen vom nördlichen Sibirien bis in die tropischen Gebiete Indonesiens an. Die Niederschläge nehmen in der Regel von den Rändern des Erdteils Asien bis in die Mitte des Kontinents hin ab.

2. Werte das Foto und das Klimadiagramm von Jakutsk aus.

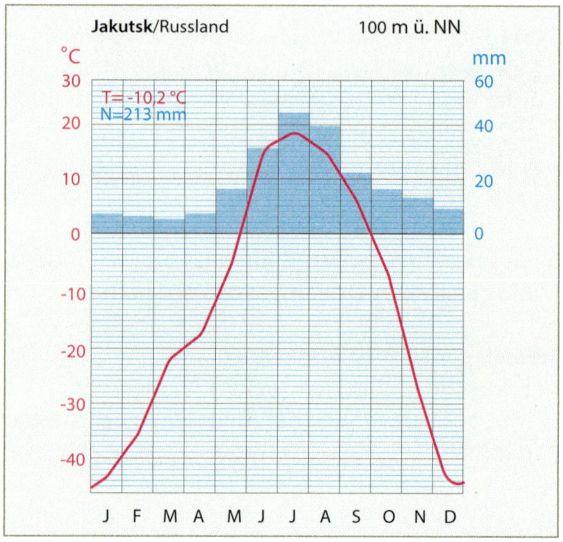

[3] Klimadiagramm Jakutsk.

[4] Gemäßigte Zone: *Usbekistan. Foto, 2017.*

[5] Landschaft im Irak. *Luftbild, 2016.*

[6] Tropische Zone: *Luftbild von Myanmar. 2016.*

Wähle einen der Arbeitsaufträge aus:

- Finde die Orte von [2] bis [9] im Atlas.
- Werte eines der drei Klimadiagramme oben aus. Notiere die Ergebnisse im Heft.
- Notiere Stichpunkte zum Klima in einem der Orte [7] bis [9].

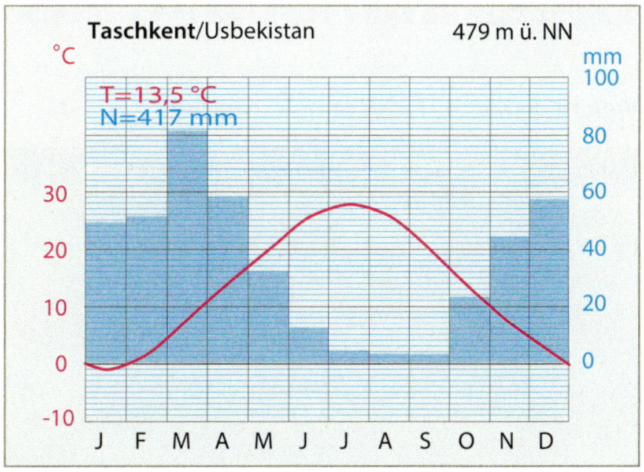

[7] Klimadiagramm Taschkent (Usbekistan).

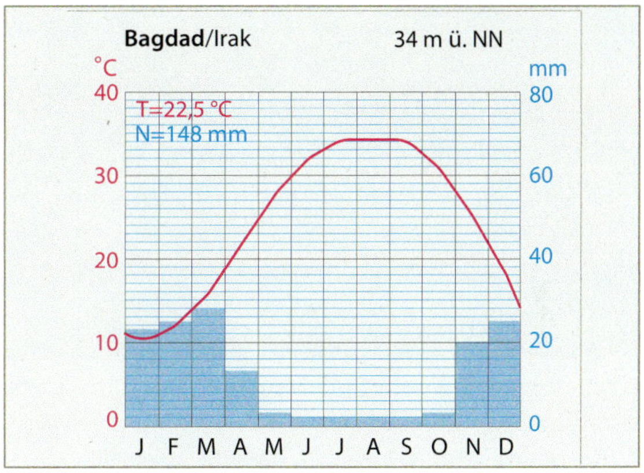

[8] Klimadiagramm Bagdad (Irak).

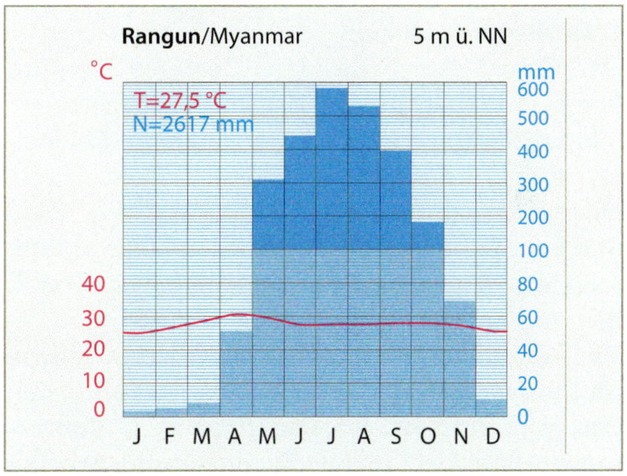

[9] Klimadiagramm von Rangun (Myanmar).

Was du sonst noch tun kannst ...

- Gestalte ein Plakat für das Klassenzimmer, auf dem du die verschiedenen Klimazonen Asiens mit jeweils einem Bild und einem kurzen Text vorstellt.

Unter Sumpf und Eis

Welche Schätze findet man in Sibirien?

[1] Tagebau zur Kupferförderung in Sibirien. *Foto, 2016.*

1. Betrachte Abb. [1] genau. Nenne, was dir auffällt.

Schatzkammer Sibirien
Das Gebiet östlich des Ural-Gebirges bis zum Pazifischen Ozean wird als Sibirien bezeichnet. Sibirien besitzt riesige Vorkommen an Rohstoffen: Erdöl, Erdgas, Kohle, Eisenerz, Gold, Platin, Diamanten, Kupfer, Blei, Zink, Wolfram, Zinn und Salz. Ferner gibt es die reichen Holzvorkommen der Taiga* und die gewaltige Wasserkraft der großen Flüsse.
Der Abbau der Bodenschätze Sibiriens begann im 20. Jahrhundert. Er erforderte zunächst den Bau von Straßen, Eisenbahnstrecken, Rohrleitungen und Siedlungen. Fachleute und Arbeiter aus dem Westen Russlands mussten mit zahlreichen finanziellen Vergünstigungen angeworben werden. Außerdem mussten Tausende von Strafgefangenen Zwangsarbeit in Arbeitslagern leisten. Viele starben durch Hunger, Kälte und schwere Arbeit in Sibirien.

2. Erstelle eine Faustskizze Sibiriens mit den großen Flüssen und den größten Städten. Nutze den Atlas und die Karte auf Seite 18.

3. Informiere dich im Atlas mithilfe einer Wirtschaftskarte, in welchen Staaten der Erde es noch viele Bodenschätze gibt.

Dauerfrostboden
Die Winter in Sibirien sind lang und sehr kalt. Der mehrere Monate andauernde Frost lässt den Boden und die darunterliegenden Schichten eisig hart werden. Die Flüsse sind bis zu neun Monate lang zugefroren. Im Sommer taut der Boden an der Oberfläche auf. Sümpfe entstehen, die bei Temperaturen um 20 Grad Celsius ideale Lebensbedingungen für Stechmücken bieten. Eine weitere Schwierigkeit liegt in der Größe des Landes, die die Versorgung der Menschen und technischen Einrichtungen, aber auch den Abtransport der gewonnenen Rohstoffe sehr erschwert.
Vor allem durch die Einnahmen aus dem Erdgas- und Erdölgeschäft sind neue, moderne Städte in Westsibirien entstanden.

4. Benenne die Probleme bei der Rohstoffförderung in Sibirien.

*

(die) Taiga:
Nadelwälder im kaltgemäßigten Klima

[2] Die Stadt Norilsk mit den Industrieanlagen. *Foto, 2017.*

Norilsk Nickel

Die Stadt Norilsk hat 200 000 Einwohner und liegt in Nordsibirien. Norilsk Nickel ist eines der größten Unternehmen Russlands. Das Unternehmen ist der weltweit größte Lieferant von Nickel und Platin. Immer wieder wird über Norilsk berichtet. So hieß es 2017, Norilsk „sei einer der am schlimmsten vergifteten Orte der Welt“. In einem Umkreis von bis zu 150 Kilometern sind alle Bäume abgestorben. Auch der Boden ist bis zu einer Tiefe von 30 Zentimetern mit Schwefel, Blei und dem hochgiftigen Quecksilber verseucht. Trinkwasser muss aus weit entfernten Gebieten geholt werden.
Auch für die Menschen hat die vergiftete Umwelt schlimme Folgen: schwere Krankheiten wie Krebs, Lungenkrankheiten schon bei Kindern und nicht zuletzt eine weit geringere Lebenserwartung als im Rest des Landes. Für Umweltschutz wird kaum Geld ausgegeben.

5. Beschreibe mit eigenen Worten die Situation der Umwelt in Norilsk.

Wähle einen der Arbeitsaufträge aus:

- Erstelle eine Liste mit den Schwierigkeiten, die beim Abbau der sibirischen Rohstoffvorkommen zu lösen sind.
- Erläutere schriftlich die Umweltbelastungen und ihre Auswirkungen auf Mensch und Umwelt in Norilsk.
- Nimm aus der Sicht eines Bewohners von Norilsk Stellung zu folgender Behauptung: „Umweltschutz in Norilsk ist sinnlos!“

M Umweltkatastrophe Aralsee

Warum verschwindet ein großer See?

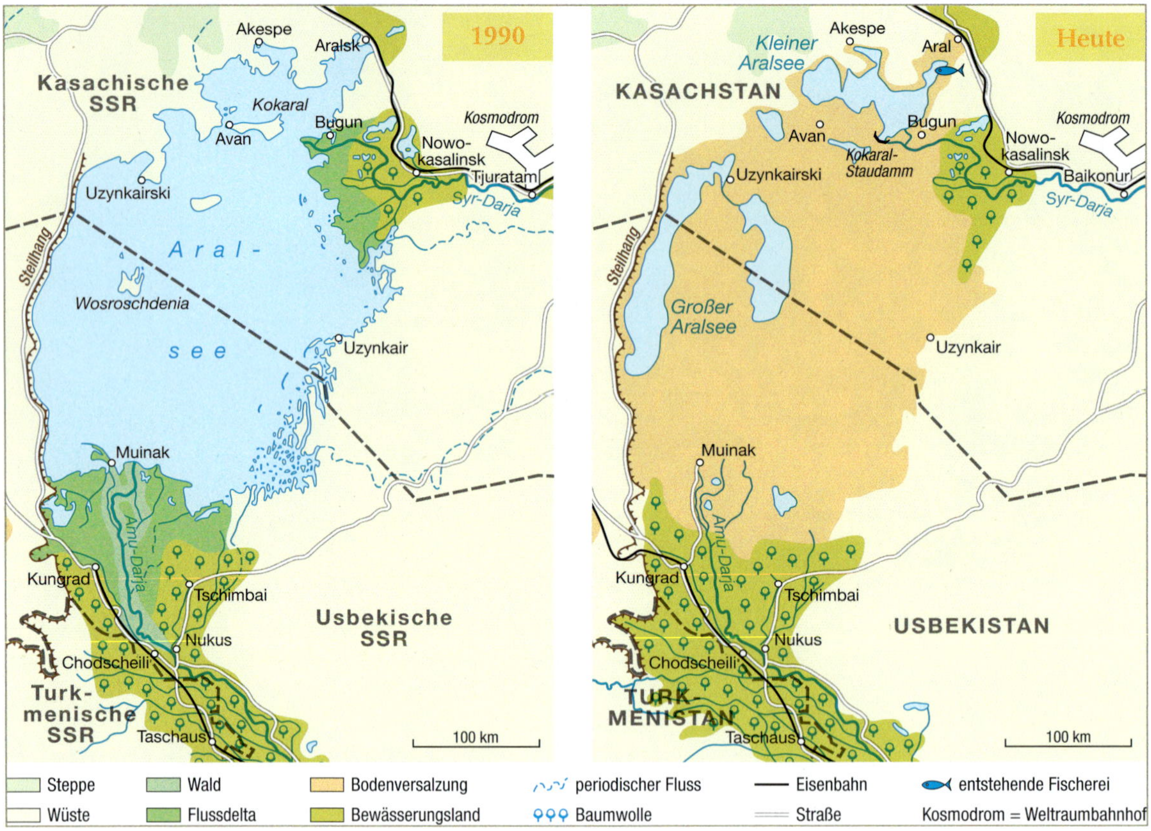

[1] Die Veränderung des Aralsees seit 1990. *Karten.*

1. Vergleiche die beiden Karten und notiere, was du erkennen kannst.
2. Bestimme mithilfe des Maßstabs die Ausdehnung des Aralsees früher und heute.
3. Fasse anhand der Bilder und Texte zusammen, warum der Aralsee nahezu verschwunden ist.
4. Finde den Aralsee im Atlas auf einer Karte.

Der verschwundene See

Der Aralsee war noch 1990 so groß wie Bayern. Heute ist er fast völlig verschwunden. Schuld ist der Mensch mit einem ehrgeizigen und am Ende katastrophalen Großprojekt.

In den 50er Jahren des 20. Jahrhunderts kam die Regierung in Moskau auf die Idee, in den Steppen Kasachstans Baumwollplantagen zu errichten. Dafür brauchte man sehr viel Wasser. Dieses entnahm man den Zuflüssen des Aralsees, den Flüssen Amu-Darja und Syr-Darja. Die Folge davon war, dass der See sehr schnell immer kleiner wurde und inzwischen nahezu ausgetrocknet ist. Weite Bereiche sind von einer dicken Salzkruste bedeckt.

Baumwolle

Baumwolle braucht zum Wachsen „feuchte Füße" und zum Reifen einen „trockenen Kopf", damit die Fasern nicht verkleben. Baumwolle ist eine einjährige Pflanze, die im März ausgesät wird. Da sie ungleichmäßig blüht und reift, muss sie drei- bis fünfmal gepflückt werden. Nach etwa vier Jahren ist der Boden erschöpft und es muss etwas anderes angebaut werden.

Die Baumwollpflanze ist sehr anfällig für Schädlinge und benötigt große Mengen an Düngemitteln. Zur Produktion von zwei Kilogramm Rohbaumwolle werden bis zu 20000 Liter Wasser gebraucht. Baumwolle wird entweder mit großen Maschinen oder in mühevoller Handarbeit geerntet.

[2] Eine Baumwollpflanze. *Foto, 2016.*

[3] Auf dem Grund des früheren Aralsees. *Foto, 2014.*

5. Beschreibe die Bilder [2] und [3].

Folgen für die Menschen

Die gesundheitlichen Folgen für die Menschen am Aralsee sind erschreckend. Krankheiten der Atemwege und Krebserkrankungen sind stark angestiegen. Säuglinge werden mit gesundheitlichen Schäden geboren, die Muttermilch ist mit Pflanzenschutzmitteln vergiftet. Die Lebenserwartung liegt nur bei etwa 60 Jahren.

Hoffnungsschimmer für den Aralsee?

Im Jahr 2005 begannen erste Versuche, den Aralsee zu retten. Ein Staudamm versorgt den Nordteil wieder mit Wasser und der Fischreichtum kehrt zurück. Der Wasserspiegel steigt dort deutlich an, der Salzgehalt wurde wieder normal.

Der Aralsee ist nicht der einzige große See, der gefährdet ist. Auch große Seen zum Beispiel im Iran, den USA, Kenia, Israel, Marokko oder Brasilien sind stark geschrumpft. Wenn keine Gegenmaßnahmen eingeleitet werden, droht diesen Seen das Schicksal des Aralsees.

Der Urmiasee im Iran war bis vor wenigen Jahren 140 Kilometer lang und 55 Kilometer breit. Er war damit zehnmal größer als der Bodensee. Die durchschnittliche Tiefe lag bei nur sieben Metern, seine maximale Tiefe bei 16 Metern. Durch Aufstauung der Zuflüsse sank der Wasserpegel in den letzten Jahrzehnten. Im Jahr 2014 war die Oberfläche des Sees bereits auf ein Drittel der ursprünglichen Ausdehnung geschrumpft. Der Schaden für Landwirtschaft und Tourismus wird auf mehrere hundert Milliarden Euro geschätzt. Stürme mit Wolken aus Salz bedrohen fast fünf Millionen Menschen.

6. Beschreibe mit eigenen Worten die aktuelle Situation des Aralsees.

Wähle einen der Arbeitsaufträge aus:

- Stelle die Vor- und Nachteile der Bewässerung von Ackerland in Trockengebieten in einer Tabelle gegenüber.
- Begründe schriftlich, warum manche Geographen die Austrocknung des Aralsees als „große Umweltkatastrophe" bezeichnen.
- Verfasse einen Leserbrief an eine Zeitung, in dem du Möglichkeiten zur Rettung des Aralsees benennst.

Was du noch tun kannst ...

- Gestalte mit deiner Klasse eine Wandzeitung über den Aralsee.

Erdöl – das schwarze Gold

Wie verändern Erdöl und Erdgasfunde Abu Dhabi?

[1] Blick auf das moderne Abu Dhabi. *Foto, 2018.*

1. Beschreibe die Abb. [1].
2. Finde Abu Dhabi auf der Karte [2]. Benenne die Nachbarländer.
3. Arbeite mit der Karte [2]. Welche Länder liegen am Persischen Golf? Finde auch ihre Hauptstädte heraus.

Zwischen Afrika und Asien

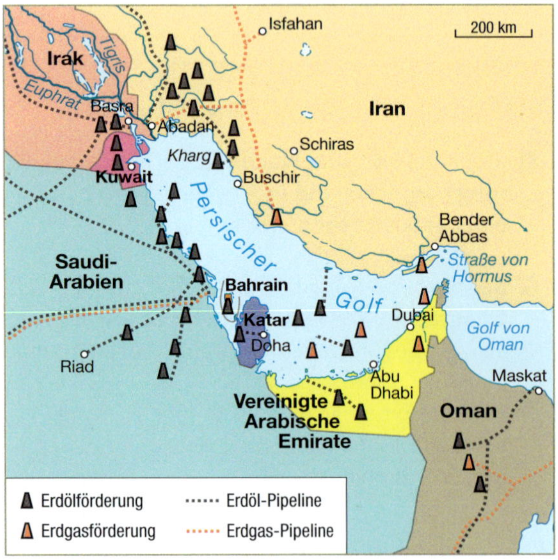

[2] Erdöl- und Erdgasförderung am Persischen Golf. *Karte.*

Vom Zelt zum Wolkenkratzer

Bis 1962 war es in Abu Dhabi wie überall am Persischen Golf: kleine Fischerdörfer und wenige Oasen in der Wüste. Dann wurden Erdöl und Erdgas gefunden. Ein moderner Hafen wurde gebaut, ein Flughafen errichtet, Straßen angelegt. Aus Nomaden wurden sesshafte Bürger.
Gleichzeitig wuchs das moderne Abu Dhabi in die Höhe. Die Prachtbauten der Banken, Hotels, Bürogebäude, Kaufhäuser und Sportpaläste bestimmen heute das Bild Abu Dhabis und anderer Städte am Persischen Golf.

Wasserversorgung

Wo viele Menschen leben und viel Industrie beheimatet ist, dort wird auch viel Wasser benötigt. Daher ließ die Regierung von Abu Dhabi Tiefbrunnen bohren. Außerdem errichtete man kostspielige Anlagen zur Entsalzung von Meerwasser.

[3] Wanderarbeiter auf einer Baustelle in Abu Dhabi. *Foto, 2017.*

4. Beschreibe die Abbildung [3].
5. Vermute, woran die Arbeiter gerade denken. Notiere deine Ideen auf einem Blatt Papier.

Reichtum und Armut
Die sogenannten Gastarbeiter leben in ärmlichen Verhältnissen. Sie kommen aus Indien, Pakistan, Nepal oder Bangladesch. Sie werden für die schweren Arbeiten bei der Ölförderung, in Industriebetrieben und in den Haushalten ihrer Arbeitgeber beschäftigt. Sie leben am Rande der Städte und der Gesellschaft.

Die Zeit nach dem Öl und Gas
Damit der Wohlstand auch erhalten bleibt, wenn kein „schwarzes Gold“ mehr fließt, werden heute der Tourismus und der Handel gefördert. So wurde 2017 ein großes und international bedeutendes Kunstmuseum eingeweiht. Auch die Verkehrsanbindung konnte durch eine Küstenautobahn verbessert werden. Touristisches Highlight vor allem bei den jüngeren Besuchern Abu Dhabis ist die weltweit schnellste Achterbahn, die eine Spitzengeschwindigkeit von über 200 Kilometern pro Stunde erreicht.

6. Erläutere die Veränderungen, die der Fund von Öl und Gas am Persischen Golf bewirkt hat.

Wähle einen der Arbeitsaufträge aus:

- Notiere mithilfe der Karte [2] Länder am Persischen Golf, die Erdöl oder Erdgas fördern.
- Erarbeite in Partnerarbeit einen Werbetext für einen Urlaub in Abu Dhabi.
- Erarbeite eine schriftliche Antwort aus der Sicht des Herrschers von Abu Dhabi auf folgende Behauptung: „Abu Dhabis Glanz beruht auf den Einnahmen aus dem Öl- und Gasgeschäft und der unermüdlichen Arbeit meiner Untertanen.“

Was du noch tun kannst ...
- Zeige anhand von Tourismusprospekten die Attraktionen, mit denen Abu Dhabi im Ausland wirbt.

Indien: vom Dorf in die Stadt

Warum ziehen Inder in die Städte?

[1] In einem indischen Dorf. *Foto, 2017.*

Leben auf dem Land

[2] Ein Junge aus einem Dorf im Hochland von Dekkan berichtet:

„Ich bin der Älteste von sechs Geschwistern. Seitdem ich sechs Jahre alt bin, hüte ich die Büffel. Deshalb konnte ich nie zur Schule gehen. Mein Vater arbeitet als Gelegenheitsarbeiter bei einem Großgrundbesitzer. Außerdem haben wir ein eigenes Stückchen Land. Die Ernte von Kichererbsen und Gemüse reicht aber für uns nicht. Deshalb arbeitet meine Mutter als Wäscherin. Wir haben uns vom Großgrundbesitzer für den Kauf eines Büffels Geld geliehen. Die Zinsen sind so hoch, dass wir die Schulden nicht zurückzahlen können. Ich werde vermutlich bald unsere Schulden beim Großgrundbesitzer abarbeiten müssen. Das ist zwar schon lange verboten, aber was soll ich dagegen tun?

Vielleicht ziehe ich auch in die Stadt und versuche dort mein Glück ... “

(Verfassertext)

1. Beschreibe anhand des Textes [2] das Leben des indischen Jungen in eigenen Worten.

Hoffnung auf ein besseres Leben

Das harte Leben und der Hunger sind nur ein Teil des Lebens auf dem Land. Die Zugehörigkeit zu einer niedrigen Kaste* bedeutet auch heute noch in Indien Ausgrenzung und Verachtung.

Die Kinder der Dorfbewohner haben so gut wie keine Chance, in ihrem Leben in eine höhere Kaste aufzusteigen.

Für die Wanderung (Migration*) in die Stadt gibt es somit unterschiedliche Ursachen. Pull-Faktoren sind dabei die Gründe, die das Zuwanderungsgebiet „anziehend“ machen. Push-Faktoren werden die Gründe für die Abwanderung genannt, die sich aus der Situation in den Dörfern ergeben.

Für viele Zuwanderer aus den Dörfern Indiens ist Mumbai das Ziel ihrer Träume. Mumbai ist die wichtigste Hafenstadt in Indien und das Zentrum von Wirtschaft, Handel und Mode. Weltbekannt wurde die Stadt auch durch ihre Filmindustrie „Bollywood“.

2. Nenne Gründe, die den indischen Dorfbewohner in [2] dazu bewegt haben, seine Heimat auf dem Land zu verlassen.

(die) Kaste:
Eine Form einer streng gegliederten Gesellschaft. Man wird in eine Kaste hineingeboren und gehört ihr sein ganzes Leben an.

(die) Migration:
Wanderungen von Bevölkerungsgruppen oder einzelnen Personen aus wirtschaftlichen, sozialen oder erzwungenen Gründen.

[3] Informationen zu einem typischen indischen Dorf:

Bevölkerung: ca. 70 % der Inder leben auf dem Land.
Großgrundbesitzer: ca. 3 % der Dorfbevölkerung; ihnen gehören 80 % des Landes. Sie werden auch „Landlords“ genannt.
Kleinbauern: ca. 67 % der Dorfbevölkerung; ihnen gehören ca. 20 % des Landes.
Landlose: ca. 30 % der Dorfbevölkerung; Gelegenheitsarbeiter.

[4] Gründe für die Abwanderung vom Land in die indischen Städte. *Grafik.*

[5] Auf der Suche nach Wertstoffen. *Foto, 2017.*

3. Stelle in einer Tabelle die Hoffnungen der Zuwanderer dem tatsächlichen Leben der Menschen in der Stadt gegenüber.

Leben in der Stadt

[6] M **Ein ehemaliger Landbewohner berichtet:** „Ich lebe mit meiner Familie im Zentrum von Mumbai. Allerdings nicht in einem Wohngebiet der Reichen, sondern im Slum*. Niemals könnte ich genug Geld verdienen, um ein Haus aus Stein zu bewohnen. Ich habe keine Arbeit gefunden, als wir hierher kamen. Darum sammle ich Müll ein. Es reicht gerade so, dass meine Familie nicht verhungert. Wir hofften auf ein besseres Leben als daheim in unserem Dorf. Wir glaubten daran, Arbeit zu finden und die vielen Möglichkeiten nutzen zu können, die die Stadt bietet: medizinische Versorgung, Schulunterricht für meine Kinder, ein freieres Leben. Das meiste hat sich leider nicht erfüllt. Wir sind immer noch sehr arm. Wir haben keine Chance auf Verbesserung unserer Situation. Aber wir haben von Leuten gehört, die sich hier ein gutes neues Leben aufgebaut haben sollen …“

(Verfassertext)

4. M Bewerte aus deiner Sicht die Entscheidung des Bauern, in Mumbai sein Glück zu versuchen.

M **(der) Slum:**
Elendsviertel, mit einfachsten Hütten und unzureichenden sanitären Einrichtungen.

Wähle einen der Arbeitsaufträge aus:

- Beschreibe [1]. Notiere Unterschiede zu deinem Wohnort.
- Stelle Push- und Pull-Faktoren mithilfe von [4] in einer Tabelle gegenüber.
- Erstelle eine Mindmap zum Thema „Landflucht“.

Was du noch tun kannst …

- Findet mithilfe einer Umfrage an deinem Schulort heraus, welche Gründe für ein Leben auf dem Land bzw. für ein Leben in der Stadt genannt werden.

M

Methode Eine Tabelle auswerten

Welche Informationen bietet eine Tabelle?
Jeden Tag begegnen wir Zahlen. Sind es mehrere Zahlen zu einem Thema, werden sie häufig in einer Tabelle dargestellt. Wie du einer Tabelle Informationen entnehmen kannst, lernst du hier. Folgende Schritte helfen dir dabei:

1. Schritt: Gegenstand der Tabelle klären

- Thema bestimmen: Um was geht es?
- Wann wurde die Tabelle erarbeitet?
- Wer hat die Tabelle erstellt?
- Gibt es eine Untergliederung der Tabelle?

2. Schritt: Auswertung

- Was ist der Inhalt der Tabelle?
- Sollen die Werte verglichen werden?
- Zeigen die Werte einen Trend? Gibt es auffällige Werte?

3. Schritt: Interpretation

- Gibt es Erklärungen für die Werte der Tabelle? (Vermutungen äußern, Vergleiche anstellen)
- Sind Ursachen und Folgen aus den dargestellten Zahlen zu erkennen?
- Können Aussagen zur Tabelle getroffen werden?

4. Schritt: Bewertung

- Ist die Tabelle zum Verständnis des Themas hilfreich?
- Sind weitere Informationen (Zahlen, Texte usw.) notwendig?

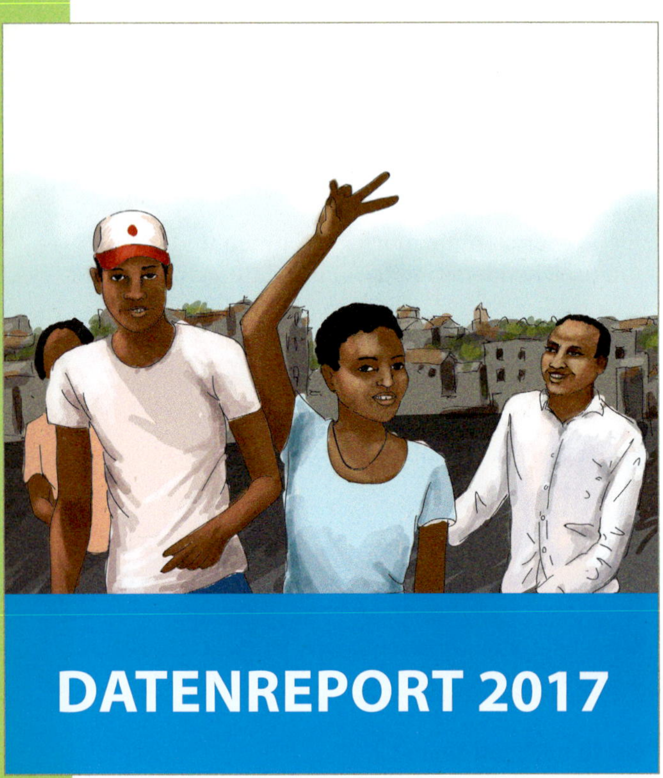

[1] Datenreport 2017 zur Bevölkerungsentwicklung weltweit. *Illustration.*

Auswertung einer Tabelle an einem Beispiel: Ausgewählte Länderdaten von Indien und Deutschland

- Zum 1. Schritt: Die Tabelle rechts vergleicht ausgewählte Länderdaten von Indien und Deutschland (Stand 2017) miteinander. Die Tabelle wurde vom Bundesministerium für wirtschaftliche Zusammenarbeit und Entwicklung 2017 veröffentlicht. Die Tabelle besteht aus drei Spalten: In der linken Spalte werden die Daten angegeben, die miteinander verglichen werden sollen. In der mittleren Spalte stehen die entsprechenden Werte von Indien, in der rechten Spalte die Angaben zu Deutschland.
- Zum 2. Schritt: Die Tabelle liefert Daten für Indien und Deutschland zu den Bereichen allgemeine Informationen, Bevölkerung, Gesundheit, Kommunikation und Umwelt. ...

Allgemein	Indien	Deutschland
Ländername	Republik Indien	Bundesrepublik Deutschland
Hauptstadt	Neu-Delhi (17 Mio. Einwohner)	Berlin (3 Mio. Einwohner)
Fläche	3 287 259 km²	357 380 km²

Bevölkerung	Indien	Deutschland
Einwohnerzahl	1 324 171 354	82 667 685
Bevölkerungswachstum	1,2 % pro Jahr	1,2 % pro Jahr
Lebenserwartung	68 Jahre	81 Jahre
Anteil der Menschen, die jünger als 15 sind	28 %	13 %
Anteil der Menschen, die älter als 65 sind	6 %	21 %
Anteil der Landbevölkerung	67 %	24 %

Gesundheit	Indien	Deutschland
Anteil der Menschen, die unterernährt sind	15 %	2 %
Anzahl der Kinder, die vor ihrem 5. Geburtstag sterben (pro 1 000 Geburten)	43	4

Kommunikation	Indien	Deutschland
Anteil der Internetnutzer an der Gesamtbevölkerung	30 %	90 %
Mobilfunkanschlüsse (pro 100 Einwohner)	85	126

Umwelt	Indien	Deutschland
Anteil der Bevölkerung mit Anschluss an eine Abwasserentsorgung	40 %	99 %

[Quelle: Bundesministerium für wirtschaftliche Zusammenarbeit und Entwicklung, Februar 2017. Werte gerundet.]

[2] Vergleich ausgewählter Länderdaten von Indien und Deutschland (2017).

1. Wende die Arbeitsschritte 1 bis 4 auf diese Tabelle an.
2. Vergleiche die Werte eines Landes aus Asien (z. B. Kasachstan oder Iran) mit den Daten für Deutschland. Gehe dabei nach den Schritten 1 bis 4 vor. Ein Tipp: In den Länderprofilen des Statistischen Bundesamtes (Destatis) findest du aktuelles und vertrauenswürdiges Datenmaterial zu vielen Ländern der Erde.

Bevölkerungswachstum in Asien

Kein Ende der Entwicklung in Sicht?

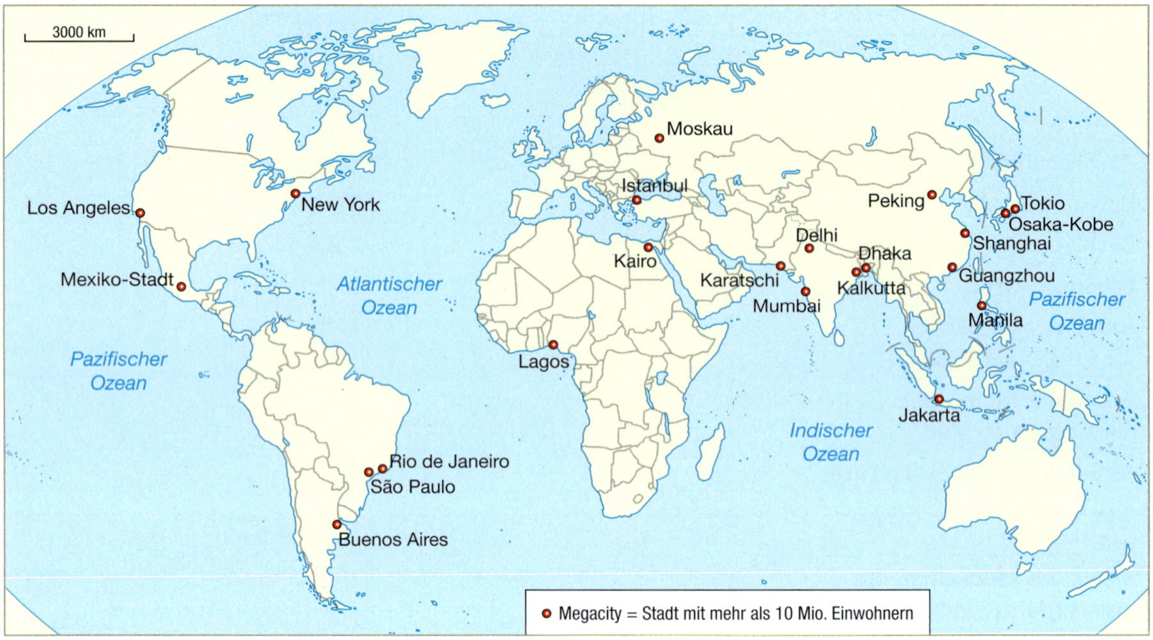

[1] Megacities mit mehr als 10 Millionen Einwohnern. Stand 2017.

1. Beschreibe die Karte [1].
2. Ordne die Megacities in der Karte [1] den Kontinenten zu.

Bevölkerungsentwicklung

Im Jahr 2000 lebten etwa sechs Milliarden Menschen auf der Erde. Das waren bereits 3,5 Milliarden Menschen mehr als noch 1950. Für das Jahr 2050 rechnen die Vereinten Nationen mit nahezu 10 Milliarden Menschen auf der Welt. Da sich die Weltbevölkerung besonders im 20. Jahrhundert stark vermehrt hat, spricht man auch von einer Bevölkerungsexplosion.

Unterschiede

Die Bevölkerungszahl in den entwickelten Staaten wie z. B. Deutschland oder Japan wird in den nächsten Jahren nur wenig wachsen oder sogar sinken. Dagegen wächst die Einwohnerzahl in den wenig entwickelten Ländern stark. Die Zahl der Kinder pro Frau liegt dort erheblich höher.

Beispiel Afghanistan

Durchschnittlich kommen in Afghanistan auf eine Lehrkraft rund 45 Schülerinnen und Schüler. Etwa 40 Prozent aller Kinder im schulfähigen Alter nehmen nicht am Unterricht teil. Kinderarbeit ist ein wesentlicher Hinderungsgrund für den Schulbesuch. 30 Prozent aller Kinder im Alter von 5 bis 14 Jahren müssen arbeiten.

Beispiel Japan

Die Zahl der Neugeborenen sinkt seit vielen Jahren. Auch die Zahl der 15- bis 24-Jährigen ist deutlich zurückgegangen. Auch die Gruppe der Arbeitskräfte im Alter von 24 bis 64 Jahren ist geschrumpft. Das hat schwere Folgen für die Wirtschaft. Immer weniger Arbeitnehmer müssen die Renten für immer mehr Rentner bezahlen.

Beispiel Indien

Indien ist nach China das bevölkerungsreichste Land und die größte Demokratie der Erde. Die indische Bevölkerung zählt über 1,3 Milliarden Menschen und wächst weiter. Indien wird China als bevölkerungsreichstes Land der Welt in wenigen Jahren ablösen. Seit dem Jahr 2000 gibt es eine Familienpolitik, die die Zwei-Kind-Familie als Ziel hat. Doch in vielen Gebieten Indiens werden mehr als vier Kinder pro Frau geboren.

3. Beschreibe anhand des Textes die Bevölkerungsentwicklung in Indien.
4. Nenne Ziele der Bevölkerungspolitik in Indien.

[2] Werbung für die Ein-Kind-Familie in China. *Foto, 2012.*

Die Ein-Kind-Politik in China

Um 1970 bekam eine chinesische Frau im Durchschnitt sechs Kinder.

Um einen wirtschaftlichen Aufschwung durch eine Begrenzung der Einwohnerzahl zu erreichen, wurde durch die chinesische Regierung ab 1979 eine Ein-Kind-Politik beschlossen und rücksichtslos durchgeführt: Nur ein Kind war „erlaubt". Es kam sogar zu Zwangsabtreibungen und Zwangssterilisationen. Außerdem wurden hohe Geldstrafen verhängt, beispielsweise drei Jahresgehälter für die Geburt eines zweiten Kindes.

Seit 2013 durften Eltern, die beide aus Ein-Kind-Familien stammen, zwei Kinder bekommen.

Im Oktober 2015 wurde die Ein-Kind-Politik beendet. Alle Paare dürfen jetzt mit staatlicher Erlaubnis zwei Kinder bekommen.

5. Nenne wichtige Abschnitte der Bevölkerungspolitik in China.

Folgen der Bevölkerungspolitik

Die Zahl der Kinder pro Frau liegt gegenwärtig bei 1,6 Kindern. Das Wachstum der chinesischen Bevölkerung verläuft erheblich langsamer. Doch hat sich das Verhältnis der Geburtenzahl von Mädchen und Jungen sehr verändert. Zahlreiche Paare sehen es als Schande an, keinen Sohn zu haben. Daher werden vielfach Schwangere mit Ultraschall untersucht. Mädchen werden dann vielfach abgetrieben. Zwar gibt es Gesetze gegen dieses Vorgehen. Aber diese werden nicht immer beachtet. Folge davon ist aber, dass es einen Männerüberschuss gibt. Viele Männer werden keine Ehefrau finden.

6. Beschreibe mit eigenen Worten die Folgen der Ein-Kind-Politik. Beziehe dabei Bild [2] mit ein.

Überalterung

Eines der größten zukünftigen Probleme Chinas ist die Überalterung. Die Zahl der Alten nimmt stark zu. Die Zahl der Jungen geht zurück. Wurden früher die Alten von den Jungen betreut und gepflegt, werden sie heute häufig allein gelassen, da die Arbeitsplätze und Wohnungen der Jungen weit entfernt liegen. Besonders betroffen sind die ländlichen Gebiete Chinas. In manchen Dörfern findet man fast nur noch alte Menschen. Die jungen Chinesen sind in die Nähe ihrer Arbeitsplätze abgewandert.

7. Vergleiche die Bevölkerungspolitik in Indien mit der von China.

M

Wahlseite Drei-Schluchten-Damm

1. Informiere dich anhand des Textes und der Abbildungen über den Drei-Schluchten-Staudamm.
2. Präsentiere deine Ergebnisse in geeigneter Form in der Klasse.

[1] Der Drei-Schluchten-Staudamm in China. *Karte.*

Riesen-Staudamm – riesige Ziele – riesige Gefahren?

1993 begannen die Bauarbeiten am Drei-Schluchten-Damm. Das Vorhaben hat etwa 30 Milliarden Euro gekostet. Ziele des Projektes sind nach Angaben der chinesischen Regierung:

1. Hochwasser werden zurückgehalten, Überschwemmungen vermieden.
2. Wasser für die Landwirtschaft steht jetzt das ganze Jahr über zur Verfügung.
3. Neue Industriebetriebe werden angesiedelt.
4. Der Strom aus dem neuen Damm fördert die wirtschaftliche Entwicklung auch der bisher wenig entwickelten Gebiete Westchinas.
5. Jährlich können 50 Millionen Tonnen Kohle eingespart werden.

Gegner des Drei-Schluchten-Dammes führen an,
a) es besteht eine große Gefahr durch Erdbeben;
b) viele alte Kulturdenkmale sind „ertrunken“;
c) der Staudamm wird bald verlanden;
d) die Turbinen zur Stromerzeugung sind zu groß und müssen daher regelmäßig abgeschaltet werden;
e) Millionen Menschen wurden umgesiedelt;
f) wertvolles Ackerland wird vernichtet.

[2] Der Drei-Schluchten-Damm in China. Gebaut von 1993 bis 2006. *Foto, 2017.*

Ein weiterer wichtiger Punkt ist die Abholzung der Wälder entlang des Jangtsekiang. Einst haben diese Wälder den Regen gespeichert. Allerdings kam es auch in den Zeiten vor der Abholzung der Wälder zu verheerenden Überschwemmungen.

Tipps für die Erarbeitung
– Karte und Foto beschreiben;
– Texte lesen

Tipps für die Präsentation
– Chancen und Risiken des Projektes vorstellen;
– Vorzüge und Nachteile des Dammes diskutieren

M

Wahlseite

Tourismus in Südostasien

1. Informiere dich auf dieser Seite über den Tourismus in Südostasien.
2. Präsentiere deine Ergebnisse in geeigneter Form der Klasse.

„Paradiese“ nur für Touristen?

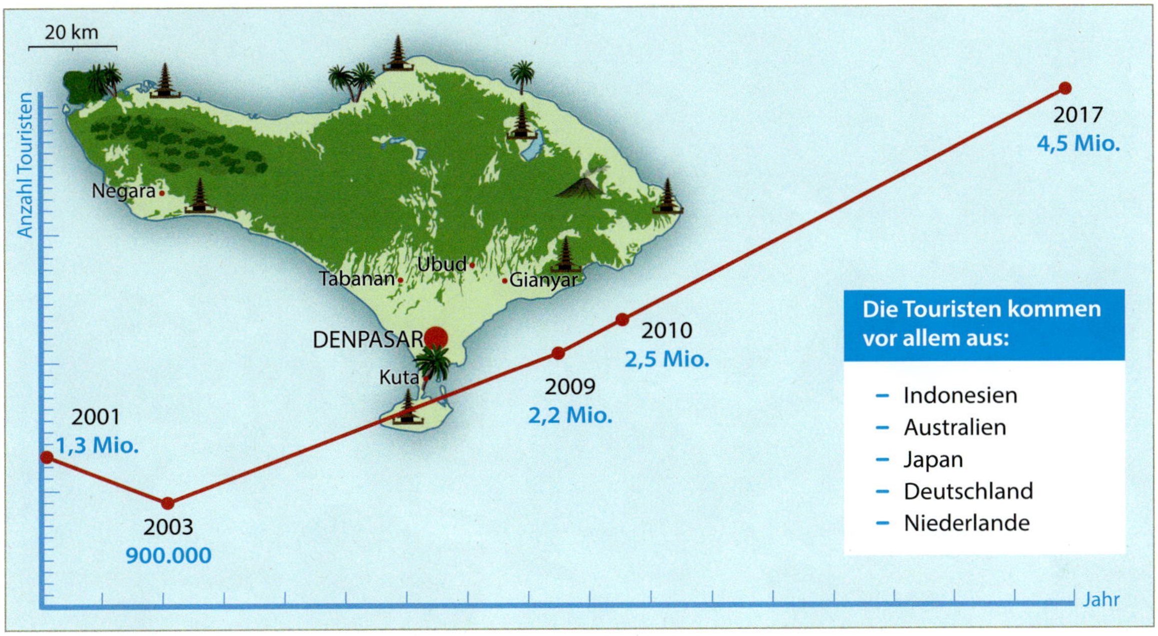

[1] Entwicklung der Touristenzahlen auf Bali 2001 bis 2017.

„Traumstrände“ werden gesperrt

[2] **Im Frühjahr 2018 berichtete ein Reisebürobesitzer, der wiederholt nach Südostasien gereist ist:**

... Thailand und die Philippinen leiden sehr unter dem Massentourismus. Daher haben sie jetzt beschlossen, ihre schönsten Strände für Touristen ab sofort zu sperren. Grund dafür ist der Touristenboom in Südostasien: 2007 kamen etwa 15 Millionen Menschen nach Thailand, um dort Urlaub zu machen. Im Jahr 2017 waren es bereits 35 Millionen. Viele Tausend Bewohner sind von den Einnahmen aus dem Tourismus abhängig. Die Regierungen versprechen daher finanzielle Unterstützung. Außerdem soll für den Massentourismus das lange vernachlässigte Abwassersystem modernisiert werden. Ferner soll endlich ein modernes „Müllmanagement“ eingeführt werden. ...

(Gespräch im April 2018)

Südostasien als Besuchermagnet

Seit etwa 1970 gilt Südostasien als attraktives Urlaubsziel für Touristen. Reisen und Urlaub sind unverzichtbarer Teil des Lebens besonders in Europa und Nordamerika geworden. Junge Rucksackreisende erschließen „Geheimtipps“. Nach wenigen Jahren ist der Weg dann frei für den Massentourismus.

Die Regierungen Südostasiens haben seit vielen Jahren versucht, durch den Ausbau des Tourismus ihre Länder zu entwickeln und vor allem Arbeitsplätze für die junge Bevölkerung zu schaffen. Doch die Konkurrenz ist groß.

Tipp für die Erarbeitung
– die Grafik der Entwicklung der Touristenzahlen auswerten

Tipps für die Präsentation
– sich bei der Präsentation als Urlauber verkleiden;
– ein Gespräch zwischen dem Leiter des Reisebüros in [2] und einem Reiseanbieter auf Bali spielen

Wahlseite

Disziplin in Japan

1. Sammle mit den Materialien der Seite und dem Atlas Informationen zum Thema „Disziplin in Japan".
2. Präsentiere deine Ergebnisse in geeigneter Form in der Klasse.

[1] Schüler in Japan. *Foto, 2016.*

Schule in Japan
Sechs Jahre Grundschule und weitere drei Jahre weiterführende Schule – das ist Pflicht für jeden japanischen Schüler. Sind die ersten Jahre noch geprägt von Experimenten und spielerischem Lernen, kommt schon bald danach das Pauken von Fachwissen. Dies lässt schnell auch nachmittags keinen Raum mehr für eigene Hobbys. Alles dreht sich nur um die Klassenbesten, alle Schüler wissen, wer auf welchem Rang in der Klasse steht. Der Druck auf die Schüler ist enorm. Nachhilfeinstitute gibt es überall. Viele Eltern sparen, um ihren Kindern den ersehnten Schulabschluss zu ermöglichen.

Traditionen in Japan
Schuluniformen und ein perfekter Gesichtsausdruck für jeden Anlass – das gehört zum Wichtigsten, das japanische Kinder von Anfang an lernen. Nur wer in der Schule erfolgreich ist, kann eine der Spitzenuniversitäten besuchen und hat die Möglichkeit auf einen angesehenen Arbeitsplatz. Äußerste Disziplin beim Lernen und Verhalten bestimmt das Erwachsenwerden der japanischen Jugendlichen.
Widerstand gegen den Druck auf die Kinder und Jugendlichen gibt es nur vereinzelt. Wer sich nicht anpasst, wird ausgegrenzt.

Tipps für die Erarbeitung
- Berichte über das Leben der Schüler in Japan.
- Notiere Unterschiede zum Schulleben in Deutschland.

Tipps für die Präsentation
- Zeige Japan auf einer Welt- oder einer Asienkarte.
- ein Interview mit einem japanischen Schüler zu dem Thema führen

Wahlseite

Müll auf dem Dach der Welt

1. Informiere dich auf dieser Seite über die Sherpa am Mount Everest.
2. Präsentiere deine Ergebnisse in geeigneter Form der Klasse.

[1] Sherpa beim Aufstieg zum Gipfel. *Foto, 2017.*

[3] Beim Basislager des Mount Everest. *Foto, 2017.*

Wer sind die „Sherpa"?
Die **Sherpa** sind ein **Gebirgsvolk**, das in der Nähe des Mount Everest lebt. Ohne sie würden nur wenige Bergsteiger auf die Gipfel des Himalaya gelangen.
Die meisten Sherpa sind **Bauern** und **Händler**. Die höchsten ihrer Siedlungen liegen 5000 Meter über dem Meeresspiegel. Deshalb sind sie an die Lebensbedingungen in **extremen Höhen** angepasst. Bei Expeditionen werden sie häufig als Träger und Führer angeworben.

Der Everest – das Tor zur Welt

[2] **Der Sherpa Kebal erzählt:**
„Ich bin 38 Jahre alt und habe vor fünf Jahren mein eigenes Unternehmen in Kathmandu gegründet. 10 bis 15 Leute arbeiten mit mir zusammen.
Heute arbeitet eine **neue Generation von Sherpa** am Mount Everest, alles **junge Bergführer**. Sie können Fremdsprachen, sind gut ausgebildet und **selbstbewusst** genug, um mit Kunden zu verhandeln und für ihre Rechte zu kämpfen.
Am verlockendsten am Mount Everest ist natürlich das Geld, denn **4000 bis 5000** Dollar können wir Sherpa in einem Jahr verdienen.
Das Geld ist jedoch nur das eine. Welcher Junge träumt nicht einmal davon, auf dem Gipfel zu stehen? Auch ich habe so begonnen: Da ich im indischen Darjeeling zur Schule gegangen bin, konnte ich Englisch und habe im Büro bei einem **Trekking-Veranstalter** in **Kathmandu** gearbeitet.
Mein Traum waren die Berge. Als Küchenjunge bin ich dann bei Expeditionen eingestiegen, habe die Küchenausrüstung hochgetragen und gespült. Das Ganze machte ich zwei Jahre lang. Ich ließ mich zum Bergführer ausbilden. Mein Glück war auch, dass mir eine Höhe von 8000 Metern kaum etwas anhaben konnte. Zurzeit kämpfen wir Bergführer gemeinsam für zwei ausgebaute Wege zum Basislager, da sich oft ein **„Stau"** von **Bergsteigern** bildet. ... Außerdem muss das **Müllproblem** am Mount Everest (siehe [2]) dringend gelöst werden ..."
(Verfassertext)

Tipps für die Erarbeitung
– Nutze den Textknacker
– Informiere dich über die Veränderungen im Leben der Sherpa.

Tipps für die Präsentation
– Gestalte ein Plakat, das beide Seiten des Lebens der Sherpa zeigt.
– im Internet den Preis für eine Himalaya-Expedition recherchieren

GPG aktiv

Diese Seite richtet sich an alle, die das Thema „Asien“ besonders interessiert, die gern lesen, recherchieren, zeichnen ...
Du kannst die Aufgaben vielleicht in der Schule oder außerhalb der Schule, allein, zu zweit oder in der Gruppe anpacken und mit den Ergebnissen eine kleine Präsentation organisieren.
Denke auch daran, dein Portfolio zu führen:

– Schöne Ergebnisse in Text und Bild sammeln.
– Lernerfahrungen zum Thema „Asien“ aufschreiben.

Planen: Einen Tagesausflug vorbereiten

▶ Einen Ausflug ins Völkerkundemuseum planen (Fahrtstrecke, Führung, Ausstellungsinhalte, Verpflegung usw.)

[1] Völkerkundemuseum München. *Foto, 2017.*

Gestalten: Eine Wandzeitung über China anfertigen

▶ Teilt Teams ein. Findet Themen für jedes Team, zum Beispiel
- Technik in China
- Essen in China
- Wirtschaft in China
- Chinesische Schrift
- ...

▶ M Plant die Präsentation eurer Wandzeitung vor anderen Klassen.

Flaggen asiatischer Länder: Dekoration fürs Klassenzimmer

▶ In Asien gibt es viele verschiedene Länder. Informiert euch über ihre jeweiligen Flaggen und malt sie auf einheitliches Papier. Hängt eure Flaggensammlung beschriftet im Klassenzimmer auf. Ihr könnt auch ein Quiz damit veranstalten: Wer kennt die meisten Flaggen?

Teste dich!

[1] **Asien-Aussagen: Korrigiere die Fehler! Aber nicht im Buch! Verwende dabei Hilfsmittel wie den Atlas oder die passenden Seiten des Kapitels.**

- Shanghai liegt in der Mitte des chinesischen Staates.
- Indien liegt in Zentralasien.
- Asien wird in zwei Teilräume unterteilt: Ostasien, Vorderasien.
- In Asien gibt es nur eine Klimazone. Das sind die Tropen.
- Sibirien liegt ganz im Süden Asiens.
- Sibirien ist eine arme Region, die völlig ohne Bodenschätze ist.
- Die Bevölkerungszahl in Asien wird seit Jahren geringer.

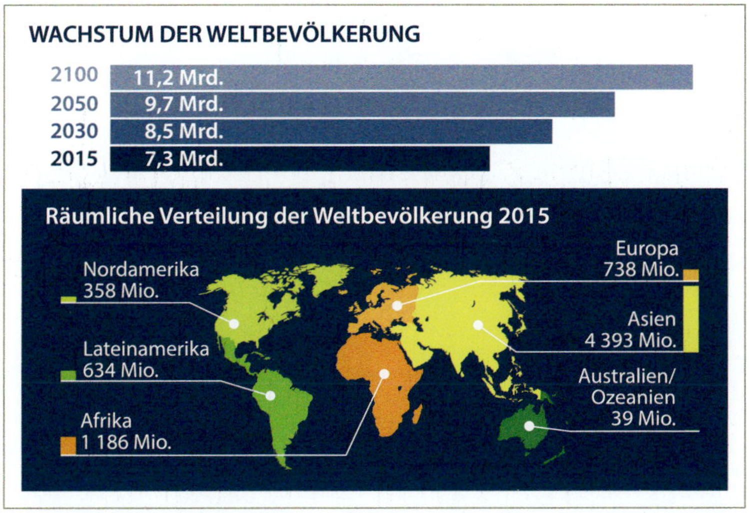

[2] Die räumliche Verteilung der Weltbevölkerung 2015.

[3] Transport von Edelhölzern vom Oberlauf des Jangtsekiang nach Shanghai. *Foto, 2016.*

Erkenntnisse gewinnen

1. Zähle die verschiedenen Klimazonen auf, die es in Asien gibt. Arbeite von Norden nach Süden.
2. Nenne die Gebirge, die Asien von Europa abgrenzen.
3. Nenne die verschiedenen Teilräume Asiens und zeige sie im Atlas.
4. Begründe, wo in den Asien-Aussagen [1] die Fehler liegen, und schreibe die verbesserten Aussagen in dein Heft.

Beurteilen und bewerten

5. Bewerte die Bedeutung Shanghais für die Wirtschaft Chinas.
6. Beurteile die Ein-Kind-Politik aus deiner Sicht.

Anwenden und handeln

7. Werte die Grafik [2] aus.
8. Beurteile anhand der Abbildung [2] die Bevölkerungsverteilung auf den verschiedenen Kontinenten.
9. Beurteile die wirtschaftliche Entwicklung Chinas im Hinblick auf die Umwelt (Abb. [3]).

WEBCODE: MZ648979-035

Die Französische Revolution

Der Sturm auf die Bastille

Am 14. Juli 1789 eroberte das Volk von Paris die Bastille, das königliche Staatsgefängnis. Mit diesem Ereignis begann die Französische Revolution, in der Menschen für Freiheit, Gleichheit und Brüderlichkeit kämpften.

1. Beschreibe das Bild. Erkläre, welchen Eindruck es bei dir hervorruft.
2. Erläutere, was du unter den Begriffen Freiheit, Gleichheit und Brüderlichkeit verstehst.
3. Notiere Fragen, die dir zum Thema „Revolution“ einfallen.

Schauplatz Der Sturm auf die Bastille

[1] Ein Redner ruft am 12. Juli 1789 das Volk von Paris zum Kampf auf. *Darstellung, um 1900.*

Der Aufruhr beginnt

Im Juli 1789 herrschte große Unruhe in Paris. Schon länger waren die Menschen unzufrieden mit der Herrschaft des Königs. Nun war auch noch das Brot knapp geworden. Es kostete doppelt so viel wie normal. Doch der König tat nichts. Im Gegenteil: Er ließ an der Stadtgrenze Soldaten aufmarschieren.

Am 14. Juli riefen Redner das Volk zur Gewalt auf. Einer schrie: „Zu den Waffen, Bürger! Die Soldaten haben auf das Volk gefeuert. Ich bin verwundet!“ Dabei zeigte er sein Bein. Jetzt konnte die Menge nichts mehr aufhalten: Sie lief durch die Straßen, plünderte Waffenlager und erbeutete Kanonen.

Allmählich füllten sich die Straßen mit tausenden Menschen. Viele von ihnen gehörten zur ärmeren Bevölkerung. Sie hatten sich mit Kanonen, Gewehren und Schwertern bewaffnet. Damit zogen sie zur Bastille, dem Staatsgefängnis. Es war verhasst, denn es stand für die Unterdrückung durch den König. Man glaubte, dass dort Unschuldige gefangen seien.

1. Berichte über die Ereignisse im Juli 1789 in Paris. Nutze die Bilder [1] und [3].

[2] M **Über die Ereignisse am 14. Juli 1789 berichtete ein Augenzeuge:**

Kaum hat man Waffen, so geht's zur Bastille. Der Kommandant [Befehlshaber], Graf de Launay, der gewiss überrascht war, ... muss sehr in Verwirrung gewesen sein. Man knallt ein oder zwei Stunden drauf los ... Graf de Launay ergibt sich; er lässt die Zugbrücke herunter. ... Es grenzt ans Wunderbare, um halb drei war die Bastille schon [ein]genommen.

Die Bastille hätte sich sechs Monate halten können, aber sie wurde von Bürgersleuten und führerlosen Soldaten [ein]genommen, ohne einen einzigen Offizier! ...

Herrn de Launay macht man zum Gefangenen, führt ihn zum Stadthaus und schlägt ihn unterwegs halbtot. Man gibt ihm den Rest ...

(Zit. nach: W. D. Behschnitt, Die Französische Revolution, Stuttgart 1979, S. 44.)

2. M Beschreibe anhand von Text [2], wie die Einnahme der Bastille gelang.

[3] Der Kopf des Kommandanten der Bastille wird durch Paris getragen. *Zeitgenössischer Stich.*

[4] Militärparade am 14. Juli in Paris, *Foto, 2017.*

3. Beschreibe das Bild. Vermute, warum in Frankreich jedes Jahr am 14. Juli eine Parade stattfindet.

Der Nationalfeiertag am 14. Juli

Seit 1880 ist der 14. Juli in Frankreich ein gesetzlich festgelegter Feiertag. An diesem Tag erinnern sich die Franzosen an die Erstürmung der Bastille. Sie war der Beginn der Französischen Revolution.

Am 14. Juli haben Schulen, Behörden und die meisten Geschäfte geschlossen. In vielen französischen Städten finden Konzerte, Tanzveranstaltungen und Feuerwerke statt. Traditionell gibt es an diesem Tag in Paris, der Hauptstadt Frankreichs, eine große Militärparade. Dabei ziehen Soldaten in Uniform durch die Straßen. Der Präsident und viele ausländische Gäste nehmen als Zuschauer teil.

4. Beschreibe in Stichpunkten, wie die Franzosen ihren Nationalfeiertag gestalten.

5. Begründe, warum der 14. Juli für die Franzosen ein Tag der Freude und des Gedenkens ist.

Was du noch tun kannst ...

- Beschaffe Bilder und Berichte zum Thema „Sturm auf die Bastille". Gestalte daraus eine Wandzeitung.

Wähle einen der Arbeitsaufträge aus:

- Erstelle eine Stichwortliste zu den Ereignissen am 14. Juli 1789.
- Verfasse einen Tagebucheintrag einer Touristin, die die Militärparade in Paris [4] besucht. Beeindruckt ist sie besonders vom Verhalten der Einheimischen.
- Gestalte ein Interview mit einem Soldaten der Bastille von 1789. So könnte das Interview beginnen: „Wo waren Sie, als das Volk auf die Bastille zukam?" – „Ich stand oben auf ..."

Orientierung – Absolutismus und Französische Revolution

[1] Das Schloss von Versailles, *Gemälde, 1668.*

1. Beschreibe das Bild.
2. Vermute, wie das Leben im Schloss Versailles [1] gewesen sein könnte.

Der Absolutismus

In Frankreich herrschte seit 1661 König Ludwig XIV. Er nannte sich „Sonnenkönig". Ludwig hielt die ganze Macht in seinen Händen. Er konnte alleine Gesetze beschließen, aber musste sich selbst nicht an sie halten. Alle Menschen in Frankreich waren seine Untertanen. Diese Form der unbegrenzten Herrschaft nennt man Absolutismus.

Auch Ludwigs Nachfolger herrschten auf diese Weise. Sie lebten die meiste Zeit in ihrem Schloss in Versailles. Dort gab es ungeheuren Luxus, große Feste und viele Bedienstete.

2. Erläutere die Herrschaftsform des Absolutismus.

Die Französische Revolution

Die Bürger mussten hohe Steuern zahlen, um den Luxus der Könige zu finanzieren. Gleichzeitig durften sie nichts mitbestimmen. Adlige und Priester waren von der Steuer befreit. Das fanden viele Bürger ungerecht.

Sie stellten zunächst Forderungen an den König. Als dieser sie ablehnte, brach eine Revolution* aus. Die Bürger entmachteten den König und die Adligen. Sie wollten gleiche Rechte. Die Revolution geriet jedoch außer Kontrolle und wurde immer gewalttätiger. 1793 wurden der König und viele andere Menschen hingerichtet.

3. Begründe, warum in Frankreich eine Revolution ausbrach.

(die) Revolution:
Grundlegender Wandel in einem Staat. Dabei wird die alte Ordnung verändert oder ein Herrscher gestürzt. Eine Revolution läuft meistens schnell ab. Große Menschenmassen sind beteiligt.

1600

- 1648 Ende des Dreißigjährigen Krieges
- ab 1661 Herrschaft König Ludwigs XIV. in Frankreich

1700

- 1789 14. Juli: Sturm auf die Bastille
- 1793 Hinrichtung König Ludwigs XVI., Frankreich wird Republik

- 1793/1794 Schreckens-herrschaft der Jakobiner
- 1799 General Napoleon Bonaparte stürzt die Regierung

1800

- 1804 Napoleon krönt sich selbst zum Kaiser
- 1806 Napoleon erobert weite Teile Europas
- 1815 Napoleon wird in der Schlacht von Waterloo endgültig besiegt

Die Französische Revolution

Der Absolutismus

Wie herrschte König Ludwig XIV. über Frankreich?

[1] Ludwig XIV. (1638–1715), König von Frankreich. *Gemälde von H. Rigaud, 1701.*

1. Beschreibe Bild [1]. Achte auf Kleidung, Gesichtsausdruck und Körperhaltung.
2. Begründe, warum das Bild der Darstellung königlicher Macht diente.

König Ludwig XIV.

Vor der Französischen Revolution wurde Frankreich von König Ludwig XIV. beherrscht. Ludwig fühlte sich von Gott eingesetzt. Er machte Gesetze, überwachte ihre Einhaltung und war der oberste Richter. Als Zeichen seiner Macht baute er das prunkvolle Schloss von Versailles. Dort versammelte er die Adligen um sich. Sie mussten mit ihm Feste feiern und ihn auf die Jagd begleiten. Rund um die Uhr kümmerten sich Diener um Ludwig XIV. In Versailles gab es über 700 Zimmer. 10 000 Menschen lebten in dem Schloss.

3. Nenne Merkmale des Lebens von Ludwig XIV.

[2] Die Säulen der Herrschaft Ludwigs XIV., *Schaubild.*

Die Säulen der Herrschaft Ludwigs XIV.

Ludwig stützte seine Herrschaft auf drei Säulen:

- Die erste Säule waren Beamte. Das waren Bürger, die Ludwig als Verwalter einsetzte. Sie halfen ihm, das Land zu kontrollieren und Geld einzutreiben. Anders als Adlige konnte er sie wieder entlassen. Deshalb dienten sie ihm treu.
- Die zweite Säule bildete das Heer. 400 000 Soldaten waren ständig einsatzbereit. Sie mussten ausgerüstet und versorgt werden. Das war sehr kostspielig und belastete die Ausgaben des Staates. Ludwig baute entlang der Grenze viele Festungen und führte auch teure Kriege mit anderen Staaten.
- Die dritte Säule bildete die Kirche. Sie rechtfertigte Ludwigs Herrschaft als von Gott gewollt. Die Kirche hatte damals großen Einfluss auf das Denken der Menschen.

4. Beschreibe die Säulen der Herrschaft Ludwigs mithilfe des Textes und des Schaubildes [2].

Wähle einen der Arbeitsaufträge aus:

- Gestalte eine einfache Skizze von [1]. Trage folgende Bezeichnungen ein: Perücke, Zierschwert, Zepter, Brokatmantel, Krone, Ordenskette.
- Schreibe den Tagebucheintrag eines Adligen, der mit Ludwig XIV. im Schloss von Versailles wohnt.
- Verfasse aus der Sicht eines Bürgers einen Beschwerdebrief, in dem du die Zustände in Frankreich kritisierst.

Methode Ein Schloss besuchen

An vielen Orten in Bayern findest du Schlösser aus der Zeit des Absolutismus. Bei einem Besuch kannst du viel über die damalige Zeit lernen. Bei der Planung und Durchführung helfen dir die folgenden Arbeitsschritte:

[1] Schloss Nymphenburg. *Fotoausschnitt, 2016.*

1. Schritt: Vorbereitung

- Suche mit deiner Klasse ein Schloss in deiner Umgebung. Die Umschlagkarte A kann dir dabei helfen.
- Informiere dich im Internet über Öffnungszeiten und Ticketpreise.
- Plane die Anreise mit Bus oder Bahn.
- Überlege, welche Teile des Schlosses du besichtigen willst. Brauchst du eine Führung?
- Sammle Informationen über das Schloss (Bauzeit, Erbauer, Baustil, Zahl der Räume ...).

2. Schritt: Durchführung

- Orientiere dich mithilfe eines Plans in Schloss und Park.
- Mache während des Besuchs Notizen.
- Fertige Fotos oder Zeichnungen an.

3. Schritt: Auswertung

- Besprich die Ergebnisse des Besuchs in der Klasse: Was hast du gelernt? Was kannst du nächstes Mal besser machen?
- Gestalte eine Wandzeitung.

Beispiel: Schloss Nymphenburg in München
In München befindet sich eines der größten bayerischen Schlösser. Mit 600 Metern Breite übertrifft es sogar Versailles. Errichtet wurde es im Auftrag des Kurfürsten Ferdinand Maria. Architekten aus Italien erbauten es im Stil des Barock.

Ein „bayerischer Sonnenkönig“
Kurfürst Ferdinand Maria ahmte das Vorbild König Ludwigs XIV. nach. Das taten auch viele andere Fürsten seiner Zeit. An Ferdinands Hof in Nymphenburg fanden Bälle, Festessen, Theaterspiele und Feuerwerke statt.
Das Schloss war jahrhundertelang die Sommerresidenz der Wittelsbacher.

[2] Kurfürst Ferdinand Maria (1636–1679), der Erbauer von Nymphenburg. *Gemälde, 1674.*

[3] Schloss Nymphenburg, *Schrägluftbild, 2017.*

[4] Schloss Nymphenburg. Eingangshalle. *Foto, 2016.*

1. Schildere deine Eindrücke von Schloss Nymphenburg.

2. Zeichne mit Zirkel und Lineal den Grundriss des Schlosses und Parks. Nutze Bild [3].

3. Plane mithilfe der Arbeitsschritte auf S. 44 einen Besuch in Nymphenburg oder einem Schloss in deiner Nähe.

Absolutismus und Demokratie

Wie wird der Staat regiert?

[1] Ludwig XIV. empfängt Gesandte aus Persien, *Gemälde von 1715.*

Das folgende Interview mit König Ludwig XIV. ist frei erfunden. Man weiß aber, dass er so geantwortet haben könnte.

[2] **Interview mit König Ludwig XIV.**

Pariser Zeitung: Majestät, könnt Ihr unseren Lesern erzählen, wie Ihr König geworden seid?

König Ludwig: Das Recht, König zu werden, habe ich von meinem Vater geerbt. Mein Vater starb, als ich vier Jahre alt war. Deshalb regierte zuerst der Kardinal Mazarin für mich. Von ihm habe ich gelernt, wie man einen Staat führt. 1654 wurde ich in einer Kathedrale zum König gekrönt. Jetzt war allen Menschen klar, dass ich König von Gottes Gnaden bin. Gott selbst hat mich als König eingesetzt.

Pariser Zeitung: Ihr sollt gesagt haben: „Der Staat bin ich"! Wie habt Ihr das gemeint?

König Ludwig: Ich habe alle Macht im Staat: Ich mache die Gesetze, lasse sie ausführen und bin der oberste Richter. Ich muss mich vor niemandem rechtfertigen. Meine Untertanen müssen mir gehorchen. Nur Gott steht über mir.

Pariser Zeitung: Ganz alleine regieren, ist das nicht anstrengend?

König Ludwig: Oh ja! Ich verbringe jeden Tag viele Stunden am Schreibtisch. Dort lese ich Berichte meiner Verwalter und schreibe Befehle. Ich bestimme über die Ausgaben des Staates, empfange Gesandte und plane Kriege. Allerdings helfen mir meine Beamten.

Pariser Zeitung: Es gibt doch sicher Leute, die ihre Herrschaft kritisieren, oder?

König Ludwig: Natürlich gibt es die. Doch ich habe eine eigene Polizei, die Bücher und Schriften kontrolliert. Was kritisch ist, wird gestrichen oder verboten. Wer mich öffentlich kritisiert, den lasse ich verhaften.

Pariser Zeitung: Die teuren Schlösser, der Luxus, die Feste – wozu war das nötig?

König Ludwig: Ich muss als König Glanz ausstrahlen. Deshalb habe ich mir auch die Sonne als Zeichen gewählt.

Pariser Zeitung: Majestät, wir danken Ihnen für das Gespräch.

1. Lest das Interview mit verteilten Rollen vor.
2. Erkläre, wie Ludwig Folgendes sieht:
- Wie wird man König?
- Was bedeutet „Von Gottes Gnaden" und „Der Staat bin ich"?
- Warum nennt sich Ludwig XIV. „Sonnenkönig"?

[3] Der Deutsche Bundestag, *Foto.* Hier werden Gesetze gemacht.

[4] Bundeskanzlerin Angela Merkel mit Barack Obama. *Foto, 2016.* Die Bundeskanzlerin und die von ihr geführte Regierung sorgen für die Ausführung von Gesetzen.

[5] Das Bundesverfassungsgericht, *Foto.* Das Gericht spricht Recht und muss sich dabei an die Gesetze halten.

3. Beschreibe die Bilder [3] bis [5].

Deutschland – eine Demokratie

Deutschland ist eine Republik. Das bedeutet, es ist ein Land ohne König oder Kaiser.

Die Staatsform in Deutschland ist die Demokratie. Demokratie bedeutet „Herrschaft des Volkes". Das Volk entscheidet selbst, was im Staat gemacht wird. Jeder Bürger wählt Personen, die seine Interessen vertreten. Man nennt sie Abgeordnete. Die Abgeordneten sitzen im Bundestag. Dort machen sie Gesetze.

Die drei Gewalten

In einer Demokratie macht der Staat nicht nur Gesetze. Er sorgt auch dafür, dass sie eingehalten werden. Dazu setzt er z. B. die Polizei ein. Der Staat kümmert sich außerdem darum, dass es Gerichte gibt, die Recht sprechen. Diese drei Bereiche nennt man die drei „Gewalten": die gesetzgebende, vollziehende und rechtsprechende Gewalt (Bilder [3] bis [5]).

Die Gewalten sind getrennt. Niemand darf z. B. Gesetze machen und gleichzeitig Richter sein. So wird verhindert, dass eine Person oder eine Gruppe zu viel Macht bekommen.

Das Amt des Bundeskanzlers

Der Bundeskanzler wird vom Bundestag für vier Jahre gewählt. Er bestimmt die Richtlinien der Politik. Damit hat er die meiste Macht im Staat. Der Sitz des Bundeskanzlers ist das Bundeskanzleramt in Berlin.

Der Bundeskanzler stellt eine Bundesregierung zusammen. Zu ihr gehören Minister, die für bestimmte Bereiche zuständig sind.

4. Notiere in Stichworten: Grundsätze des Absolutismus – Grundsätze der Demokratie.

5. Vergleiche in Stichworten: Macht eines absoluten Königs – Macht des Bundeskanzlers.

Wähle einen der Arbeitsaufträge aus:

- Zeichne ein Schaubild zu den drei Gewalten in einer Demokratie.
- Verfasse einen kritischen Brief an Ludwig XIV. Beginne so: „Majestät, ich finde es ungerecht, dass …"
- Erfinde ein Zeitungsinterview mit der Bundeskanzlerin. Lasse sie darin erzählen, wie sie sich selbst und ihr Amt sieht.

Wahlseite

Ein Bauer

1. Informiere dich auf dieser Seite über das Leben der Bauern vor der Französischen Revolution.
2. Präsentiere deine Ergebnisse in der Klasse.

[1] Die Bauernmahlzeit. *Gemälde von Louis Nain, 1642.*

[2] **Das könnte ein Bauer erzählt haben:**
Wir Bauern sind unzufrieden! Wir gehören zum Dritten Stand. Mit unseren Steuern bezahlen wir das teure Leben des Königs, der in Versailles ein riesiges Schloss erbaut hat und jeden Tag Feste feiert. Wir dagegen haben kaum etwas zu essen. Außerdem müssen wir 100 Tage im Jahr die Straßen des Königs weiterbauen.
Teile der Ernte muss ich meinem adligen Grundherrn abgeben. Zwei- oder dreimal pro Woche muss ich auf seinem Feld arbeiten und für ihn Holz hacken.
Einmal befahl er mir, mit Stöcken auf seinen Schlossteich zu schlagen, damit die Adligen nicht vom Quaken der Frösche gestört wurden.
Wenn Kaninchen oder Vögel unsere Felder leerfressen, müssen wir machtlos zusehen. Wir dürfen sie nämlich nicht jagen – das darf nur der Grundherr.
Ein Wildhüter hat meinen Vater ohne Vorwarnung niedergeschossen. Und das nur, weil er ein Kaninchen getötet hat, das auf unserem Feld wühlte.
Wenn einer von uns Bauern heiraten will, muss er erst die Genehmigung des Grundherrn einholen. Das kostet dann auch noch Geld.
Ich würde am liebsten in das Schloss meines Grundherrn stürmen und die Papiere verbrennen, auf denen steht, dass wir unfrei sind.

(Verfassertext nach historischen Quellen)

Tipps für die Erarbeitung
Die Situation der Bauern in Stichworten beschreiben
- Bild [1] untersuchen
- die Stimmung der Bauern in Bild [1] darstellen

Tipps für die Präsentation
Ein Interview mit dem Bauern über sein Leben und seine Ansschauungen führen und in der Klasse präsentieren

M

Wahlseite Ein revolutionärer Handwerker

1. Informiere dich anhand des Textes und des Bildes über den Sturm auf die Bastille.
2. Präsentiere deine Ergebnisse in der Klasse.

[1] Die Sieger der Bastille. *Gemälde von Paul H. Delaroche, um 1830.*

[2] **Das könnte ein Bürger erzählt haben, der beim Sturm auf die Bastille beteiligt war:**

Ich lebe mit meiner Familie in Paris im fünften Stock eines Mietshauses. Wir sind Handwerker und schuften jeden Tag hart für ein bisschen Geld.

Für mich sind alle Menschen von Geburt an gleich. Deswegen sehe ich nicht ein, warum ich noch jemanden mit „Sie“ anreden soll. Ich duze alle Leute, nenne sie „Bürger“ und nicht „Herr“. Ich hasse die Adligen, die dicken Kaufleute, die vollgefressenen Ladenbesitzer und alle faulen Büroschreiber. Es muss endlich etwas passieren! Wir, das Volk, wollen entscheiden, was im Staat gemacht wird. Dafür haben wir beim Sturm auf die Bastille gekämpft.

Die Vorrechte der Adligen sollten abgeschafft werden. Wenn das nicht passiert, greifen wir eben wieder zur Gewalt.

(Verfassertext nach historischen Quellen)

Tipps für die Erarbeitung

Das Bild untersuchen
– die Ansichten und Forderungen des Bürgers herausarbeiten

Tipps für die Präsentation

Die Klasse das Bild beschreiben lassen
– den Kämpfer der Bastille vorstellen

Wahlseite

Eine adlige Dame

1. Informiere dich auf dieser Seite über das Leben und die Ansichten einer Adligen.
2. Präsentiere deine Ergebnisse in der Klasse.

[1] **Das könnte eine Adlige erzählt haben:**

Unser guter **König** Ludwig regiert den Staat und alle anderen Menschen sind seine Untertanen. Ich habe das Glück, in seiner Nähe am **Hof von Versailles** zu leben. Es ist herrlich hier! Schon frühmorgens springen meine Dienerinnen um mich herum, um mir die Perücke zu frisieren und mir die Kleider zu reichen. Dann gehe ich in das Zimmer der Königin, um ihr beim Ankleiden zu helfen.

Zuerst gehe ich mit der Königin in die Kirche. Danach gibt es ein großes Frühstück mit **Austern** und **Champagner**. Oft bin ich dabei, wenn der König auf die **Jagd** reitet. Abends gibt es Konzerte oder Theaterstücke ...

Bei uns im Land weiß jeder, wohin er gehört. Wir als **Adlige** sollen nicht arbeiten. Wir sind geboren, um zu herrschen. Gott hat diese **Ordnung** so festgelegt. Deshalb ist es auch richtig, dass wir keine **Steuern** zahlen. Wir haben eben **Vorrechte**, die uns zustehen.

(Verfassertext nach historischen Quellen)

[2] Eine adlige Dame. *Gemälde, 1740.*

[3] Adlige bei einem Ball. *Gemälde, 1862.*

Tipps für die Erarbeitung
- Den Textknacker anwenden
- aufschreiben, was du über das Leben der Adligen erfahren hast

Tipps für die Präsentation
- Einen eigenen Erzähltext schreiben und der Klasse vortragen
- ein Interview mit der Adligen erfinden

M

Wahlseite Gelehrte Bürger

1. Informiere dich auf dieser Seite über die Ansichten der gelehrten Bürger.
2. Präsentiere deine Ergebnisse in der Klasse.

[1] In einem Salon, *Gemälde, 1755.*

Die alte Ordnung wird in Frage gestellt
Ab etwa 1700 trafen sich in Frankreich gebildete Bürger, um zu diskutieren. Sie stellten kritische Fragen: Hat Gott wirklich den König eingesetzt? Darf ein einzelner Mensch alle Macht besitzen? Beim Denken wollten sie sich nur auf ihre Vernunft verlassen. Sie hinterfragten alles, auch Gott und die Lehren der Kirche. Sie gingen davon aus, dass alle Menschen von Natur aus gleich waren.

[2] **Zwei Gelehrte unterhalten sich:**
Lefevre: Ich glaube, jeder Mensch ist frei geboren. Alle sind von Natur aus gleich.
Lambert: Das stimmt. Sie sind frei, aber sie haben einen von sich zum König gemacht. Dieser steht über ihnen und sorgt für sie.
Lefevre: Aber unser König sorgt nicht für die Menschen! Den Leuten im Land geht es schlecht.
Lambert: Ich stimme dir zu. Die Bürger sollten einen Herrscher auch wieder absetzen dürfen, wenn er sich nicht um sie kümmert.
Lefevre: Das finde ich auch. Ich glaube nämlich nicht, dass unser König von Gott eingesetzt ist. Er ist ein Mensch wie jeder andere und sollte keine Sonderrechte haben.
Lambert: Es ist falsch, dass der König allein alles entscheidet. Er sollte nicht gleichzeitig die Gesetze machen und Richter sein.
Lefevre: Jeder Mensch sollte alles hinterfragen. Seine Meinung sollte er frei äußern dürfen, ohne bestraft zu werden.
Lambert: Das ist bei uns leider nicht so. Ich muss aufpassen, was ich sage und schreibe, denn wer den König kritisiert, kann bestraft werden. Das ist ungerecht.
Lefevre: Richtig! Ich hoffe, es ändert sich bald etwas in unserem Staat.

(Verfassertext)

Tipps für die Erarbeitung
Die Ideen der Philosophen in Stichworten zusammenfassen
– diese der Sichtweise Ludwigs XIV. gegenüberstellen

Tipps für die Präsentation
– Ein Flugblatt mit Forderungen der Philosophen anfertigen und der Klasse vorstellen
– das Gespräch mit verteilten Rollen vortragen

M

Methode Karikaturen deuten

Was sind Karikaturen?

Im 18. Jahrhundert konnten viele Menschen noch nicht lesen. Wenn jemand seine Meinung über etwas verbreiten wollte, musste er Zeichnungen verwenden.
Solche Zeichnungen stellen Personen, Ereignisse oder Zustände übertrieben und verzerrt dar. Man nennt sie Karikaturen. Menschen haben zum Beispiel große Ohren oder Nasen. Auch Tiere kommen vor. Sie dienen als Symbole (Zeichen).
Karikaturen wirken komisch und sollen zum Nachdenken anregen. Diese Arbeitsschritte helfen dir, eine Karikatur zu deuten:

1. Schritt: Informationen sammeln

- Welche Informationen gibt es über den Künstler, den Titel der Karikatur und die Entstehungszeit?

2. Schritt: Beschreiben

- Welchen Eindruck vermittelt die Karikatur?
- Welche Personen, Gegenstände oder Tiere sind im Vordergrund und Hintergrund dargestellt?
- Wie sind sie dargestellt?
- Welche Handlung wird deutlich?
- Wie sind die Farben gestaltet?
- Welche Texte gehören zum Bild?

3. Schritt: Deuten

- Welche Bedeutung haben die abgebildeten Personen, Tiere oder Gegenstände?
- Auf welche Zustände oder Ereignisse bezieht sich die Karikatur?
- Was ist die Aussage der Karikatur?

4. Schritt: Bewerten

- Bewerte aus deiner Sicht: Ist die Kritik angemessen, die die Karikatur äußert?

1. Beschreibe und deute Karikatur [1]. Du kannst so beginnen:
Die Karikatur stammt aus der Zeit der Französischen Revolution und trägt den Titel „Der Dritte Stand trägt die Lasten“. Im Vordergrund sind drei Personen …

[1] „Der Dritte Stand trägt die Lasten“. *Karikatur, 1789.*

Frankreich in der Krise

Warum wuchs in Frankreich die Unzufriedenheit?

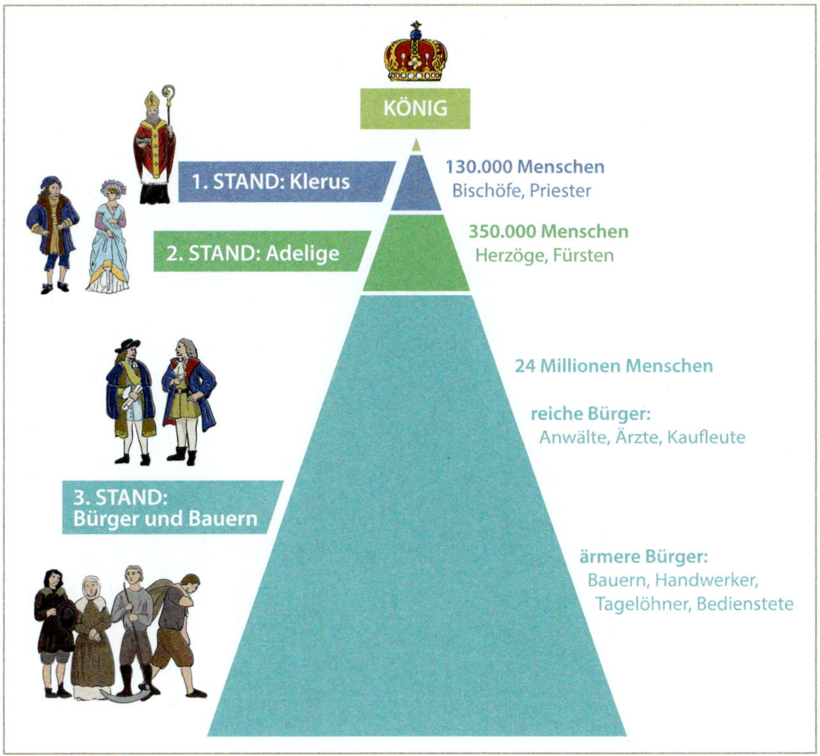

[1] Der Aufbau der französischen Gesellschaft vor der Revolution. *Schaubild.*

1. Erkläre den Aufbau der französischen Gesellschaft anhand des Schaubilds [1].
2. Finde mithilfe von [1] heraus, zu welchem Stand die folgenden Menschen gehörten: Maurer, Graf, Seidenhändler, Pfarrer, Friseur, Weinbauer, Prinz.
3. Erkläre, warum die Menschen des Dritten Standes unzufrieden waren.

Die Ständegesellschaft

Seit Jahrhunderten war die Bevölkerung Frankreichs in drei Stände eingeteilt. Während der erste und zweite Stand zusammen nur 2 % der Bevölkerung ausmachten, gehörten die restlichen 98 % zum Dritten Stand.

Der Klerus und die Adligen verfügten über viele Sonderrechte. Zum Beispiel mussten sie keine Steuern zahlen. Außerdem gehörte ihnen fast die Hälfte des Landes, obwohl sie nur so wenige Menschen waren. Als Grundherren bestimmten sie über die unfreien Bauern.

Die Bauern und Bürger mussten die ganze Last der Steuern und Abgaben tragen. Mit ihren Steuern finanzierten sie den teuren Lebensstil des Königs, seine Bauten und das Heer. Das führte zu großer Unzufriedenheit.

Die Staatskrise

1789 befand sich Frankreich in einer Krise. Schuld waren die Kriege und das teure Leben des Königs. Doch König Ludwig XVI. (der Urenkel des Sonnenkönigs) gab das Geld mit vollen Händen aus. Die meisten Bauern und Handwerker waren verarmt und konnten keine höheren Steuern zahlen. Doch der Adel und der Klerus lehnten es ab, sich an den Steuern zu beteiligen.

Wähle einen der Arbeitsaufträge aus:

- Skizziere den Aufbau der französischen Gesellschaft in dein Heft.
- Schreibe einen Beschwerdebrief an den König über die Missstände in Frankreich.
- Schreibe einen kritischen Zeitungskommentar „Schluss mit dem Absolutismus!“.

Der Sturm bricht los

Wie begann die Französische Revolution?

[1] Der Schwur im Ballhaus am 20. Juni 1789. *Gemälde, um 1791.*

1. Beschreibe Bild [1]. Vermute, was hier passiert.

Eine Versammlung in Versailles

Am 5. Mai 1789 rief der König Vertreter aller drei Stände nach Versailles. Diese Versammlung nannte man „Generalstände". Es kamen 300 Vertreter des ersten Standes, 300 des zweiten und 600 des Dritten Standes.
Der Anlass war, dass der Staat kein Geld mehr hatte. Frankreich hatte riesige Schulden angehäuft. Der König wollte, dass die Generalstände neue Steuern genehmigten.
Die Vertreter der Stände brachten 40000 Beschwerdehefte aus ganz Frankreich mit. Darin beklagten sich Bürger über hohe Steuern, Abgaben und die ungerechte Verteilung des Landes. Doch der Finanzminister des Königs wollte nicht hören. Er verlangte neue Steuern. Die Stände sollten nur zustimmen.

2. Nenne die Interessen des Königs und die des Dritten Standes.

Der Ballhausschwur

Die Vertreter des Dritten Standes waren nicht einverstanden. Sie erklärten sich zur „Nationalversammlung" und forderten eine gerechte Abstimmung. Doch der König ließ den Sitzungssaal sperren.
Daraufhin zog die „Nationalversammlung" um. Sie traf sich am 20. Juni 1789 in einer Turnhalle in Versailles, dem „Ballhaus". Dort leisteten alle einen Eid*: „Wir schwören feierlich, nicht auseinander zu gehen, bis Frankreich eine Verfassung* hat, die allen Franzosen die Bürgerrechte garantiert!"
Begeistert umarmten sich viele Anwesende. Der König musste die Nationalversammlung anerkennen.

3. Schildere den „Ballhausschwur" in der Form einer Reportage.

[2] Bauern stürmen das Schloss ihres Grundherrn. *Illustration.*

Der Sturm auf die Bastille
Die Nachricht von der neuen Nationalversammlung verbreitete sich schnell im ganzen Land. An vielen Orten entstand ein Aufruhr. Unzufriedene Bürger griffen zu den Waffen und eroberten am 14. Juli 1789 die Bastille. Das war der eigentliche Beginn der Französischen Revolution.

Die Revolution auf dem Land
Als die Bauern auf dem Land von den Ereignissen in Paris hörten, freuten sie sich. Viele von ihnen hatten Beschwerdebriefe abgegeben, doch bisher war nichts passiert. Nun weigerten sie sich, weiter Steuern zu zahlen.
Die Bauern zogen zu den Schlössern ihrer Grundherren und stürmten sie mit Gewalt. Sie vernichteten die Bücher, in denen ihre Unfreiheit und ihre Abgaben festgeschrieben waren.
Viele Schlösser gingen in Flammen auf. Oft kam es zu blutigen Auseinandersetzungen mit den Grundherren. Es gab Tote und Verletzte.

Die Abschaffung der Unfreiheit
Die Aufstände der Bauern setzten die Nationalversammlung unter Druck. Am 4. August 1789 erklärte sie alle Bauern für frei. Die Grundherren waren jetzt nicht mehr die Richter auf dem Land. Außerdem legte die Nationalversammlung fest, dass ab jetzt alle Stände Steuern zahlen mussten.

4. Erzähle mit eigenen Worten von der „Revolution auf dem Land".
5. Beschreibe [2] und nimm zu der dort sichtbaren Gewalt Stellung (verständlich, unnötig, grausam ...).

(der) Eid:
Schwur, feierliche Bekräftigung einer Aussage

(die) Verfassung:
Rechtliche Grundordnung eines Staates

Wähle einen der Arbeitsaufträge aus:

- Erstelle zur Doppelseite eine Liste mit wichtigen Daten und Ereignissen.
- Verfasse einen Zeitungsbericht über den Ballhausschwur.
- Schreibe zu den Ereignissen vom 5. Mai bis zum 4. August 1789 einen Kommentar für die Zeitung aus der Sicht des Dritten Standes oder eines Adligen.

M Freiheit – Gleichheit – Brüderlichkeit

Was sind Menschenrechte?

Die Menschen- und Bürgerrechte
Am 26. August 1789 beschloss die Nationalversammlung die Erklärung der Menschen- und Bürgerrechte. Sie sollten für alle Franzosen gelten, egal welchem Stand sie angehörten. Jeder Bürger sollte sich darauf berufen können.
Der wichtigste Grundsatz der Menschenrechte war „Freiheit, Gleichheit, Brüderlichkeit“. Das wurden bald die Schlagworte der Revolution. Die Erklärung der Menschen- und Bürgerrechte beendete den Absolutismus in Frankreich.

1. Ordne den Artikeln in [1] die folgenden Überschriften in der richtigen Reihenfolge zu: *Freie Meinungsäußerung – Freiheit und Gleichheit – Volksherrschaft – Gleichheit vor dem Gesetz – Menschenrechte – Schutz vor unrechtmäßiger Verhaftung – Grenzen der Freiheit – Religionsfreiheit.*
2. Beurteile, welche Folgen Artikel 3 für die Herrschaft des Königs haben könnte.
3. Erläutere die Begriffe „Freiheit, Gleichheit, Brüderlichkeit“.

[1] Erklärung der Menschen- und Bürgerrechte. *Gemälde, 1789.*
Der deutsche Text wurde anstelle des französischen Originals eingefügt.

[2] Demonstration von Amnesty International in Berlin. *Foto, 2014.*

Menschenrechte heute

Seit der Französischen Revolution erkämpften sich Menschen in vielen Staaten Menschen- und Bürgerrechte. In Deutschland heißen sie „Grundrechte“. Sie gelten für alle Menschen, die bei uns leben.

1948 verkündeten die Vereinten Nationen (UN), dass die Menschenrechte in all ihren Mitgliedsstaaten gelten sollen. Zur UN gehören fast alle Länder der Erde.

Seit 1989 sind auch Kinderrechte ein fester Bestandteil der Menschenrechte. Dazu gehört zum Beispiel das Recht auf Schulbildung.

Doch in vielen Staaten wird weiter gegen die Menschenrechte verstoßen. Es gibt Kriegsverbrechen und Ausbeutung. In vielen Gefängnissen wird gefoltert und getötet.

In zahlreichen Staaten wird die Meinungsfreiheit brutal unterdrückt. Politiker, Journalisten und Künstler werden wegen Kritik an der Regierung eingesperrt.

4. Erläutere den Begriff Menschenrechte.

Amnesty International

Die Menschenrechtsorganisation Amnesty International kämpft seit Jahrzehnten für die Einhaltung und Durchsetzung der Menschenrechte. Auch in Deutschland hat sie Büros in vielen Städten. Amnesty berichtet im Internet, im Fernsehen, in Zeitungen und Büchern über Menschenrechtsverletzungen.

Die Organisation fordert Menschen weltweit auf, gegen Unrecht einzutreten. Viele Staaten mussten dem öffentlichen Druck nachgeben.

Ein Beispiel für die erfolgreiche Arbeit von Amnesty International ist die äthiopische Journalistin Serkalem Fasil. Sie schrieb kritische Texte gegen die Regierung und wurde zum Tode verurteilt. Auf Druck zahlreicher Unterstützer von Amnesty wurde sie 2007 freigelassen.

5. Beschreibe in eigenen Worten die Arbeit von Amnesty International. Nutze Bild [2].

Wähle einen der Arbeitsaufträge aus:

- Gestalte ein Plakat, auf dem du die Einhaltung der Menschenrechte forderst.
- Gestalte eine Wandzeitung zum Thema „Menschenrechte“.
- Schreibe einen Brief an eine Regierung, die einen kritischen Journalisten verhaftet hat. Setze dich für seine Freilassung ein. Berufe dich auf die Menschenrechte.

Von der Monarchie zur Republik

Darf man einen König hinrichten?

[1] Hinrichtung König Ludwigs XVI. *Stich, 1793.*

1. Beschreibe Bild [1].

Die Verfassung von 1791

1791 wurde eine Verfassung eingeführt, um die Macht des Königs zu begrenzen. Er konnte nun keine Gesetze mehr machen und Gerichtsurteile fällen. Frankreich wurde zu einer konstitutionellen Monarchie. So nennt man einen Staat, bei der eine Verfassung den König einschränkt.

2. Erläutere, wie sich Frankreich durch die Verfassung veränderte.

Revolution und Krieg

Die anderen europäischen Staaten wurden weiter von absoluten Königen regiert. Diese fürchteten, dass sich die Ideen der Französischen Revolution auch bei ihnen ausbreiteten. Deshalb planten sie einen Krieg gegen Frankreich.

Doch Frankreich kam dem feindlichen Angriff zuvor und begann den Krieg. Viele Franzosen waren begeistert. Sie wollten ihr Land und die Revolution verteidigen. Zehntausende meldeten sich freiwillig, um zu kämpfen.

Die Freiwilligen kämpften erfolgreich gegen die bezahlten Soldaten der absoluten Könige. Sie eroberten Teile Belgiens und stießen bis Frankfurt am Main vor.

3. Erläutere Ursachen und Verlauf des Krieges.

Der König wird angeklagt

König Ludwig XVI. wurde verdächtigt, mit den Feinden der Revolution gemeinsame Sache zu machen. Er versuchte, aus Frankreich zu fliehen. Doch man nahm ihn gefangen und klagte ihn wegen Verrats an.

Am 21. Januar 1793 wurde Ludwig XVI. mit der Guillotine* hingerichtet. Frankreich war nun eine Republik, ein Staat ohne König.

4. Begründe aus deiner Sicht: War es richtig, den König hinzurichten?

(die) Guillotine:
Fallbeil an einem Seil, Hinrichtungsmethode. Erfunden vom Arzt Guillotine.

[2] Angeklagter vor dem Revolutionsausschuss. *Zeitgenössischer Stich.*

5. Beschreibe Bild [2]. Vermute, welche Chance der Angeklagte auf einen Freispruch gehabt haben dürfte.

Die Herrschaft der Jakobiner

Nach der Hinrichtung des Königs riss die Gruppe der Jakobiner die Macht an sich. Die Jakobiner kamen vor allem aus den unteren Schichten der Bevölkerung. Sie wollten eine Volksherrschaft. Ihr Anführer war Maximilien de Robespierre (1758 bis 1794).

Um ihre Gegner zu unterdrücken, errichteten die Jakobiner eine Schreckensherrschaft. Jeder, der verdächtigt wurde, ein Gegner der Revolution zu sein, musste sich vor einem „Revolutionsausschuss" verantworten. Für einen Verdacht genügten ein paar falsche Worte oder die Freundschaft mit einem Adligen.

Wer vor einem Revolutionsausschuss stand, hatte kaum eine Chance auf Freilassung. Es gab nur zwei Urteile: Freispruch oder Tod. 35 000 Menschen wurden hingerichtet.

Am Ende brachten sich die Jakobiner gegenseitig um. Man sagte: „Die Revolution frisst ihre Kinder." Am 27. Juli 1794 wurde auch Robespierre hingerichtet. Damit war der Terror beendet. Ein Rat aus fünf Personen übernahm die Regierung.

(der) Terror:
Schrecken, Schreckensherrschaft

6. Begründe, warum die Guillotine als ein Zeichen für die Französische Revolution steht.

[3] M **Robespierre begründete die Maßnahmen so:**

Welches Ziel streben wir an? In Frieden wollen wir Freiheit und Gleichheit genießen! ... Die Feinde des Volkes müssen wir durch Terror* beherrschen. Terror ist nichts anderes als rasche, strenge und unbeugsame Gerechtigkeit.

(Zit. nach: Lautermann, W. u. a. (Hg.): Geschichte in Quellen Bd. 4, München 1981.)

[4] M **Der Revolutionär Camille Desmoulins erklärte 1793 in einer Rede:**

Ihr wollt eure Feinde mit der Guillotine austilgen? Hat man je einen größeren Wahnsinn gesehen? Könnt ihr einen Einzigen ... umbringen, ohne euch unter seinen Verwandten oder Freunden zehn Feinde zu machen?

(Zit. nach: Müller, U. F. (Hg.): Die Französische Revolution 1789–1999, München 1988.)

7. M Vergleiche die Ansichten der beiden Revolutionäre aus [3] und [4].

8. Verfasse eine Anklageschrift gegen Robespierre und trage sie der Klasse vor.

Wähle einen der Arbeitsaufträge aus:

- Stelle die Ereignisse dieser Doppelseite in einer Liste zusammen.
- Erarbeite eine Spielszene zu Bild [2].
- Formuliere Gedanken eines Soldaten, der bei der Hinrichtung des Königs anwesend war.

Napoleon – Herrscher Europas

Wie veränderte Napoleon Europa?

[1] Napoleon, *Gemälde von Francois Gérard, 1805.*

1. Beschreibe Bild [1].
2. Vergleiche Bild [1] mit dem Bild König Ludwigs XIV. auf Seite 42.

Napoleon wird Kaiser

Napoleon Bonaparte (1769–1821) war ein General der französischen Armee. Er war beim Volk beliebt und hatte in vielen Schlachten gesiegt. 1799 riss Napoleon die Macht in Frankreich an sich. Mit seinen Soldaten vertrieb er die bisherige Regierung.

Nach der unruhigen Zeit der Revolution sehnten sich viele Franzosen wieder nach einem „starken Mann" an der Spitze. 1804 krönte sich Napoleon in der Kathedrale von Paris selbst zum Kaiser. Frankreich war wieder eine Monarchie. War jetzt alles wieder wie vor der Revolution?

Napoleon – Retter oder Zerstörer der Revolution?

Napoleon erklärte die Revolution für beendet. Er brachte den Staat unter seine Kontrolle. Freie Wahlen und Pressefreiheit schaffte er ab. Andere Bürgerrechte blieben bestehen: zum Beispiel Gleichheit vor dem Gesetz und das Recht auf Eigentum. 1804 erschien eine Gesetzessammlung, der „Code Napoleon". Darin waren die Rechte des Einzelnen festgeschrieben.

3. Zeichne eine Tabelle und stelle zusammen:

Was blieb von der Revolution?	Was wurde abgeschafft?	Was wurde neu eingeführt?
...	...	...

Napoleon verändert die Landkarte Europas

Einige Staaten Europas erklärten Frankreich 1805 den Krieg. Napoleon eroberte daraufhin in einem Feldzug weite Teile Europas.

In den eroberten Gebieten veränderte sich das Leben der Menschen. Sie waren jetzt frei und gleich vor dem Gesetz. Die Unfreiheit der Bauern wurde abgeschafft.

Napoleon veränderte die Landkarte radikal. In Deutschland verschwanden 300 kleine Einzelstaaten. Sie wurden zu größeren Staaten zusammengefasst. Drei Millionen Menschen bekamen neue Herrscher. 1806 vereinigten sich 16 deutsche Staaten zum „Rheinbund". Sie unterstützten Napoleon.

Im selben Jahr legte der deutsche Kaiser Franz II. die Kaiserkrone nieder. Damit hörte das „Heilige Römische Reich Deutscher Nation" nach 1000 Jahren auf zu bestehen.

4. Nenne Veränderungen durch die Eroberungen Napoleons.

Was du noch tun kannst ...

- Informationen über das Leben Napoleons sammeln und ein Referat in der Klasse halten.

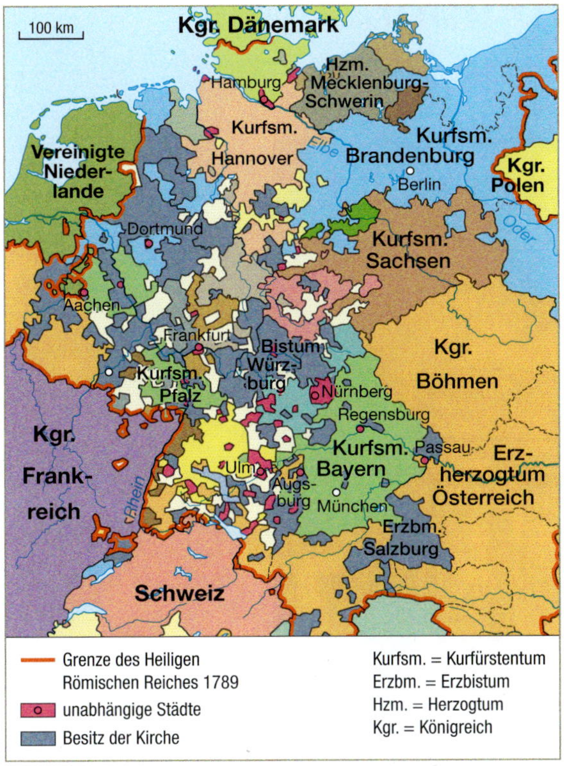

[2] Mitteleuropa 1789. *Karte.*

[3] Mitteleuropa 1812. *Karte.*

Das Ende der Herrschaft Napoleons

In den Gebieten, die Napoleon erobert hatte, wurde er zunächst als Befreier begrüßt. Doch bald empfanden viele die Fremdherrschaft als bedrückend. Die unterworfenen Staaten mussten Napoleon tausende Soldaten stellen. Diese zogen mit Frankreich in den Krieg.

Napoleons Heer erlebte bald katastrophale Niederlagen. Aus dem Feldzug gegen Russland 1812 kehrte nur ein Bruchteil der Soldaten wieder zurück. Das war für Napoleons Gegner das Signal für einen Aufstand. Preußen, Russland und England besiegten Frankreich gemeinsam: in der Völkerschlacht von Leipzig (1813) und bei Waterloo (1815).

5. Vergleiche die Karten [2] und [3]. Welche Veränderungen fallen besonders auf?
6. Beschreibe und vergleiche das Kurfürstentum Bayern [2] und das Königreich Bayern [3].
7. Finde heraus, welche Königreiche es in Deutschland 1812 gab [3].

Bayern wird Königreich

Bayern war vor der Zeit Napoleons ein Kurfürstentum. 1805 verbündete es sich mit Frankreich. Dafür belohnte Napoleon es mit neuen Gebieten. 1806 machte er Bayern sogar zum Königreich. Kurz vor der Völkerschlacht von Leipzig wechselte Bayern die Seiten. Es kämpfte nun gegen Napoleon. Das zahlte sich aus: Bayern gehörte wieder zu den Siegern. Es blieb Königreich und durfte die neuen Gebiete behalten. So verdoppelte sich seine Fläche zwischen 1805 und 1813. Bayerns Einwohnerzahl stieg um mehrere Millionen an.

Wähle einen der Arbeitsaufträge aus:

- Erstelle eine Stichwortliste über die Ereignisse dieser Doppelseite.
- Zeichne eine Skizze von Bild [1] in dein Heft. Beschrifte: Thron, Krone, Adlerzepter, Reichsapfel, Mantel aus Hermelinfell.
- Schreibe einen Zeitungskommentar unter der Überschrift: „Napoleon – Herrscher oder Befreier Europas?“

1989: Die friedliche Revolution

Ist eine Revolution ohne Gewalt möglich?

[1] Die Berliner Mauer. *Foto, 1979.*

1. Beschreibe Bild [1].

Revolutionen in der Geschichte

Die Französische Revolution war nicht die einzige Umwälzung, die es gab. Auch später fanden noch Revolutionen statt. Eine wichtige ereignete sich 1989 in Deutschland, also genau 200 Jahre später.

Zwischen 1945 und 1989 gab es zwei Supermächte: die USA und die Sowjetunion (Russland). Sie standen sich verfeindet gegenüber. Beide Staaten besaßen Atombomben und versuchten sich gegenseitig zu übertreffen. Es herrschte eine angespannte, feindliche Atmosphäre, der „Kalte Krieg".

Die beiden Supermächte schützten und kontrollierten jeweils andere Staaten. So bildeten sich zwei verfeindete „Blöcke" heraus: der „Ostblock" unter Führung der Sowjetunion und der westliche Block unter Führung der USA. Die Grenze zwischen den Blöcken verlief mitten durch Europa.

Deutschland war damals zweigeteilt: Die Bundesrepublik gehörte zum westlichen Block, die Deutsche Demokratische Republik (DDR) zum Ostblock. Es gab also zwei Staaten auf dem Gebiet, das heute Deutschland ist.

Die Situation in der DDR

In der DDR gab es keine freien Wahlen. Die Bürger durften das Land nicht verlassen und keine Kritik an der Regierung äußern. Der Staat versuchte in alle Lebensbereiche der Bürger einzugreifen. Zum Beispiel durfte nicht jeder seinen Beruf frei wählen. Außerdem überwachte der Staat die Menschen auf Schritt und Tritt. Wer beim Versuch, aus der DDR zu flüchten, erwischt wurde, kam jahrelang ins Gefängnis.

Wirtschaftlich blieb die DDR hinter dem Westen zurück. Es gab zwar Wohnung, Kleidung und Nahrung für jeden, andere Dinge waren aber oft knapp.

Der Bau der Berliner Mauer

Immer mehr Menschen versuchten aus der DDR zu fliehen. Die Regierung ließ deshalb die Grenze zur Bundesrepublik schließen. 1961 errichtete sie in Berlin sogar eine Mauer. Für die DDR-Bürger war es jetzt kaum noch möglich, in den Westen zu reisen oder umzuziehen. Die Mauer trennte Verwandte und Freunde.

2. Beschreibe in Stichworten die politische und wirtschaftliche Situation in der DDR.

[2] Die Berliner Mauer am Brandenburger Tor. *Foto, 10. November 1989.*

„Wir sind das Volk“

Seit etwa 1980 geriet der Ostblock in eine wirtschaftliche Krise. In der DDR stellten immer mehr Bürger den Antrag, ausreisen zu dürfen. Allein 1989 waren es 120 000 Menschen.

Ab September 1989 gab es an jedem Montag Demonstrationen in Leipzig (DDR). Dort forderten Bürger Versammlungs- und Reisefreiheit. Die Zahl der Teilnehmer stieg auf über 300 000 an.

Anfangs wurden Demonstranten von der Polizei auseinandergetrieben oder verhaftet. Doch die Demonstranten blieben friedlich. Die Regierung wagte es nicht, auf sie zu schießen. Allmählich weiteten sich die Proteste auf die gesamte DDR aus. Immer häufiger riefen die Demonstranten: „Wir sind das Volk“.

3. Gib in eigenen Worten wieder, was bis 1989 in der DDR geschah.

Der Fall der Mauer

In der Nacht vom 9. zum 10. November 1989 passierte, was noch am Tag zuvor kaum jemand für möglich gehalten hatte:

Die DDR-Führung öffnete die Grenze zur Bundesrepublik. Tausende DDR-Bürger fuhren nach Westen oder kletterten auf die Berliner Mauer. Unbekannte lagen sich in den Armen und feierten ihre neue Freiheit.

Ein Jahr später, am 3. Oktober 1990, kam es zur Wiedervereinigung der beiden deutschen Staaten.

4. Beschreibe die Gefühle, die die Menschen auf der Mauer [4] gehabt haben könnten.

5. Die Protestbewegung in der DDR und der Fall der Mauer nennt man oft „friedliche Revolution“. Erkläre, was damit gemeint sein könnte.

Wähle einen der Arbeitsaufträge aus:

- Liste die wichtigsten Ereignisse auf, die zum Fall der Mauer führten.
- Gestalte ein Plakat mit Forderungen von DDR-Bürgern (z. B. Reisefreiheit).
- Stelle in einer Liste gegenüber: der Beginn der Französischen Revolution und der friedlichen Revolution in der DDR 1989. Was ist ähnlich oder ganz anders?

GPG aktiv

Diese Seite richtet sich an alle, die sich weiter mit dem Thema „Die Französische Revolution" beschäftigen möchten, die gern lesen, schreiben, zeichnen, mit Medien umgehen ...
Denkt auch daran, euer Portfolio zu führen:
- Haltet schöne Ergebnisse in Text und Bild fest.
- Sammelt Lernerfahrungen zum Thema „Die Französische Revolution".

Jugendbücher lesen

Viele spannende Jugendbücher beschäftigen sich mit der Französischen Revolution.
Eine kleine Auswahl:
- Inge Ott: Freiheit! Sechs Freunde in den Wirren der Französischen Revolution, Verlag Freies Geistesleben, Stuttgart 1997.
- Veit Veltzke: An der Seite Napoleons. Die Abenteuer eines rheinischen Jungen, Böhlau Verlag, Köln 2007.
- Simone van der Vlugt: Paris 1789, Bertelsmann Verlag, München 2000.

M Musik der Zeit anhören

Musik aus der Zeit der Französischen Revolution und Napoleons kann man als CD oder im Internet abspielen. Berühmte Beispiele:
- Französische Nationalhymne („Marseillaise")
- Ludwig van Beethoven: Wellington's Sieg oder die Schlacht von Vittoria
- Peter Tschaikowski: Ouvertüre 1812

M Spielfilme anschauen oder Theaterstücke auf Video anschauen

Mit den Ereignissen der Revolution oder den Schlachten Napoleons befassen sich aufwändige Spielfilme, die oft als DVDs erhältlich sind. Beispiele:
- Der Mann in der eisernen Maske (1998) mit Leonardo DiCaprio
- Napoleon (2002) mit Gérard Depardieu

Zeichen der Revolution zeichnen, malen, basteln ...

Während der Französischen Revolution spielten Zeichen eine wichtige Rolle für das Zusammengehörigkeitsgefühl der Menschen.
Vielleicht macht es euch Spaß, Dinge zu recherchieren, aufzuschreiben, zu zeichnen oder zu basteln:
- ein Bild Ludwigs XIV. oder Napoleons abzeichnen
- Flaggen aus der Zeit der Revolution nähen oder als Plakat abmalen
- eine Jakobinermütze basteln ...

Teste dich!

[1] **Wichtige Begriffe aus dem Kapitel:**

Bastille	Staat ohne König
Revolution	Schreckensherrschaft
Absolutismus	Umwälzung, Umsturz
Republik	Staatsgefängnis in Paris
Terror	Grundgesetz eines Staates
Verfassung	Herrschaftsform vor der Revolution

[2] „Hoffentlich ist bald Schluss". *Karikatur, 1789.*

Erkenntnisse gewinnen

1. Beschreibe die Macht des Königs im Absolutismus.
2. Beschreibe den Ablauf des Sturms auf die Bastille.
3. Ordne den Begriffen in [1] die jeweils passende Erklärung zu.
4. Bringe folgende Ereignisse in die richtige Reihenfolge. Wenn möglich, setze noch die Jahreszahl hinzu:
   a) Verkündung der Menschen- und Bürgerrechte
   b) Einberufung der Generalstände
   c) Ludwig XVI. wird hingerichtet
   d) Terror der Jakobiner
   e) Beginn des Revolutionskrieges
5. Benenne die drei großen Schlagworte der Französischen Revolution und erläutere ihre Bedeutung.

Beurteilen und bewerten

6. Vergleiche den König im Absolutismus mit dem deutschen Bundeskanzler.
   Fragen für den Vergleich:
   – Wer setzt ihn ein?
   – Wo ist sein Amtssitz?
   – Wie herrscht er?
   – Wie empfängt er Staatsgäste?
7. Beurteile, ob Napoleon die Französische Revolution vollendet oder abgeschafft hat.

Anwenden und handeln

8. Deute die Karikatur [2] mithilfe der Arbeitsschritte auf Seite 52.
9. Entwirf ein Protestplakat für den Schutz der Menschenrechte.

Einigkeit und Recht und Freiheit

Fußball-Länderspiel
27. März 2018: Die deutsche Fußball-Nationalmannschaft spielt in Berlin gegen Brasilien. Die deutschen Spieler singen die Nationalhymne: „Einigkeit und Recht und Freiheit ...“

1. Beschreibe das Bild.
2. Berichte, was du über folgende Begriffe schon weißt: „Nationalstaaten“, „Nationalmannschaft“, „Nationalhymne“.

1
24
DFB

Schauplatz Fußball-Länderspiel

Mehr als nur ein Spiel

Bei einem Länderspiel treten Mannschaften aus verschiedenen Nationen gegeneinander an. Doch bevor das eigentliche Spiel beginnt, findet eine kurze Eröffnungsfeier statt. Dabei zeigt jede Nation ihre Zeichen: Ein besonderes Lied wird gesungen und eine Flagge ausgerollt. Viele Spieler und Fans singen mit und tragen die Farben ihrer Nation.

[1] 20:15 Uhr: Die Nationalmannschaft läuft in das Stadion ein. *Foto.*

[2] 20:45 Uhr: Die Zuschauer sind bereit. *Foto.*

[3] „Das Lied der Deutschen“, die Nationalhymne der Bundesrepublik Deutschland. *Text: Hoffmann von Fallersleben (1841), Musik: Joseph Haydn (1797).*

[4] Der „Bundesadler“, das Wappen der Bundesrepublik Deutschland.

Eine Nation – was ist das?

Der Begriff „Nation“ hat mehrere Bedeutungen. Oft meint man damit einfach einen Staat, also zum Beispiel Deutschland. Eine Nation ist aber auch eine große Gruppe von Menschen, die zusammengehören – zum Beispiel durch eine gemeinsame Abstammung, Sprache, Geschichte und Kultur. So kann man sagen: Alle Menschen, die sich als Deutsche sehen, bilden eine Nation.

Die Zeichen einer Nation

Jede Nation hat bestimmte Zeichen (Symbole), die man zu besonderen Anlässen zeigt. Durch die Zeichen zeigt eine Nation, dass sie sich von anderen unterscheidet.

- **Nationalflagge:**
Flaggen zeigen schon von weitem, dass jemand zu einer Nation gehört. Die Farben der deutschen Flagge sind schwarz, rot und gold.
Sie wurden erstmals 1848 verwendet.

- **Wappen:**
Jeder Nation hat ein eigenes Wappen. Man findet es zum Beispiel auf Uniformen. Das Wappen Deutschlands ist der Bundesadler.

- **Nationalhymne:**
Eine Hymne ist ein feierliches Lied. Es besteht aus einer Melodie und einem Text. Im Text wird oft die Nation besonders gelobt.
Die deutsche Nationalhymne wird seit 1922 gesungen. Der Text wurde einmal geändert.

Wähle einen der Arbeitsaufträge aus:

- Gestalte einen Steckbrief zum Thema „Deutschland – ein Nationalstaat“. Stelle die Symbole vor.
- Erstelle eine Liste mit Symbolen anderer Nationen, die du kennst (Flaggen, Hymnen, Wappen). Du kannst Bilder dazu anfertigen.
- Verfasse einen Lexikoneintrag zum Stichwort „Nation“.

Orientierung – Freiheit und Einheit

[1] Der Deutsche Bund 1815, *Karte.*

1. Untersuche Karte [1]. Nenne die Namen ...
- der beiden größten Einzelstaaten,
- der fünf deutschen Königreiche.

Welches Königreich hat die größte Fläche?

2. Finde heraus, welche Teile Preußens nicht zum Deutschen Bund gehörten ([1]).

Der Wiener Kongress (1814/15)

Napoleon wurde 1815 besiegt. Nach dem Ende seiner Herrschaft gab es ein großes Treffen in Wien. Dort kamen die wichtigsten Herrscher Europas zusammen. Das Treffen nannte man den „Wiener Kongress“.

Die Fürsten wollten ihre Macht stärken. Sie wollten den alten Zustand vor der Revolution wiederherstellen. Dieses Vorhaben bezeichnete man als „Restauration“.

Doch viele Menschen in Europa hatten sich etwas anderes gewünscht. Sie hatten von der Französischen Revolution gehört und hofften auf Freiheit, Gleichheit und Mitbestimmung. Aber diese Hoffnung erfüllte sich nicht.

Der Deutsche Bund

Deutschland war 1815 in viele Einzelstaaten geteilt. Doch die Herrscher Europas wollten nicht, dass Deutschland sich vereinte und zu mächtig wurde. Deshalb förderten sie die Gründung des „Deutschen Bundes“. Das war ein Zusammenschluss von 38 Einzelstaaten und vier freien Städten. An ihrer Spitze standen Könige und Fürsten, die absolut herrschten. Das Volk durfte mitbestimmen.

Jeder Einzelstaat hatte eine Regierung. Es gab unterschiedliche Gesetze, Maße und Währungen. Die Grenzen behinderten das Reisen und den Handel.

Viele Leute, die gegen Napoleon gekämpft hatten, waren enttäuscht. Ihr Ziel war ein vereinter deutscher Nationalstaat. Er sollte eine Verfassung haben und allen Bewohnern Rechte garantieren.

3. Stell dir vor, ein Händler bringt Waren von Köln nach Wien [1]. Durch welche Staaten reist er, wie oft muss er Abgaben an einer Grenze bezahlen?

1810

▶ **1815**
Wiener Kongress
Gründung des Deutschen Bundes

▶ **1817**
Wartburgfest: Studenten und Professoren demonstrieren für Freiheit und Einheit

▶ **1819**
„Karlsbader Beschlüsse“: Die Fürsten überwachen die Universitäten und kontrollieren die Presse

1820

1830

▶ **1830**
Revolutionen in Frankreich und Polen

▶ **1832**
„Hambacher Fest“

1840

▶ **1848/1849**
Revolutionen in Europa

1850

1860

▶ **1862**
Otto von Bismarck wird Ministerpräsident in Preußen.

▶ **1864**
Preußen führt Krieg gegen Dänemark

▶ **1866**
Preußen führt Krieg gegen Österreich

1870

▶ **1870/1871**
Preußen führt Krieg gegen Frankreich.
Gründung des Deutschen Kaiserreichs

Einigkeit und Recht und Freiheit

Bürger gegen Fürsten

Wofür kämpften die Liberalen?

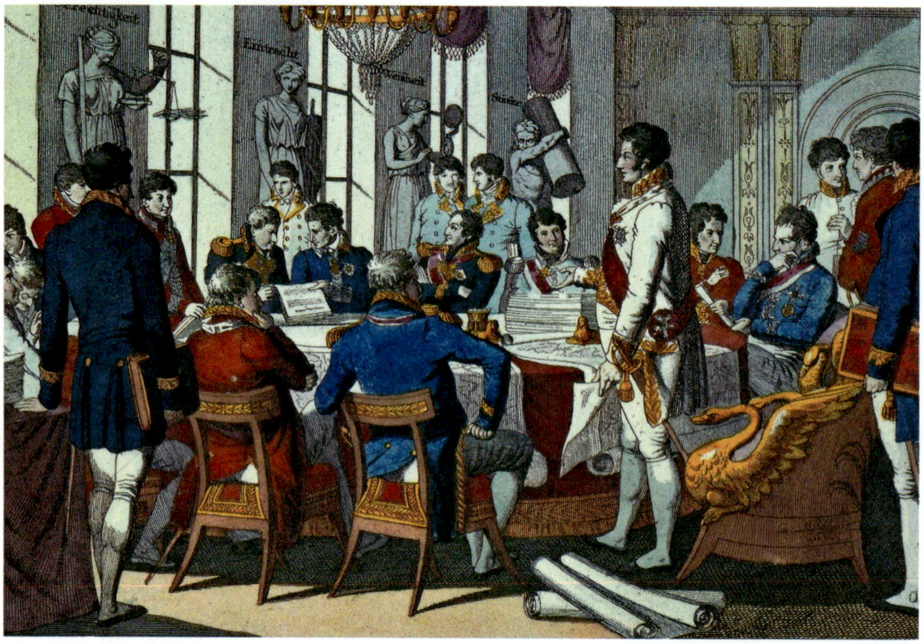

[1] Die Fürsten im Frankfurter Bundestag. *Radierung, 1816.*

1. Beschreibe Bild [1].

Die Fürsten regieren

Der Deutsche Bund wurde von Frankfurt aus regiert. Hier kamen die Fürsten der deutschen Staaten regelmäßig zusammen. Sie bestimmten die Ziele ihrer Politik und machten Gesetze. Diese Gesetze galten dann für alle Staaten des Bundes. Den Vorsitz hatte der österreichische Staatskanzler Metternich. Die Fürsten glaubten, sie hätten von Natur aus das Recht zu herrschen. Das Volk wollten sie nicht mitbestimmen lassen.

Die Liberalen sind unzufrieden

Viele Menschen waren enttäuscht, dass alles wieder war wie vor der Zeit Napoleons. Studenten schlossen sich zu „Burschenschaften“ zusammen. Sie protestierten gegen die Herrschaft der Fürsten. Sie wünschten sich mehr Freiheit und kämpften für einen vereinten deutschen Staat. Man nannte sie „Liberale“*.

(der) Liberale:
Ein Mensch, der sich für Freiheiten einsetzte – zum Beispiel für Redefreiheit oder Pressefreiheit.

2. Stelle die Ziele der Fürsten und der Liberalen gegenüber.

[2] M **Ein Student schrieb damals einen Brief an seinen Vater:**

... Ja, ich habe mich den Burschenschaften angeschlossen. Das ist eine Gruppe von Studenten. Viele von ihnen waren im Krieg gegen Napoleon – so wie ich. Wir wünschen uns ein großes, vereintes Deutschland. Die Fürsten sollen nicht alles bestimmen, sondern das Volk.
Wir wollen Freiheit und Gleichheit. Jeder soll seine Meinung frei äußern und schreiben können. Dafür kämpfen wir.

(Verfassertext nach historischen Quellen)

Wähle einen der Arbeitsaufträge aus:

- Benenne die Haltung der Fürsten.
- Gestalte aus Sicht des Studenten [2] ein Flugblatt, auf dem du die Fürsten kritisierst.
- Verfasse einen Brief aus Sicht des Vaters als Antwort an [2]. Entscheide dich, ob du die Ansichten teilst oder kritisierst.

Politische Lieder verstehen

Politische Lieder

Ein politisches Lied will nicht nur unterhalten. Es will auch politische Ideen vermitteln. Durch Zuhören oder Mitsingen regt es zum Nachdenken oder Handeln an. Das Singen fördert das Gemeinschaftsgefühl. Politische Lieder können aber auch Vorurteile verstärken, zu Gewalt oder Hass aufrufen.
Die folgenden Schritte helfen dir dabei, politische Lieder zu verstehen.

1. Schritt: Entstehung des Liedes klären

- Wer hat Text und Musik geschrieben?
- Wann wurden Text und Musik geschrieben?
- In welchem Land war das Lied bekannt?
- Wer hat es zunächst gesungen?

2. Schritt: Text untersuchen

- Wie heißt der Titel des Liedes?
- Worum geht es in den einzelnen Strophen?
- Gibt es einen Refrain?
- Welche Absichten verfolgt der Text?

3. Schritt: Wirkung beurteilen

- Ist die Musik schnell – langsam, laut – leise, ernst – heiter, mitreißend – zurückhaltend, aggressiv – friedlich?
- Passen Text und Melodie zusammen?
- Welche Gefühle löst das Lied bei dir aus?
- Ist die Botschaft des Liedes positiv oder negativ?

1. Bearbeite das Lied [2] mit den Schritten 1 bis 3.

[2] Die Gedanken sind frei. *Volkslied. Text: 1780, Musik: 1820.*

Weitere Strophen des Liedes lauten:

2. Ich denke, was ich will,
und was mich beglücket,
doch alles in der Still,
und wie es sich schicket.
Mein Wunsch und Begehren
kann niemand verwehren,
es bleibet dabei:
die Gedanken sind frei.

3. Und sperrt man mich ein
im finsteren Kerker,
das alles sind rein
vergebliche Werke;
denn meine Gedanken
zerreißen die Schranken
und Mauern entzwei:
die Gedanken sind frei.

Protest und Unterdrückung

Wie reagierten die Fürsten auf die Forderungen?

[1] „Der Denker-Club". *Karikatur, um 1820.*
Auf dem Schild über dem Tisch steht: „Wie lange möchte uns das Denken wohl noch erlaubt bleiben?"

1. Betrachte die Karikatur [1]. Erläutere, was der Zeichner zum Ausdruck bringen wollte.

Das Wartburgfest

Am 18. Oktober 1817 trafen sich etwa 500 Studenten und Professoren auf der Wartburg in Thüringen. Sie wollten gemeinsam ein Fest feiern.

Am Abend heizte sich die Stimmung immer mehr auf. Einige Teilnehmer zeigten ganz deutlich, wie unzufrieden sie mit der Regierung der Fürsten waren. Sie entzündeten ein Feuer und warfen Gegenstände hinein, die sie als Zeichen der Unterdrückung ansahen: fürstenfreundliche Bücher und Teile von Uniformen.

Das Wartburgfest führte zu einem Zusammenschluss aller Studenten. Man nannte diese Vereinigung die „Burschenschaft".

Die Karlsbader Beschlüsse

1819 ermordete ein Student den Dichter August von Kotzebue, weil er die Burschenschaften verspottet hatte. Für die Fürsten war dieser Mord ein willkommener Anlass. Sie beschlossen, gegen alle Menschen vorzugehen, die Freiheit und Mitbestimmung forderten. Dazu veröffentlichten sie 1819 die „Karlsbader Beschlüsse":

- Zeitungen und Bücher mussten ab sofort von der Regierung genehmigt werden.
- Es gab nun eine Pressezensur*.
- Die Burschenschaften wurden verboten.
- Professoren wurden überwacht.

2. Überlege, was die Karlsbader Beschlüsse für die Bürger bedeuten konnten und wie sie auf die Anordnungen reagierten.

3. Berichte über Fälle von Pressezensur und staatlicher Kontrolle in der heutigen Zeit.

(die) Pressezensur:
Kontrolle von Zeitungen oder Büchern durch staatliche oder kirchliche Behörden. Das Ziel ist, dass die Bürger nur Informationen im Sinne der Regierung erhalten.

[2] Das Hambacher Fest 1832. *Farbdruck.*

Revolutionen in Europa

1830 brach in Frankreich eine Revolution aus. Der König wurde gestürzt. Im selben Jahr gab es auch in Polen eine Revolution. Das Land wurde damals von Russland beherrscht. Die Bürger Polens forderten eine Verfassung, Mitbestimmung und einen unabhängigen polnischen Staat.
Doch russische Truppen schlugen die Revolution nieder. Viele polnische Freiheitskämpfer mussten ins Ausland fliehen. In Deutschland wurden sie von liberalen Bürgern begeistert aufgenommen. Sie bewunderten sie für ihren Kampf.

Das Hambacher Fest

Ab 1830 forderten immer mehr Deutsche die Abschaffung der Karlsbader Beschlüsse. Sie wollten eine Verfassung für ganz Deutschland.
Am 27. Mai 1832 gab es ein großes Fest in Hambach, das damals zu Bayern gehörte. Fast 30 000 Menschen kamen. Männer und Frauen aus allen Schichten strömten herbei: Handwerker, Kaufleute, Bauern und Ärzte. Sie sangen Lieder und zogen mit schwarz-rot-goldenen Fahnen zur Ruine des Schlosses. Dort hielt man Reden gegen die Fürsten, für Freiheit und Einheit.

Die Reaktion der Fürsten

Die Fürsten beschlossen neue Maßnahmen, um die Menschen zu unterdrücken. Die Rede- und Versammlungsfreiheit wurde aufgehoben, die Zensur verschärft.
Menschen, die sich für Freiheit und Einheit einsetzen, warf man ins Gefängnis. Viele flohen ins Ausland, zum Beispiel in die USA.

4. Nenne Maßnahmen der Fürsten zur Unterdrückung der Menschen.

Wähle einen der Arbeitsaufträge aus:

- ⚀ Gestalte einen Zeitstrahl der Ereignisse von 1815 bis 1832.
- ⚁ Schreibe einen Zeitungsartikel über das Hambacher Fest.
- ⚂ Berichte als Spion deinem König vom Hambacher Fest. So könntest du beginnen: „Majestät, ich war auf einem Fest …“

Die Revolution von 1848

Gibt es endlich Freiheit und Einheit?

[1] Kampf zwischen Bürgern und Militär in Berlin am 18. März 1848. *Farbdruck.*

1. Beschreibe deine Eindrücke von Bild [1].

Revolution in Europa

Im Frühjahr 1848 kam es in ganz Europa zu Unruhen. Am 24. Februar besiegten Bürger in Paris das Militär. Der König musste abdanken und ins Ausland flüchten. Damit war Frankreich eine Republik.

In München verfassten Bürger am 3. März die „Märzforderungen". Sie verlangten die Einheit Deutschlands, Presse-, Versammlungs- und Religionsfreiheit. Der bayerische König Ludwig I. stoppte daraufhin die Pressezensur. Er kündigte außerdem weitere Veränderungen an. Auch in anderen deutschen Staaten machten die Fürsten Zugeständnisse.

In Württemberg stürmten Bauern am 8. März das Schloss und bedrohten ihre Grundherren. Diese verzichteten sogleich auf die Abgaben.

Am 13. März lieferten sich in Wien Studenten und Bürger Straßenkämpfe mit der Armee. Die Regierung trat zurück. Einen Tag später kam es auch in Budapest zu einem Aufstand.

2. Erstelle eine Liste der Aufstände in Europa 1830.

Berlin 1848

Auch in Berlin demonstrierten Bürger für mehr Freiheit. Sie forderten die Wahl eines Parlaments für ganz Deutschland. Am 18. März verkündete der König von Preußen das Ende der Pressezensur. Er versprach, dass es eine Verfassung geben würde. Daraufhin versammelten sich 10 000 Menschen vor dem Berliner Schloss, um ihm zu danken. Doch plötzlich fielen Schüsse. Ein Soldat hatte vermutlich aus Versehen gefeuert.

Die Bürger fühlten sich verraten und griffen zu den Waffen. Sie errichteten in der Stadt Barrikaden (Hindernisse) aus Möbeln und Karren. In der Nacht zum 19. März kam es zu heftigen Kämpfen mit den Soldaten des Königs. Dabei starben 200 Bürger, darunter acht Frauen und vier Kinder.

Doch der Druck durch die Bürger wurde immer größer. Schließlich gaben die Fürsten den Forderungen nach. Sie erlaubten die Wahl eines Parlaments.

3. Berichte über die Vorgänge in Berlin. Nutze Bild [1].

[2] Abgeordnete im Parlament, *Illustration*.

[3] Einzug des Parlaments in die Paulskirche in Frankfurt am Main. *Holzstich*. Ein Parlamentsgebäude wie heute gab es damals noch nicht.

Die Nationalversammlung in der Paulskirche

Nachdem die Fürsten die Wahlen erlaubt hatten, organisierten die Bürger in wenigen Wochen alles. Viele meldeten sich, die Abgeordneter werden wollten. Parteien wie heute gab es jedoch noch nicht.

Wählen durften nur Männer – und auch von diesen nicht alle. Man musste über ein bestimmtes Einkommen verfügen. Die Wahl war frei und geheim.

Am 18. Mai 1848 versammelten sich die 573 gewählten Abgeordneten zum ersten Mal. Sie bildeten die deutsche Nationalversammlung. Versammlungsort war die Paulskirche in Frankfurt am Main.

4. Berichte über die Wahlen und das Ergebnis.
5. Bewerte die Wahl aus deiner Sicht.
6. Notiere die Erwartungen und Forderungen der Abgeordneten aus [2].

Wähle einen der Arbeitsaufträge aus:

- Schreibe einen Zeitungsartikel über den Barrikadenkampf in Berlin.
- Gestalte eine Rede über den Einzug der Abgeordneten in die Paulskirche.
- Entwirf eine Eröffnungsrede für die Nationalversammlung. Gehe auf die Rechte der Abgeordneten ein und nenne die Ziele des ersten deutschen Parlaments.

Die Nationalversammlung

Wie soll Deutschland regiert werden?

[1] Die Nationalversammlung in der Paulskirche. *Gemälde, 1848.*

1. Beschreibe [1]. Benutze dazu folgende Begriffe: Paulskirche, Rundbau, Säulen, Abgeordnete, Redner, Präsident, Zuschauer, Wappen, Fahnen, Gemälde.

Die Aufgaben der Nationalversammlung

Die Nationalversammlung hatte zwei große Aufgaben. Zum einen wollte sie eine Verfassung für den neuen Staat ausarbeiten. Die Verfassung sollte regeln, wer regiert und welche Rechte die Bürger haben.

Viele Abgeordnete wollten einen König oder Kaiser an der Spitze des Staates. Andere wollten eine Republik mit einem gewählten Präsidenten an der Spitze.

Die zweite große Aufgabe der Nationalversammlung war, die Grenzen des neuen Staats festzulegen. Deutschland war in viele kleine Staaten geteilt. Auch Österreich als eigenen Staat gab es noch nicht. Die Abgeordneten diskutierten: Sollte Österreich zum neuen deutschen Staat dazugehören oder nicht?

2. Berichte über die zwei großen Aufgaben der Nationalversammlung (Text).
3. Erkläre, warum die Aufgaben schwierig waren.

M „Grundrechte des deutschen Volkes"

Nach langen Diskussionen beschloss das Parlament im Dezember 1848 die „Grundrechte des deutschen Volkes".

Alle Bürger sollen frei und gleich sein. Der Adel soll abgeschafft werden. Er verliert seine Vorrechte.

Die Wohnung jedes Bürgers soll geschützt sein. Niemand soll sie einfach so betreten dürfen, auch nicht Beamte des Staates.

Jeder soll seine Meinung frei äußern dürfen in Wort, Schrift und Bild.

Jeder Bürger soll sich mit anderen versammeln dürfen.

Jeder soll seine Religion frei ausüben dürfen.

4. M Vergleiche die Grundrechte oben mit den Grundrechten in Deutschland heute.

[2] Abgeordnete bieten König Friedrich Wilhelm IV. die Kaiserkrone an. *Gemälde, 19. Jahrhundert.*

Ein König will nicht Kaiser werden

Am 28. März 1849 beschloss die Nationalversammlung eine Verfassung. Der neue Staat sollte ohne das Gebiet Österreichs gegründet werden.
Die Verfassung sah vor, dass ein Parlament die Gesetze machte. An der Spitze des Staates sollte ein Kaiser stehen. Dafür hatten die Abgeordneten den preußischen König Friedrich Wilhelm IV. vorgesehen. Er wurde zum „Kaiser der Deutschen" gewählt. Doch Friedrich lehnte das Angebot ab.

[3] M **König Friedrich Wilhelm IV. schrieb schon 1848 in einem Brief:**

Eine solche Krone aus Dreck soll sich ein rechtmäßiger König von Gottesgnaden geben lassen? Ich sage Ihnen, sollte jemand irgendwann einmal wieder die Krone eines deutschen Reichs vergeben, so bin ich es, der sie vergeben wird. Und wehe dem, der sich anmaßt, was ihm nicht zukommt.

(Verfassertext nach historischen Quellen)

5. M Erläutere anhand von [2] und [3], warum der König von Preußen die Kaiserkrone ablehnte.

Das Scheitern der Revolution

Nachdem Friedrich Wilhelm die Kaiserkrone abgelehnt hatte, verließen die meisten Abgeordneten die Nationalversammlung. Das Parlament wurde aufgelöst.
In einigen deutschen Staaten kam es 1849 erneut zu Aufständen. Sie wurden von den Fürsten blutig niedergeschlagen. Viele Bürger starben, kamen ins Gefängnis oder wanderten nach Amerika aus. Der Versuch, den Deutschen Freiheit und Einheit zu bringen, war gescheitert.

6. Erkläre mit eigenen Worten, warum die Revolution von 1848/49 scheiterte.

Wähle einen der Arbeitsaufträge aus:

- Fertige eine Skizze des Parlaments an [1]. Trage erklärende Begriffe ein (z. B. Abgeordnete, Präsident ...).
- Verfasse einen Zeitungskommentar mit der Überschrift: Erfolge und Misserfolge der Nationalversammlung.
- Gestaltet eine Mindmap zum Thema „Nationalversammlung".

Die Reichsgründung

Wie kam es zur Gründung des Deutschen Kaiserreichs?

Die Reaktion der Fürsten

1848 war es den Deutschen nicht gelungen, einen Nationalstaat zu gründen. Nun versuchten die Fürsten, ihre Macht wiederherzustellen. Es gab Berufsverbote für liberale Bürger und Pressezensur. Versammlungen wurden scharf überwacht.

Doch der Fortschritt ließ sich nicht aufhalten. In den deutschen Staaten gab es jetzt Parlamente. Sie entschieden darüber, wie viel Geld die Fürsten ausgeben durften. Viele Bürger träumten weiter von einem deutschen Nationalstaat.

1. Beschreibe die Situation in Deutschland nach der Revolution von 1848.

Otto von Bismarck (1815–1898) war ein Adliger aus Preußen. Er unterstützte das Königtum. Zunächst war er Botschafter in Russland und Frankreich. 1862 machte ihn der preußische König zum Ministerpräsidenten.

[1] **Bismarck erklärte 1862 in einer Rede:**
Preußens Grenzen ... sind zu einem gesunden Staatsleben nicht günstig; nicht durch Reden und Majoritätsbeschlüsse [Mehrheitsbeschlüsse] werden die großen Fragen der Zeit entschieden – das ist der große Fehler von 1848 und 1849 gewesen – sondern durch Eisen und Blut.

(Zit. nach: Manfred Görtemaker, Deutschland im 19. Jahrhundert, 2. Aufl., Opladen 1986, S. 193.)

2. Untersuche die Rede Bismarcks [1]:
   - Welchen Zustand stellt er fest?
   - Was kritisiert er als „Fehler von 1848“?
   - Was versteht Bismarck unter „Eisen und Blut“?

Preußen übernimmt die Führung

Bismarck wollte Deutschland unter Preußens Führung vereinen. Aus diesem Grund provozierte er Kriege mit den Nachbarstaaten. Preußen und die verbündeten deutschen Staaten kämpften gegen Dänemark (1864), Österreich (1866) und Frankreich (1870/71). Jedes Mal siegten sie.

Die Kriege hatten zwei Auswirkungen: Zum einen wurden die äußeren Feinde ausgeschaltet. Zum anderen schweißten sie die deutschen Staaten zusammen.

Feindschaft mit Frankreich

Preußische Truppen belagerten auch nach dem Ende der Kampfhandlungen Paris. Schließlich musste Frankreich aufgeben. Die Friedensbedingungen waren hart: Frankreich musste viel Geld bezahlen und das Gebiet Elsass-Lothringen abgeben. Franzosen und Deutsche trennte nun eine tiefe Feindschaft.

3. Beurteile, ob die Friedensbedingungen mit Frankreich für die Zukunft der beiden Staaten positiv oder negativ waren.

[2] M „Abschied“, *Französische Karikatur, 1872.* „Lebewohl!“, sagt der deutsche Soldat. „Nein, wir treffen uns wieder“, antwortet der französische Soldat.

4. M Beschreibe die Karikatur [2]. Erläutere die Absicht des Zeichners.

[3] Ausrufung des Deutschen Kaiserreichs im Schloss von Versailles. *Gemälde von Anton von Werner, 1885.*

[4] Wichtige Personen im Gemälde [3]:
1) Kaiser Wilhelm I. – 2) Otto von Bismarck
3) Kronprinz Friedrich, Sohn des Kaisers
4) Fürsten der deutschen Staaten – 5) Offiziere

5. M Beschreibe Bild [4]:
- Wer ist anwesend?
- Welche Bevölkerungsgruppen fehlen?
- Welche Stimmung vermittelt das Bild?

6. M Bismarck trug in Wahrheit eine schwarze Uniform. Vermute, warum er im Bild mit einer weißen Uniform dargestellt wird.

Im Spiegelsaal von Versailles

Am 18. Januar 1871 war es so weit: Im Spiegelsaal von Versailles wurde Wilhelm I. von den deutschen Fürsten und Offizieren zum Kaiser ausgerufen. Das Deutsche Reich war geboren. König Ludwig II. von Bayern hatte den preußischen König schriftlich darum bitten müssen.

Wähle einen der Arbeitsaufträge aus:

- Gestalte eine Zeitleiste mit den Stationen der Einigung Deutschlands von 1862–1871.
- Gestaltet eine Szene der Gründungsfeier [3] mit eigenen Texten. Spielt sie vor.
- Verfasse einen kritischen Zeitungsbericht über die Gründungsfeier am 18. Januar 1871 für eine deutsche Arbeiterzeitung.

M Das Deutsche Kaiserreich

Wie demokratisch war das Kaiserreich?

[1] Das Deutsche Reich 1871. *Karte.*

1. Beschreibe mit Karte [1]:
- Nenne die Grenzen des Deutschen Reiches.
- Notiere je drei große Bundesländer in Nord- und Süddeutschland.

2. Benenne Veränderungen zwischen dem Deutschen Bund von 1815 (Karte S. 70) und dem Deutschen Reich von 1871.

[2] **Steckbrief zum Deutschen Reich**

Staatsform:	Bundesstaat mit 25 Bundesländern
Regierungsform:	Kaiserreich mit einer Verfassung
Amtssprache:	deutsch
Hauptstadt:	Berlin
Staatsoberhaupt:	Kaiser Wilhelm I.
Reichskanzler:	Otto von Bismarck
Einwohnerzahl:	41 Millionen
Währung:	Mark

Die Reichsverfassung

Otto von Bismarck hatte für den neuen Staat eine Verfassung ausgearbeitet. Sie galt ab dem 1. Januar 1871. Die Verfassung war ein Dokument, das die Grundordnung des Staates festlegte. Dort stand geschrieben, wer im Staat worüber bestimmen durfte.

Die Verfassung schrieb vor, dass der Kaiser das Staatsoberhaupt war. Gleichzeitig gab es zwei Parlamente: den Reichstag und den Bundesrat. Sie stimmten über Gesetze ab.

Eine wichtige Figur war der Reichskanzler. Er leitete die Regierung und entwarf Gesetze. Zum ersten Reichskanzler wurde 1871 Otto von Bismarck ernannt.

Was in der Verfassung des Deutschen Reiches fehlte, waren die Grundrechte und Menschenrechte. Nirgendwo stand zum Beispiel geschrieben, dass die Bürger frei schreiben und sagen durften, was sie wollten.

3. Beurteile, was in der Reichsverfassung demokratisch und was undemokratisch war.

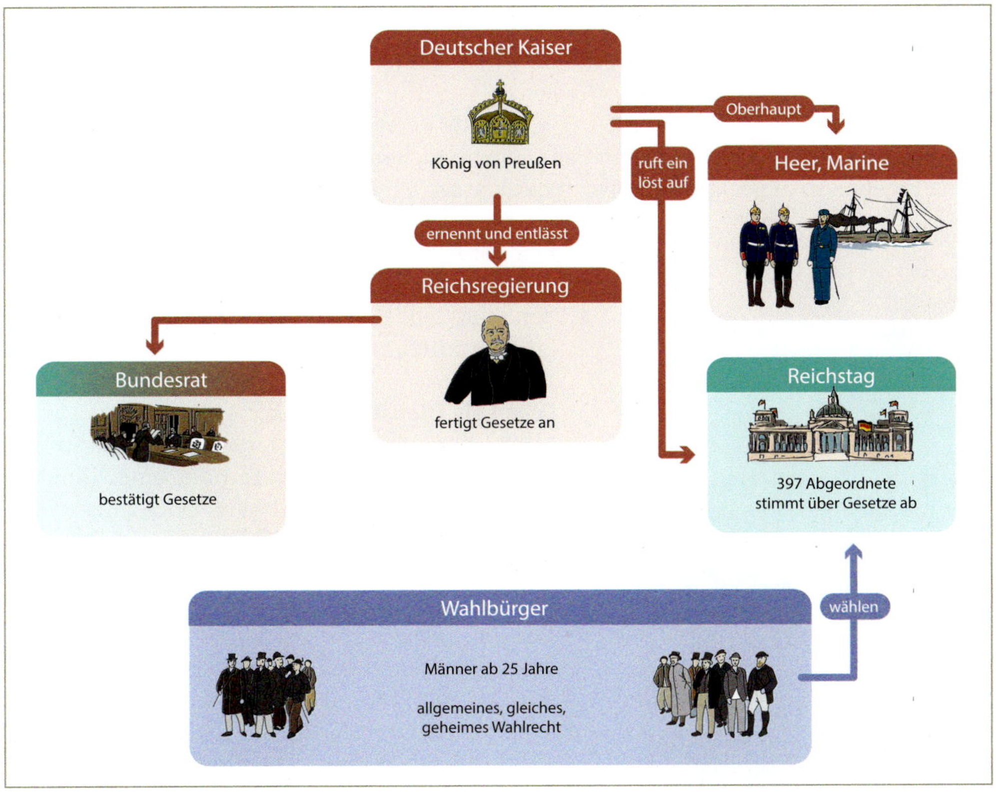

[3] Die Reichsverfassung von 1871, *Schaubild.*

4. Erkläre die Verfassung [3]:
- Wer durfte wählen?
- Welche Aufgaben hat der Reichstag?
- Welche Aufgabe hat der Bundesrat?
- Worüber bestimmt der Kaiser?

Geteilte Meinungen über das Kaiserreich

Für viele Menschen erfüllte sich mit der Gründung des Deutschen Reichs ein Traum. Endlich gab es einen deutschen Nationalstaat. Doch nicht alle waren begeistert. Manche hatten sich den neuen Staat anders vorgestellt.

[4] **Eine Demokratin aus München meinte:**

„Wir haben lange für ein vereintes Deutschland gekämpft. Doch jetzt bestimmen wieder die Adligen, was gemacht wird. Wir Bürger haben nicht viel mitzureden. Und ich als Frau schon gar nicht. Wo bleibt da die Freiheit?“

[5] **Ein Unternehmer aus Nürnberg sagte:**

„Deutschland wird jetzt ein starkes Reich! Endlich können wir als Großmacht mitmischen. Die anderen Staaten Europas müssen uns ernst nehmen. Nur schade, dass Österreich nicht mit zum Staat gehört. Und es wäre mir lieber, wenn der Kaiser ein Bayer wäre statt ein Preuße ...“

5. Fasse zusammen, was die Bayern in [4] und [5] gut und schlecht finden.

Wähle einen der Arbeitsaufträge aus:

- Schreibe einen Hefteintrag über die Rolle des Kaisers in der Verfassung [3].
- Formuliere auf einem Plakat Forderungen, um die Verfassung demokratischer zu machen.
- Schreibe einen Kommentar zur Reichsverfassung für eine demokratische Zeitung.

Wahlseite

Menschen im Kaiserreich

Dora, ein Dienstmädchen

1. Informiere dich auf dieser Seite über das Leben des Dienstmädchens Dora.
2. Präsentiere deine Ergebnisse in geeigneter Form in der Klasse.

[1] Dora mit 17 Jahren. *Foto.*

Kindheit und Jugend

Dora wurde in Nürnberg geboren. Sie hatte fünf Geschwister. Doras Vater war Handwerker. Ihre Mutter starb früh. Damit die Kinder versorgt wurden, heiratete der Vater schon bald wieder. Seine zweite Frau trank häufig Alkohol. Sie kam mit Dora und ihren Geschwistern nicht zurecht. Sie schlug und trat sie. Schließlich wurde sie von einem Gericht zu einer Gefängnisstrafe verurteilt.
Jetzt nahm die Großmutter die Kinder auf. Sie schliefen alle in der engen Küche und einer Kammer. Hier spielte sich tagsüber das gesamte Leben ab: Es wurde gekocht, gegessen, Wäsche gewaschen und gebügelt. Die Kinder gingen auf den Markt oder in Gaststätten, um Speisereste einzusammeln.

Leben als Dienstmädchen

Mit 13 hatte Dora die Schule beendet. Sie wurde Dienstmädchen bei der Familie eines Kohlenhändlers. Die Arbeit war hart. Dora musste täglich um 5.30 Uhr aufstehen und arbeitete bis 20 Uhr. Alle zwei Wochen hatte sie fünf Stunden Ausgang. Urlaub gab es nicht.
Der Tag begann mit dem Anheizen des Ofens, dann bereitete Dora Frühstück für die „Herrschaft“ und versorgte die Kinder. Tagsüber musste sie kochen und Einkäufe erledigen. Am Abend wurde das Abendbrot zubereitet und aufgeräumt.

Familie

Mit 18 Jahren lernte Dora einen Handwerker kennen, der genauso arm war wie sie. Als ein Kind unterwegs war, wurde geheiratet. Das junge Paar mietete zwei Zimmer in einer fremden Wohnung. Die Toilette war im Innenhof des Hauses. Nach kurzer Zeit kamen zwei weitere Kinder hinzu.
Da der Lohn des Mannes zum Leben nicht ausreichte, musste Dora als Putzfrau arbeiten. In der übrigen Zeit versorgte sie die Kinder, wusch die Wäsche, kaufte ein und kümmerte sich allein um den Haushalt.

Haltung zum Kaiserreich

Dora interessierte sich nicht besonders für Politik. Als Frau durfte sie nicht wählen. Sie fand es manchmal ungerecht, dass die Adligen und die reichen Bürger so viel Macht besaßen, aber sie verehrte den Kaiser. Dora hatte großen Respekt vor Menschen in Uniform.

Tipps für die Erarbeitung
Textknacker verwenden – Stichworte zu Doras Leben und Arbeit notieren – Bild beschreiben

Tipps für die Präsentation
Ein Interview mit Dora vorbereiten (Fragen zu ihrem Leben, ihren Einstellungen und Wünschen vorbereiten; Interview in der Klasse präsentieren).

M

Wahlseite

Menschen im Kaiserreich

Ein bayerischer Bauer

1. Informiere dich auf dieser Seite über das Leben des Bauern Rudolf Huber.
2. Präsentiere deine Ergebnisse in geeigneter Form in der Klasse.

[1] Bauernfamilie, *Foto, um 1910.*

Kindheit und Jugend

Rudolf Huber wurde 1855 auf einem Bauernhof bei Würzburg geboren. Er besuchte acht Jahre die Volksschule. Sein Vater bestand darauf, dass er immer auf dem Bauernhof mitarbeitete. Von früher Kindheit an fütterte Rudolf das Vieh und half seinen Eltern. „Arbeit geht vor!“ hieß es immer. Vor allem bei der Ernte musste Rudolf helfen. Mit 14 beendete er die Schule und war nun auf dem Hof beschäftigt.

Familie und Hof

Rudolf hatte eine Schwester. Sie heiratete einen Bauern aus der Nähe und war damit „versorgt“. Rudolf selbst heiratete mit 22 eine Bauerstochter aus der Nachbarschaft. Kurz darauf übernahm er den Hof seiner Eltern. Sie blieben im Haus und halfen weiterhin auf dem Hof mit, Rudolf und seine Frau bekamen sechs Kinder.

Die Arbeit auf dem Bauernhof war anstrengend, aber sie machte ihn zufrieden. Oft arbeitete er bis zu 16 Stunden am Tag.

Einstellung zu Politik und Gesellschaft

Rudolf war stolz darauf, Bauer zu sein. Er sagte: „Die Bauern ernähren das Land.“ Vom Kaiserreich hielt er nicht so viel. Preußen war ihm als Bayer zu mächtig im Staat. Er legte großen Wert auf seinen katholischen Glauben. Darum misstraute er den „protestantischen Preußen“. Zu viel Demokratie lehnt Rudolf ab. Er meinte: „Da wird man schnell überstimmt und die falschen Leute kommen an die Macht.“

Tipps für die Erarbeitung

– Sammle Stichwörter für einen Vortrag über den Bauern Rudolf Huber.

Tipps für die Präsentation

– Stelle Rudolfs Einstellung zur Politik vor. Nutze die Karte auf Seite 82.

M

Wahlseite Menschen im Kaiserreich

Ein Lehrer

1. Informiere dich auf dieser Seite über das Leben und die politische Einstellung des Lehrers.
2. Präsentiere deine Ergebnisse in geeigneter Form in der Klasse.

[1] Ein bayerischer Lehrer mit seiner Klasse. *Foto, 1914.*

[2] **Der Lehrer Georg Unland aus Augsburg erzählt:**

„Ich stamme aus einer Lehrerfamilie. Mein Vater und mein Großvater waren Lehrer. Auch für mich stand schon früh fest, dass ich denselben Beruf ergreifen wollte. Gerne wäre ich Lehrer am Gymnasium geworden. Aber für die Ausbildung hatten meine Eltern nicht genug Geld. So bin ich Volksschullehrer geworden.

Das Einkommen ist dürftig. Ich bewohne mit meiner Frau und meinen beiden Töchtern das kleine Haus, das zur Schule gehört. Die Miete ist gering. Aber viel mehr könnte ich auch nicht ausgeben. Wir versorgen uns zusätzlich mit unserem Gemüsegarten hinter dem Haus.

Die Arbeit ist anstrengend. Ich unterrichte gleichzeitig über 60 Kinder. Sie sind zwischen sechs und 14 Jahre alt.

Ich finde es gut, dass es endlich eine deutsche Nation gibt. Aber ich habe mir einen anderen Staat vorgestellt. 1848 haben die Menschen für Mitbestimmung und Grundrechte gekämpft. Dafür sind viele gestorben. Von diesen Werten ist heute wenig übriggeblieben.

Nicht das Volk hat diese Nation gegründet, sondern der Reichskanzler Bismarck. Er hat dafür blutige Kriege geführt."

(Verfassertext nach historischen Quellen)

Tipps für die Erarbeitung
- Beschreibe die Lebenssituation und die politische Einstellung des Lehrers.

Tipps für die Präsentation
- Notiert gemeinsam: Diese Erwartungen des Lehrers wurden im Kaiserreich nicht erfüllt: ...

Wahlseite

Menschen im Kaiserreich

Ein Offizier

1. Informiere dich auf dieser Seite über das Leben des Offiziers.
2. Präsentiere deine Ergebnisse in geeigneter Form in der Klasse.

[1] Ein junger Offizier aus Berlin. *Foto, 1874.*

Der Offizier erzählt:

„Ich stamme aus einer alten Adelsfamilie. Schon seit Jahrhunderten besitzen wir Land und Gutshäuser. Viele meiner Vorfahren waren Offiziere – wie auch mein Vater.

Nach den ersten Jahren in der Schule schickte mich mein Vater in eine Kadettenanstalt. Das ist eine Schule, in der Jungen auf die Armee vorbereitet werden. Man lebt dort auch gemeinsam. Die Lehrer sind Offiziere, und man lernt dort neben normalen Schulfächern auch Fechten und Reiten.

Als Kadett hat man es nicht leicht. Alles richtet sich nach Befehl und Gehorsam. Wer nicht gehorcht, der wird hart bestraft. Doch die Ausbildung dort war eine gute Vorbereitung auf mein späteres Leben.

Mit 17 begann ich dann meinen Dienst bei der Armee. Ich war bei der Kavallerie* in einer berittenen Einheit. Zu unseren Aufgaben gehören das Üben mit Waffen, Übungen auf dem Feld und Paraden* zu besonderen Anlässen. Leider hatte ich noch nicht die Chance, an einem richtigen Kampf teilzunehmen. Deutschland ist ja nicht im Krieg mit seinen Nachbarn.

Mit 26 habe ich geheiratet. Für mich kam nur die Hochzeit mit einer Adligen in Frage. Meinen Eltern war wichtig, dass ich ein Mädchen aus einer reichen Familie heirate.

Auch meine Kinder erziehe ich streng. Wir haben Dienstmädchen im Haus, die uns die Hausarbeit abnehmen. Es ist Ehrensache, dass meine Söhne einmal bei der Armee dienen. Es gibt nämlich nichts Schöneres, als dem Vaterland und dem Kaiser zu dienen. Bei uns sagt man: „Der Soldat, der Soldat ist der schönste Mann im Staat!“

Von Anhängern der Demokratie halte ich gar nichts. Das sind für mich Verräter. Genauso Leute, die das Volk im Staat entscheiden lassen wollen.“

(die) Kavallerie:
Soldaten auf Pferden

(die) Parade:
Festlicher Umzug von Soldaten

Tipps für die Erarbeitung
Den Lebenslauf und die Ansichten des Offiziers herausarbeiten
– das Bild beschreiben

Tipp für die Präsentation
Den Lebenslauf des Offiziers vorstellen

GPG aktiv

Diese Seite richtet sich an alle, die sich für die Entstehung unserer Demokratie und Einigkeit und Recht und Freiheit besonders interessieren, die gerne forschen, zeichnen, schreiben, singen ...
Ihr könnt die Vorschläge in der Schule oder daheim, allein, zu zweit oder in der Gruppe umsetzen und die Ergebnisse in der Klasse vorstellen.
Denke auch daran, dein Portfolio zu führen:

- Sammelt schöne Ergebnisse in Text und Bild.
- Notiert Lernerfahrungen zum Thema „Einigkeit und Recht und Freiheit“.

Jugendbücher lesen

Spannende Jugendbücher beschäftigen sich mit der Zeit zwischen 1815 und 1848. Beispiele:

- ▶ Elke Hermannsdörfer: Lina Karsunke. München 1987.
- ▶ Heinz Honies: Ideen können nicht erschossen werden. Wien/Stuttgart 1988.
- ▶ Klaus Kordon: 1848 – die Geschichte von Jette und Frieder. Weinheim 1998.
- ▶ Martin Selber: Ich bin ein kleiner König. Einbeck 1988.

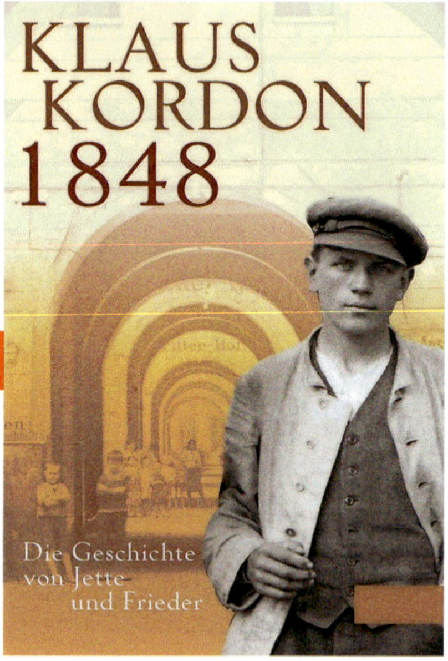

Musik hören und singen

M Viele Lieder aus der Zeit von 1815–1871 kann man auf CD oder im Internet anhören und mitsingen. Beispiele:

- ▶ Die Gedanken sind frei
- ▶ Deutschlandlied
- ▶ Fürsten zum Land hinaus
- ▶ Üb' immer Treu und Redlichkeit

Viel Spaß!

Spurensuche im Archiv oder Museum

Wie lebten die Menschen zwischen 1815 und 1871 bei uns auf dem Land oder in unserer Stadt? Gab es auch bei uns die Revolution? Wie wurde die Reichsgründung aufgenommen?
Bei der Recherche helfen euch die Mitarbeiter des Stadtarchivs oder eines Museums.

Teste dich!

[1] **Begriffe und ihre Bedeutung.**

liberal	Volksvertretung
Parlament	Verbot von Büchern und Zeitungen
Barrikade	Grundgesetz, Staatsordnung
Verfassung	freiheitlich
Zensur	Hindernis im Straßenkampf

[2] **Liedtext: Fürsten zum Land hinaus**

Fürsten zum Land hinaus
nun kommt der Völkerschmaus*!
Raus! Raus! Raus! Raus!

Erst jagt den Wiener Hans**
dann den im Siegerkranz**!
Schub! Schub!...

Wilhelm** liebt Bürgermord
mit ihm aus Preußen fort
Schlagt den Hund!

Bayernland ans Gewehr
Ludewig** taugt nichts mehr!
Los! Los !...

* Schmaus: festliches Essen, hier: ein großes Fest.

** Wiener Hans, den im Siegerkranz, Wilhelm, Ludewig: gemeint sind 1. der Kaiser von Österreich, 2. der preußische König Wilhelm (er trägt den „Siegerkranz“) und 3. der bayerische König Ludwig.

(Volkslied, Text und Musik: 1832)

[3] **Die Karlsbader Beschlüsse**

1. Am 23. März 1819 ermordete ein Student den ... August von Kotzebue.
2. Der Mord war für den Fürsten ... ein willkommener Anlass, gegen die ... und ... vorzugehen.
3. Im Jahr 1819 verfassten die Fürsten die „Karlsbader Beschlüsse“. Die ... wurden verboten.
4. Zeitungen und Bücher wurden nun unter eine strenge ... gestellt.
5. Die ... wurden überwacht. Beamte kontrollierten nun alle freiheitlich denkenden Bürger.

Liberalen Metternich Burschenschaften Dichter Zensur Professoren Studenten

Erkenntnisse gewinnen

1. Ordne den Begriffen aus [1] die richtige Bedeutung zu.
2. Erkläre, was die Ziele der liberalen Bürger nach 1815 waren und gegen was sie sich einsetzten.
3. Schreibe den Lückentext [3] ab und füge die darunter stehenden Begriffe an der richtigen Stelle ein.

Anwenden und handeln

4. Deute das Lied „Fürsten zum Land hinaus“ [2] mithilfe der Methode „Politische Lieder verstehen“ (Seite 73).
5. Skizziere auf einem DIN-A 4-Blatt eine Wandzeitung oder einen Plakat-Entwurf zu einem der folgenden Themen:
   - Unterdrückung 1815 bis 1848,
   - Die Revolution von 1848/49,
   - Die Reichsgründung 1870/71.

Beurteilen und bewerten

6. M Beurteile, ob die Verfassung von 1871 nach unserer heutigen Auffassung demokratisch war. Begründe deine Einschätzung.
7. Beurteile, ob die Revolution von 1848 gescheitert ist.

Die Industrialisierung

In der Fabrik

Um 1800 entstanden die ersten Fabriken. Dort bestimmten Maschinen das Arbeitstempo. Die Arbeit war schwer und oft gefährlich.

1. Beschreibe das Gemälde. Wie sind die Arbeiter dargestellt?
2. Berichte von Fabriken, die du kennst.
3. Notiere Fragen, die du zum Thema „Fabrik" hast.

Schauplatz In der Fabrik

Wie arbeiteten Menschen in den ersten Fabriken?

[1] In einer Stahlgießerei. *Foto, um 1900.*

1. Beschreibe deine Eindrücke von einer Fabrik anhand der Bilder [1] und [3].

[2] **Der Arbeiter Wilhelm erzählt von seinem Tag in der Fabrik um 1870:**

„Morgens um fünf klingelt der Wecker. Ich packe einige Brote ein und mache mich auf den Weg zur Arbeit. Der Weg ist weit. Die Schicht beginnt um sechs. Wenn ich zu spät komme, wird mir der Lohn gekürzt. Der Aufseher kontrolliert, ob ich pünktlich bin.

Ich arbeite in einem Walzwerk. Dort stellen wir Schienen für die Eisenbahn her. Glühendes Metall wird dafür in Formen gegossen und von schweren Hämmern und Walzen in die richtige Form gepresst.

Wir Arbeiter müssen dafür sorgen, dass die Eisenbahnschienen gerade sind und keine Fehler haben.

In der Fabrik ist es unglaublich dreckig und stickig. Der Lärm ist ohrenbetäubend. Oft gibt es Unfälle. Wenn jemand zur falschen Zeit in die Presse greift, kann er einen Arm verlieren oder sogar sterben. Man muss ständig aufpassen. Dabei ist die Arbeit oft eintönig, denn man macht immer dieselben Handgriffe.“

2. Fasse die Arbeitsbedingungen in der Fabrik in eigenen Worten zusammen [2].

[3] Arbeiter in einem Stahlwerk, *Foto.* In dem großen Behälter befindet sich flüssiges Eisen mit einer Temperatur von über 1000 Grad Celsius.

[4] Belegschaft einer kleinen Fabrik, *Foto, 1892.*

[5] Der Arbeiter erzählt weiter:
„Während der Arbeit ist es verboten, miteinander zu sprechen. Wenn man faul ist oder sich schlecht benimmt, wird man entlassen oder bekommt eine Geldstrafe. Die Strafe kann so hoch sein wie der halbe Lohn eines Tages.
Dabei reicht das Geld schon so kaum zum Leben. Ich muss eine Familie versorgen. Zwei meiner Kinder arbeiten ebenfalls in einer Fabrik, aber die anderen beiden sind noch zu jung.
Ich arbeite an sechs Tagen pro Woche, zwölf Stunden am Tag. Pausen gibt es nicht. Die Maschinen laufen immer weiter und müssen bedient werden. Mein Mittagessen nehme ich am Arbeitsplatz ein. Um sechs Uhr abends mache ich mich wieder auf den Weg nach Hause."

(Verfassertext nach historischen Quellen)

3. Beschreibe Bild [4]. Achte auf die Kleidung der Personen.
4. Berechne die Arbeitszeit des Arbeiters pro Woche. Vergleiche mit deiner Schulwoche.
5. Gib die in [5] genannten Regeln in eigenen Worten wieder. Bewerte sie aus heutiger Sicht.

[6] Arbeiter einer Eisen- und Stahlfabrik. *Foto, um 1900.*

Wähle einen der Arbeitsaufträge aus:

- Gestalte einen Wochenplan für den Arbeiter Wilhelm.
- Verfasse einen Brief an deinen Bruder auf dem Land, der Arbeit in einer Fabrik finden möchte.

Orientierung – Die Industrialisierung

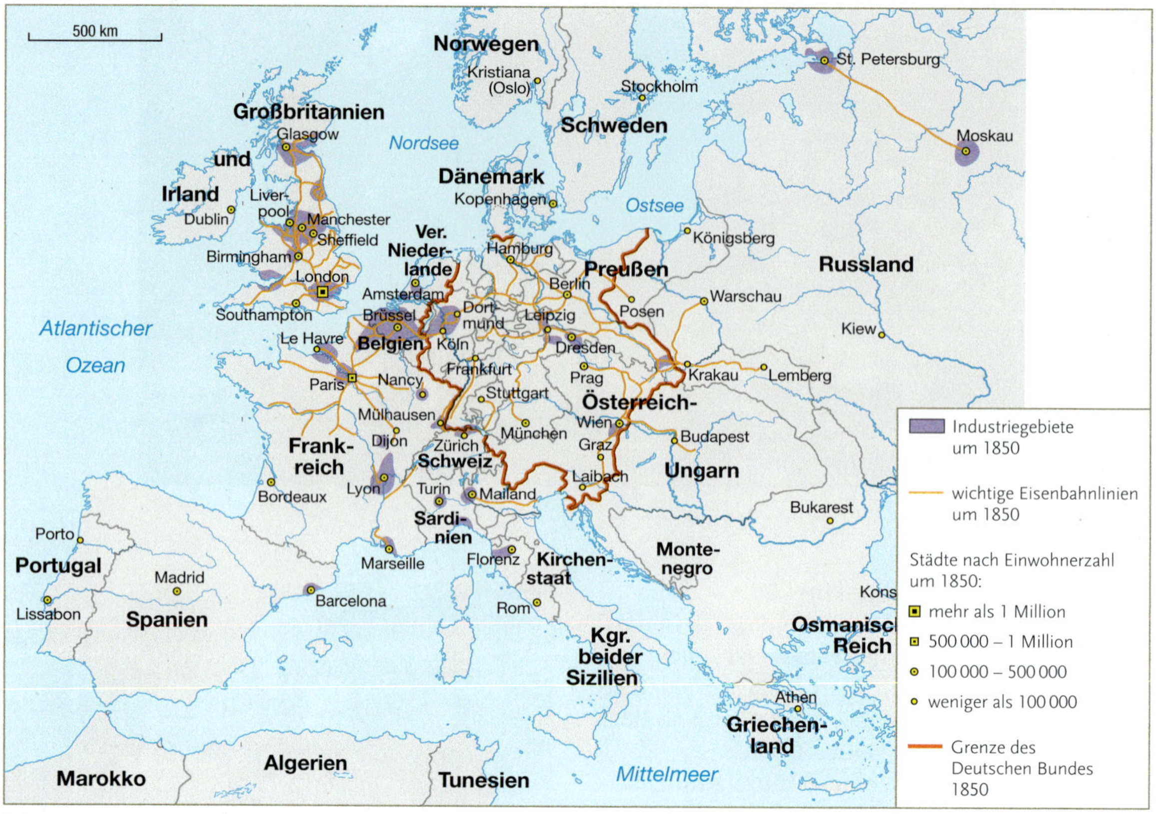

[1] Industriegebiete in Europa um 1850, *Karte*.

1. Zeige auf der Karte, wo sich in Europa Zentren der Industrialisierung bildeten.

2. Beschreibe das Eisenbahnnetz um 1850.

Industrie – was ist das?

Industrie bedeutet Massenproduktion von Gütern wie zum Beispiel Kleidung. Während Handwerker etwas einzeln „von Hand" anfertigen, arbeitet man in der Industrie mit Maschinen. Viele Menschen stellen zusammen in einer Fabrik etwas her. Sie führen jeweils nur einzelne Arbeitsschritte durch. Die Arbeitsabläufe sind streng durchgeplant. Am Ende stehen Produkte, die immer gleich aussehen, obwohl sie tausendfach hergestellt werden.

Die Industrialisierung begann um 1770. Damals wurden Maschinen erfunden, die eine Massenproduktion überhaupt erst möglich machten.

3. Nenne die Merkmale der Industrie.

Industrielle Revolution

Die Veränderungen durch die Industrialisierung waren so groß, dass man auch von einer „Industriellen Revolution" spricht.

- Neue Erfindungen wie die Dampfmaschine und die Eisenbahn veränderten den Alltag.
- Millionen Menschen arbeiteten jetzt nach dem Takt der Maschinen.
- Die Städte wuchsen schnell, weil viele Menschen dort Arbeit suchten.
- Es entstanden neue Gesellschaftsschichten: die Arbeiterschaft und das Unternehmertum.
- Eine Folge der Industriellen Revolution war die Soziale Frage. Damit waren die Probleme gemeint, mit denen sich die Arbeiterschaft auseinandersetzen musste: Wohnungsnot, Kinderarbeit, Ausbeutung ...

- **1769**
  Dampfmaschine
- **1785**
  Mechanischer Webstuhl

1800

- **1814**
  Eisenbahn in England
- **1835**
  Eisenbahn in Deutschland
- **1863**
  Erste deutsche Arbeiterpartei
- **1881**
  Erste Straßenbahn
- **ab 1883**
  Sozialversicherungen
- **1885**
  Erfindung des Autos
- **1894**
  Flugapparat

1900

- **1913**
  Fließbandproduktion
- **1970**
  Erste Roboter in Fabriken
- **1977**
  Computer
- **1991**
  Internet

2000

Die Industrialisierung

Die Industrialisierung beginnt

Wie kam es zur „Industriellen Revolution" in England?

[1] Heimarbeiterinnen in England, 1760, *Kupferstich*.
Wolle wird zu Garn (Fäden) verarbeitet. Links ein Spinnrad, rechts eine Garnwinde.

[2] Die „Spinning Jenny" von 1764, *Kupferstich*.
Drehte man das Rad, dann verarbeitete die Maschine die Wolle automatisch zu Garn.

1. Vergleiche die Bilder [1] und [2].

England verändert sich
Zwischen 1750 und 1800 wuchs die Bevölkerung Englands um mehrere Millionen Menschen. Das hatte verschiedene Gründe: Zum einen verbesserte sich die medizinische Versorgung. Es starben weniger Menschen an Krankheiten.
Zum anderen gab es neue Methoden in der Landwirtschaft, mit denen man mehr Menschen ernähren konnte, zum Beispiel künstlichen Dünger. Es kam zu einer besseren Versorgung mit Nahrungsmitteln wie Kartoffeln oder Erbsen.

Der Beginn der Massenproduktion
Die wachsende Zahl an Menschen führte zu einer steigenden Nachfrage nach Produkten wie Kleidung. Die Produktion der Heimarbeiterinnen reichte für die Nachfrage nicht mehr aus.
1764 erfand James Hargreaves die „Spinning Jenny". Das war eine Maschine, die von einer einzelnen Person bedient werden konnte. Der Preis für Garne und Kleidung fiel sehr stark. Empörte Weber und Spinner zerstörten die neuen Maschinen. Aber durch solche Proteste ließ sich die industrielle Entwicklung nicht mehr aufhalten.

2. Beschreibe mithilfe des Textes und der Bilder die Veränderungen in der Textilproduktion in England.

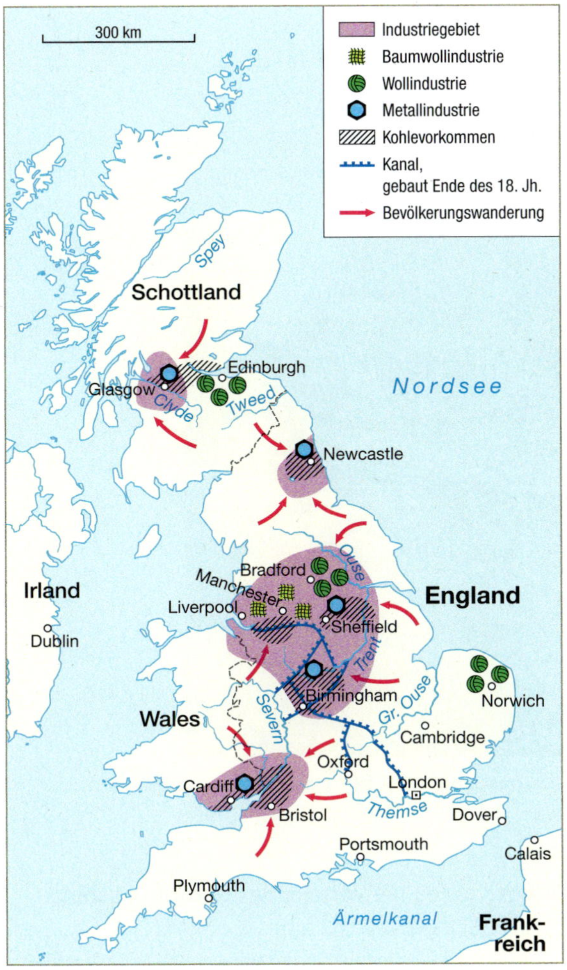

[3] Industriegebiete in England im 18. Jahrhundert, *Karte.*

4. Werte die Karte [3] aus:
- Nenne wichtige Industriegebiete und Industrien, die es dort gab.
- Beschreibe die Bevölkerungswanderungen.
- Beschreibe, wo Kanäle gebaut wurden.

Fabriken entstehen

Die Arbeitswelt in England verändert sich in wenigen Jahren völlig: Von der Heimarbeit, die die Menschen neben der Landwirtschaft ausüben konnten, kam es jetzt zur Arbeit in großen Fabriken mit oft mehreren Hundert Arbeiterinnen und Arbeitern.

In England wurde nun so viel Kleidung produziert, dass sie ins Ausland verkauft werden konnte. Die hergestellten Produkte waren viel günstiger als solche, die Weber zuhause anfertigen konnten.

Die Folgen der Industrialisierung

Viele Weber auf dem Land wurden arbeitslos und mussten sich Arbeit in den neuen Fabriken suchen. Sie arbeiteten nicht mehr selbstständig, sondern für einen festen Lohn. Die Arbeitszeit wurde vorgegeben. Sie wurden vom Fabrikbesitzer abhängig.

4. Erläutere die Folgen der Industrialisierung für die Menschen.

Jahr	England und Wales	Deutschland
1780	8	21
1790	9	22
1800	9	23
1810	12	25
1820	13	25
1830	15	29
1840	16	32
1850	18	35
1860	20	36
1870	23	40
1880	26	45
1890	28	49

[4] Bevölkerungsentwicklung von England und Deutschland (in Millionen)

5. Vergleiche die Bevölkerungsentwicklung in England und Deutschland [4].

Wähle einen der Arbeitsaufträge aus:

- Verfasse einen Werbetext für die „Spinning Jenny" [2]. Du kannst so beginnen: *„Spektakuläre Erfindung! Die Spinning Jenny ist eine neue Maschine, mit der man..."*
- Berichte als Weber über die Veränderung deiner Arbeit. Nutze die Bilder [1] bis [3]. Du kannst so beginnen: *„Früher habe ich zuhause gearbeitet..."*
- Gestalte eine Mindmap zur Industrialisierung in England.

Unter Volldampf

Wie hat die Dampfmaschine das Leben verändert?

[1] Die Dampfkraft erreicht das bayerische Dorf: Eine Dreschmaschine wird mit Dampfkraft angetrieben, *Foto, 1900.*

1. Beschreibe das Bild. Vermute, welche Aufgaben die einzelnen Personen haben.

Dampfmaschine
Lange Zeit konnte man Maschinen nur mit Muskelkraft, fließendem Wasser oder Wind antreiben.
1769 erfand der Engländer James Watt die Dampfmaschine. Sie wurde mit Kohle betrieben. Die Dampfmaschine war viel leistungsfähiger als alle früheren Maschinen.
Eine Dampfmaschine produzierte selbst nichts, aber sie konnte andere Maschinen antreiben. Schon bald wurde sie im Bergbau zur Entwässerung, in Fabriken und in der Landwirtschaft eingesetzt.
Dort bewegte sie zum Beispiel Dreschmaschinen, die Körner vom Getreide lösten. Sie erleichterten den Bauern die Arbeit und machten es möglich, das Getreide viel schneller zu verarbeiten. Außerdem waren nun weniger Arbeitskräfte nötig als vorher.

2. Beschreibe die Vorteile der Dampfmaschine.

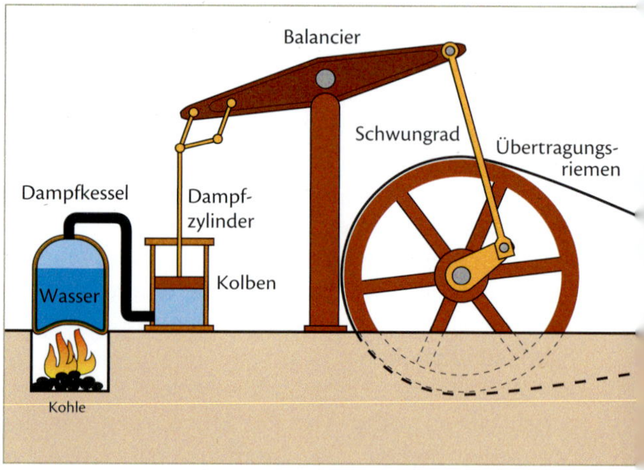

[2] Modell einer Dampfmaschine, *Zeichnung.*

3. „Die Dampfmaschine hat die Welt verändert." Erstelle dazu eine Mindmap.

[3] Fahrt der ersten deutschen Eisenbahn zwischen Nürnberg und Fürth 1835, *Gemälde.*

4. Beschreibe Bild [3].
5. Zeichne in dein Heft Denkblasen für die Menschen aus Bild [3]: Was könnten sie gefühlt oder gedacht haben?

Die Eisenbahn – Motor der Industrialisierung in Deutschland

1814 entwickelte der Engländer George Stephenson eine fahrbare Dampfmaschine auf Rädern. Die Lokomotive war geboren.
Die erste Eisenbahn Deutschlands fuhr 1835 zwischen Nürnberg und Fürth. Das Schienennetz wuchs bald in atemberaubendem Tempo. Um 1900 gab es bereits 51 000 km Schienen in Deutschland.
Die Eisenbahn ermöglichte es, Waren und Rohstoffe schnell über weite Strecken zu befördern.

Die Eisenbahn beschleunigt die Industrialisierung

Für den Bau von Lokomotiven und Schienen wurde viel Stahl gebraucht. Um Stahl herzustellen und Lokomotiven anzutreiben, brauchte man wiederum Kohle. Der Bau von Eisenbahnen, Bergwerken und Stahlfabriken förderte sich so gegenseitig. Die Industrialisierung in Deutschland beschleunigte sich dadurch immer mehr.

6. Erkläre, warum man die Eisenbahn auch „Motor der Industrialisierung in Deutschland" nennt.
7. M Zeichne ein einfaches Schaubild, in dem du darstellst, wie sich Eisenbahn, Bergwerke und Fabriken gegenseitig förderten.

Wähle einen der Arbeitsaufträge aus:

- Schreibe in Stichworten auf, was in einer Werbebroschüre für Dampfmaschinen stehen könnte.
- Begründe mithilfe des Textes die Bedeutung der Eisenbahn für die Industrialisierung Deutschlands.
- Erkundige dich im Heimatmuseum nach der Geschichte der Eisenbahn in deinem Schulort. Halte dazu ein kurzes Referat.

M

Methode Industriefotos auswerten

Fotografie – eine neue Erfindung
Die Fotografie wurde 1835 erfunden. Anfangs mussten die Menschen lange stillstehen, bis ein Foto gemacht war. Schnappschüsse waren nicht möglich.
Fotos wurden anfangs auf Glasplatten aufgenommen, später auf Filmrollen. Man entwickelte sie in einer Dunkelkammer.
Die Fotografie war damals etwas spektakulär Neues. Sie verbreitete sich schnell. Auch viele Unternehmer ließen ihre Fabriken und Arbeiter fotografieren. Wie du solche Industriefotos auswerten kannst, erfährst du auf dieser Seite.

1. Schritt: Bedingungen klären

- Falls bekannt: Wer hat fotografiert (Fotograf, Privatperson; in wessen Auftrag)?
- Wann wurde die Fotografie gemacht (Jahr, Tageszeit, Anlass)?
- Wo wurde fotografiert (in einem Raum, draußen...)?
- Wie wurde fotografiert (Blickwinkel: Augenhöhe, von unten, von oben...)?

2. Schritt: Motiv beschreiben

- Was ist dargestellt (Personen, Gegenstände, Gebäude)?
- Wie ist das Bild aufgeteilt (Vordergrund, Hintergrund, Bildmitte)?

3. Schritt: Bildaussage deuten

- Welche Aussage hat das Bild?
- Welche Zusatzinformationen sind nötig?
- Welche Absicht des Fotografen ist erkennbar?
- Was soll gezeigt werden, was bleibt verborgen?

1. Werte Bild [1] mithilfe der Arbeitsschritte aus.
2. Untersuche Bild [2] oder [3] mithilfe der Arbeitsschritte. Achte auch auf die Körperhaltung der Personen.

[1] In einer Berliner Schokoladenfabrik. *Foto, um 1910.* Ein Vorgesetzter kontrollierte mehrmals am Tag die Arbeitsleistung der Arbeiterinnen.

[2] Angestellte in der Verwaltung in einer Fabrik. *Foto, 1905.* Während der Arbeit war das Sprechen verboten.

[3] Kinder sortieren Kohle in einem Bergwerk. *Foto, 1904.* Der Kohlenstaub war sehr schädlich für die Lunge.

Erfindungen verändern das Leben

Wie beeinflussten Erfindungen den Alltag der Menschen?

[1] Straße in einer deutschen Großstadt. *Foto.*

1. Beschreibe Bild [1].

Die Nutzung der Elektrizität

1866 entwickelte der Erfinder Werner von Siemens die erste Dynamomaschine. Damit konnte man Strom erzeugen.
Etwa zur gleichen Zeit wurde der Elektromotor erfunden. Mit ihm war es möglich, elektrische Energie wieder in Bewegung umzuwandeln. So konnte man Maschinen mit elektrischem Strom antreiben. Elektromotoren waren kleiner und einfacher zu bedienen als die Dampfmaschine und verdrängten allmählich die Dampflok im Eisenbahnverkehr.
Die Elektrizität war bald an vielen Orten in Deutschland und Bayern verfügbar. Es wurden (Wasser-)Kraftwerke gebaut und Stromkabel verlegt.

2. Erkläre den Vorteil der elektrischen Energie gegenüber der Dampfmaschine.

Die Elektrizität kommt zu den Menschen

Durch die Elektrizität wurden neue Erfindungen möglich:

- 1850 wurde der Telegraf erfunden. Damit konnte man Nachrichten durch ein Kabel über weite Strecken versenden.
- 1876 wurde das Telefon erfunden.
- 1881 fuhr die erste elektrische Straßenbahn in Berlin. Zuvor hatten Pferde die Straßenbahnen gezogen.
- 1882 gab es die erste elektrische Straßenbeleuchtung Deutschlands in Nürnberg.
- Durch den Telegrafen und das Telefon konnte man problemlos über Länder und Kontinente hinweg miteinander kommunizieren.

Was früher Tage und Wochen gedauert hatte, passierte nun innerhalb von Minuten – die Welt wurde kleiner und schneller.

3. Nenne Vorteile, die sich durch die Erfindungen für die Menschen ergaben.

[3] Fließband in einer amerikanischen Autofabrik. *Foto.*

Der Verbrennungsmotor

Der erste Verbrennungsmotor wurde 1858 erfunden. Er funktionierte nicht mit Kohle und Wasser wie die Dampfmaschine, sondern mit Benzin. Wenn man Benzin verbrennt, liefert es viel mehr Energie als Kohle. Verbrennungsmotoren waren deshalb leistungsfähiger und kleiner als Dampfmaschinen.
Ab 1860 versuchten mehrere Erfinder aus Deutschland, den Motor zu verbessern und nutzbar zu machen: Gottlieb Daimler, Carl Benz, Nicolaus Otto und Rudolf Diesel.
1886 erfanden Gottlieb Daimler und Carl Benz unabhängig voneinander das erste Auto der Welt. Bald wurden Verbrennungsmotoren überall eingesetzt: Sie trieben Busse, Flugzeuge und Schiffe an. In wenigen Jahren ersetzten Automobile die Pferdewagen.

4. Erläutere die Bedeutung der Erfindung des Verbrennungsmotors.

Schichtarbeit und Fließbänder

Die elektrische Beleuchtung erleichterte die Arbeit bei Nacht. Maschinen konnten rund um die Uhr bedient werden. In immer mehr Fabriken wurde die Schichtarbeit eingesetzt. So produzierten Fabriken mehr Waren und die Kosten dafür sanken.
1913 wurde das Fließband erfunden. Es wurde mit Strom angetrieben. Der Autohersteller Henry Ford setzte es als Erster in seinen Fabriken ein. Die Arbeiter blieben immer auf einem Platz und führten dieselben Handgriffe aus. So wurden Autos billiger und schneller produziert. Sie verkauften sich öfter.

5. M Vermute, welche Vor- und Nachteile Schichtarbeit und Fließbänder für die Arbeiter hatten.

Wähle einen der Arbeitsaufträge aus:

- Liste Veränderungen auf, die sich durch den Einsatz der Elektrizität ergaben.
- Überzeuge in einem Verkaufsgespräch dein Gegenüber vom Nutzen eines Telefons.
- Stell dir vor, du hast alle Erfindungen zwischen 1850 und 1882 miterlebt. Verfasse einen Bericht, in dem du die Welt vorher und nachher vergleichst.

Eine Stadt im Industriezeitalter

Wie sah eine Industriestadt um 1900 aus?

[1] Eine Industriestadt um 1900. *Zeichnung aus einem Jugendbuch, 2018.*

Die Industriestadt – eine neue Welt
Wer um 1900 das erste Mal vom Land in eine Industriestadt kam, war oft geschockt: Der Lärm und das Durcheinander des Verkehrs waren überwältigend. Fabriken spuckten Rauch und Gestank aus, der sich über die Stadt legte. In Mietshäusern mit fünf oder mehr Stockwerken wohnten Menschen in großer Enge zusammen.

In der Großstadt gab es viel Nebeneinander und große Unterschiede: Während schon die ersten elektrischen Straßenbahnen fuhren, wurde noch vieles mit Pferdekarren transportiert. Große Prachtstraßen und neue Wohnviertel entstanden neben den engen Gassen aus dem Mittelalter. All diese Veränderungen hatten sich innerhalb weniger Jahre und Jahrzehnte ereignet.

1. Wandere mit den Augen durch das Bild. Beschreibe die Stadt.
2. Das Bild ist für ein Kinderbuch erstellt worden. Notiere,
   - welche „schlechte" Seiten der Stadt der Zeichner weggelassen hat oder
   - was er nicht so gut gezeichnet hat.

   Begründe deine Meinung

Wähle einen der Arbeitsaufträge aus:

- Erstelle anhand des Bildes eine Liste mit Merkmalen einer Industriestadt um 1900.
- Verfasse einen Bericht eines Besuchers, der zum ersten Mal aus einem Dorf in die Stadt kommt.

Nürnberg – eine Stadt um 1900

Wie veränderten sich die Städte durch die Industrialisierung?

[1] Der „Plärrer“ in Nürnberg 1865 und 1905, *Fotos.*

1. Beschreibe die Bilder in [1].

Die Städte wachsen

Mit der Industrialisierung veränderten die Städte ihr Aussehen. Am Stadtrand entstanden Fabriken. Diese boten Verdienstmöglichkeiten. Deshalb zogen viele Menschen vom Land in die Stadt. Die Städte wuchsen rasant.
Obwohl viel gebaut wurde und ganze Stadtviertel neu entstanden, herrschte große Wohnungsnot.

	1871	1910
München	170 000	596 000
Nürnberg	83 000	333 000
Augsburg	51 000	123 000

[2] Einwohnerzahlen bayerischer Städte, *Tabelle.*

Neue Bauten

Als die Städte wuchsen, mussten sie neue Aufgaben erfüllen. Neue öffentliche Gebäude entstanden, wie z. B. Postämter, Bahnhöfe, Museen, Theater oder Gerichtsgebäude.
Im Stadtzentrum siedelten sich Banken und Kaufhäuser an. Daneben gab es Handwerksbetriebe und bürgerliche Wohnhäuser. Weil der Bauplatz teuer war, baute man in die Höhe. So hatten Häuser oft vier oder fünf Stockwerke.

Moderne Technik

Die Stadt versorgte viele Gebäude mit Gas, Wasser und Elektrizität. Sie sorgte auch für Müllabfuhr und die Beseitigung der Abwässer. Die Straßen wurden anfangs noch mit Gaslaternen beleuchtet. 1882 ging dann Nürnberg die erste elektrische Straßenlaterne in Betrieb.

3. Fasse die Veränderung in den Städten in Stichworten zusammen.

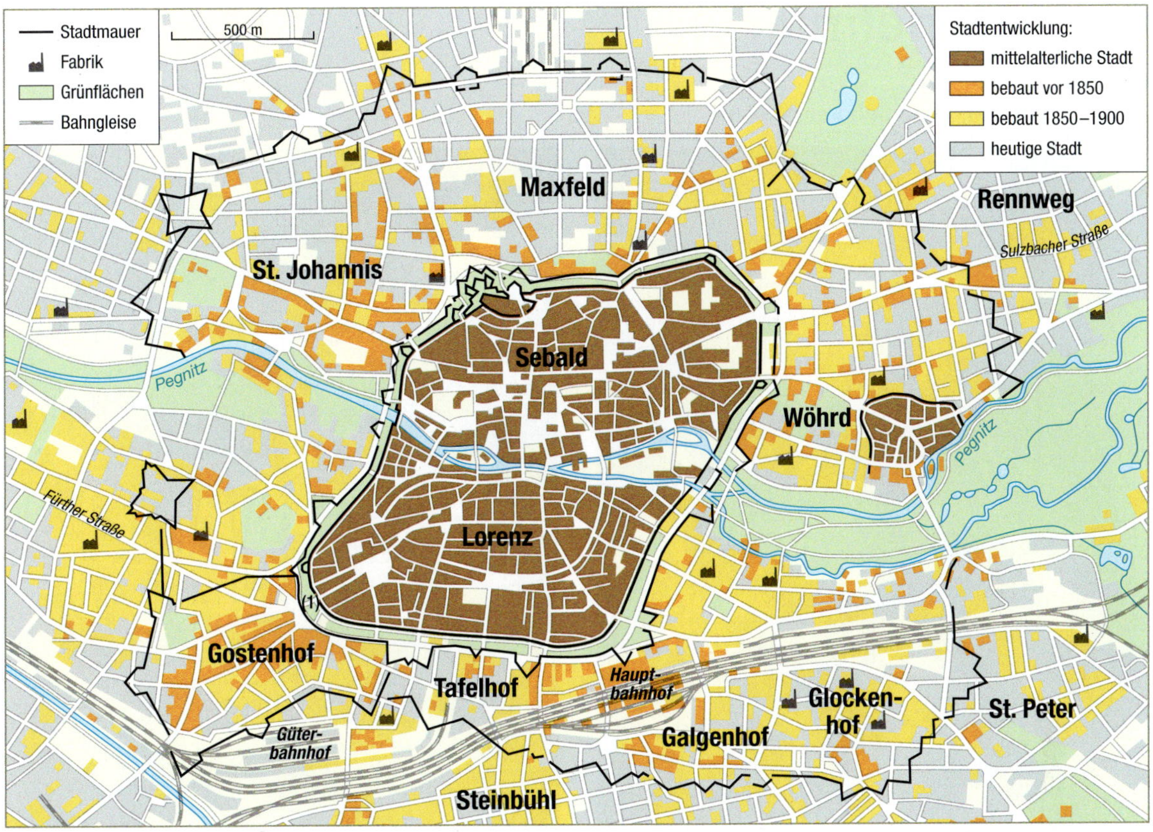

[2] Die Entwicklung der Stadt Nürnberg, *Karte*. Die Fotos von der linken Seite sind am Punkt (1) in Richtung Gostenhof aufgenommen.

Wohngebiete
In der Innenstadt lagen Wohn- und Geschäftshäuser. Zu den Rändern hin breiteten sich die Betriebe und Wohnungen der Handwerker aus. Völlig neue Wohngebiete entstanden rings um den Stadtkern herum. Reiche Bürger zogen in die sogenannten Villenviertel im Grünen. Sie wohnten dort in großen Häusern mit schönen Gärten (= Villen). Da, wo sich die Fabriken niedergelassen hatten, entstanden Arbeiterviertel mit einfachen Wohnblocks oder schlichten Reihenhäusern.

Verkehrsprobleme
Um die neuen Stadtteile mit der Innenstadt zu verbinden, wurden Straßen gebaut.
1881 fuhr in Berlin die erste elektrische Straßenbahn. Andere Städte zogen schnell nach. 1895 erhielt München, 1897 Bamberg und 1898 Augsburg eine elektrische Straßenbahn. Etwa zur gleichen Zeit fuhren hier auch die ersten Busse.
Auch die ersten Autos waren bald auf den Straßen unterwegs. Gleichzeitig rollten aber noch lange Zeit Kutschen durch die Städte, um Menschen und Waren zu transportieren.

2. Vergleiche die Stadt um 1900 mit heutigen Städten:
– Was kann man wo erledigen?
– Wer wohnt heute wo?

Wähle einen der Arbeitsaufträge aus:

- ⚀ Fertige eine einfache Skizze zum Aufbau einer Industriestadt an.
- ⚁ Ein junger Mann aus dem Dorf kommt zum Arbeiten in die Stadt. Verfasse seinen Brief an die Familie.
- ⚂ Berichte über den Besuch in einer „modernen" Stadt um 1900 im Stil einer Reportage.

Was du noch tun kannst …
- Gebäude aus der Zeit um 1900 in deiner oder der nächstgelegenen Stadt suchen; zeichne/fotografiere sie.

M Unternehmer

Was bedeutet es, Unternehmer zu sein?

[1] Der Unternehmer Alfred Krupp, *Gemälde, um 1887.*

[2] Die Villa der Familie Krupp in Essen. *Foto, 2018.*

1. Beschreibe die Bilder [1] und [2].
2. Vergleiche mit den Bildern auf Seite 44/45.

Unternehmer

Über viele Jahrhunderte spielte der Adel die führende Rolle in der Gesellschaft. Er besaß Land und bestimmte über die Bauern.
Durch die Industrialisierung veränderte sich die Gesellschaft. Erfinder arbeiteten mit größeren Handwerksbetrieben zusammen oder nahmen Kredite auf und gründeten Fabriken. Viele dieser Unternehmer hatten mit ihren Produkten Erfolg und verdienten viel Geld. Im Laufe der Industrialisierung wurden die Unternehmer einflussreicher als der Adel.

2. Erkläre, wie es zum Aufstieg der Unternehmer kam.

Beispiel: Alfred Krupp (1812–1887)

Ein bekannter Unternehmer war Alfred Krupp. Er besaß in Essen das größte Stahlwerk Europas. Dort arbeiteten tausende Menschen. Krupp war so einflussreich, dass der König ihm anbot, ihn zum Adligen zu ernennen. Doch Krupp lehnte ab. Er soll gesagt haben: „Krupp – das genügt vollständig“.
Alfred Krupp empfing in seiner Villa Könige und Kaiser. Doch das tat er nicht aus gesellschaftlichen Gründen, sondern weil sie seine Kunden waren. Durch Kriege erhielt er immer neue Aufträge für seine Fabrik, in der er Kanonen produzierte. Er verkaufte sie an den Staat und machte so riesige Gewinne. Bald nannte man ihn den „Kanonenkönig“.

3. Stelle den Unternehmer Alfred Krupp in eigenen Worten vor.
4. Erkläre, warum Krupp den Adelstitel ablehnte – und was das über seine Stellung aussagt.

[4] Das Fabrikgelände der Firma Krupp in Essen, *Kupferstich, um 1912.*

5. Beschreibe Bild [4].

Alfred Krupp und seine Arbeiter

Verglichen mit anderen Unternehmern bezahlte Alfred Krupp seinen Arbeitern hohe Löhne. Er sorgte auch für sie, indem er Krankenhäuser und Wohnungen für sie baute.
Andererseits verlangte er von ihnen absoluten Gehorsam. Es gab strenge Regeln in der Fabrik und einen Zwölf-Stunden-Tag. Außerdem verbot Krupp den Arbeitern, sich zusammenzuschließen, um gemeinsam Forderungen zu stellen.

[5] **Krupp schrieb 1877 an seine Arbeiter:**
Ihr wisst, was ihr an eurem Herrn habt, und wenn derselbe sich mit warnenden und mahnenden Worten an euch wendet, dann fühlt ihr alle, dass nicht ein stolzer Besitzer zu euch spricht. Wie ein Vater zu seinen Kindern, so klingen euch meine Worte ...

(Berdrow, W. (Hg.): Alfred Krupps Briefe: 1826–1887. Berlin 1928, S. 343 ff.)

6. Bewerte die Aussagen in [5] aus deiner Sicht.

Unternehmer in Bayern

Siegmund Schuckert (1846–1895) lebte einige Jahre in dem USA und lernte dort neue Techniken kennen. Später gründete er in Nürnberg eine Firma für Elektrogeräte. Dort errichtete er auch die erste elektrische Straßenbeleuchtung.

Theodor Cramer-Klett (1817–1884) besaß eine Fabrik für Dampfmaschinen. Er baute Brücken und Bahnhofshallen. Später gründete er mehrere Banken und eine Versicherung.

Georg Krauss (1826–1906) war gelernter Schlosser und arbeitete als Lokomotivführer. 1866 gründete er eine Lokomotivfabrik in München, 1880 bereits eine zweite in Linz (Österreich). Mit seinen Lokomotiven gewann er internationale Preise.

Wähle einen der Arbeitsaufträge aus:

- Erstelle einen Steckbrief über Alfred Krupp.
- Verfasse einen Lexikoneintrag über Alfred Krupp.
- Verfasse einen Leserbrief eines Arbeiters an eine fortschrittliche Zeitung.

Die Soziale Frage

Wie versuchte man die Lage der Arbeiter zu verbessern?

[1] Arbeiter in einem Bergwerk in Deutschland, *Foto, um 1880.*

1. Beschreibe Bild [1].

Die Situation der Arbeiter

Immer mehr Leute zogen zum Arbeiten in die Städte. Doch dort gab es zu wenig bezahlbare Wohnungen. Um an Geld zu kommen, vermieteten viele ihre Betten tagsüber an Kollegen, die in der Nachtschicht arbeiteten und noch keine eigene Wohnung hatten.

In der Enge breiteten sich Ungeziefer und Krankheiten schnell aus. Dazu kam die schlechte Ernährung. Da es noch keine Krankenversicherung gab, waren Ärzte für viele unbezahlbar.

Hinzu kam, dass die Arbeit in den Fabriken oft gefährlich war. Hatte ein Arbeiter einen Unfall oder wurde krank, bekam er keinen Lohn und war auf die Hilfe von Freunden und Familie angewiesen.

2. Berichte über die Lebensverhältnisse vieler Arbeiter um 1900.

[2] M **Ein Arzt berichtet 1908 über die Wohnverhältnisse:**

Fast 40–50 Prozent aller Arbeiterwohnungen bestehen aus 2 Zimmern, werden bewohnt von Familien, die 6–10 Köpfe stark sind ... In gesundheitlicher Beziehung jeder Beschreibung spottend, wie den elenden, krankhaft aussehenden Insassen unschwer anzusehen ist. ...

In einem Schlafraum mit zwei Bettgestellen ausgestattet, der nie gelüftet, noch seltener gereinigt wird ... kampieren oft bis 10 Personen, vier Kinder in einem Bette, zwei am Kopf und zwei am Fußende, ohne Rücksicht auf Alter und Geschlecht.

(Zit. nach: de Buhr, H. u. a. (Hg.): Industrielle Revolution und Industriegesellschaft, Frankfurt a. M. 1983, S. 46)

3. M Gib die Aussagen des Arztes aus Text [2] in eigenen Worten wieder.

[3] Arbeiterwohnung in Berlin, *Foto, 1908.* Mehrere Familien mussten Küche und Toilette gemeinsam benutzen.

Die Soziale Frage

Ein immer größerer Teil der Bevölkerung verarmte. Viele stellten sich die Frage: Was soll man tun, um die Lebensverhältnisse der Arbeiter zu verbessern? Diese Frage nannte man „Soziale Frage". Unternehmer und Kirchen versuchten sie zu lösen.

4. Erkläre in eigenen Worten:
- Was versteht man unter der Sozialen Frage?
- Warum versuchte man, sie zu lösen?

Lösungsversuche der Unternehmer

Einige Unternehmer bauten Wohnsiedlungen für ihre Arbeiter. Dort konnten sie günstig zur Miete wohnen. Oft gab es auch Läden, die den Betrieben gehörten. Arbeiter bekamen dort preiswerte Lebensmittel und Kleidung.
Die Unternehmer handelten auch aus Eigennutz: Zufriedene und gut ernährte Arbeiter waren seltener krank und zuverlässiger.
Wer seinen Arbeitsplatz verlor, musste die Siedlungen verlassen und stürzte oft in große Armut.

5. Beschreibe die Lösungen der Unternehmer.

Lösungsversuche der Kirchen

Bekannte Vertreter der Kirche wie Pastor Wichern oder Bischof Ketteler errichteten Unterkünfte für arme und kranke Arbeiter. In Werkstätten konnten obdachlose Kinder ein Handwerk erlernen. Neben den praktischen Maßnahmen setzten sich Priester auch für Arbeiter ein. Sie forderten von den Unternehmern, die Arbeiter am Gewinn zu beteiligen. Außerdem verlangten sie, die Frauen- und Kinderarbeit einzuschränken.

6. Beschreibe die Lösungsversuche der Kirchen.

Wähle einen der Arbeitsaufträge aus:

- Schreibe einen Bericht aus Sicht eines 13-jährigen Jungen, der in einer Arbeiterfamilie lebt.
- Gestalte ein Plakat zur Sozialen Frage. Erkläre darauf den Begriff und stelle die wichtigsten Probleme und Lösungen in Stichworten dar.
- Verfasse einen Zeitungsartikel, in dem du die Maßnahmen der Unternehmer vorstellst und aus deiner Sicht beurteilst.

Wahlseite

Welthandel um 1900

1. Informiere dich über den Welthandel um 1900.
2. Präsentiere deine Ergebnisse in der Klasse.

[1] Im Hamburger Hafen, *Foto, 1899.*

Welthandel

In den Fabriken wurden massenhaft **Waren** hergestellt. Dafür benötigte man viele Rohstoffe. Die Rohstoffe und die fertigen **Produkte** mussten über weite Strecken transportiert werden.
Weil in den **Industriestaaten** immer weniger Menschen in der Landwirtschaft arbeiteten, kauften Händler Nahrungsmittel im Ausland ein. Getreide und Fleisch kamen mit dem Schiff aus Übersee. Dafür gingen Kleidung, Maschinen und andere **Industriewaren** in die Welt hinaus.
So wuchs die Bedeutung der **Verkehrsmittel**. Die Eisenbahn wurde stark ausgebaut. An die Stelle der Segelschiffe traten größere und schnellere **Dampfschiffe**. Die Ausdehnung des Handels und Verkehrs auf die ganze Welt war ein erster Schritt zu dem, was wir heute **Globalisierung** nennen.

Weltausstellungen

Die Menschen interessierten sich damals sehr für neue Erfindungen. Kaufleute wollten wissen, welche neuen Produkte in anderen Ländern entworfen wurden.
Weil es noch kein Fernsehen und Internet gab, waren große Ausstellungen sehr beliebt.
Ab 1851 fanden regelmäßig **Weltausstellungen** statt. Sie waren jeweils in einer anderen Stadt. Die einzelnen Länder hatten auf der Weltausstellung ihren eigenen Bereich.
Dort wurden die neuesten Produkte ihres Landes ausgestellt. Für die Weltausstellung in Paris 1889 wurde der **Eiffelturm** gebaut. Er sollte zeigen, was mit neuen Stahlkonstruktionen möglich war (z. B. Bau von Brücken).

Tipp für die Erarbeitung
Textknacker anwenden – das Bild [1] auswerten

Tipps für die Präsentation
Die Klasse Bild [1] beschreiben lassen – Weltausstellungen und Produkte vorstellen, die dort gezeigt wurden

M

Wahlseite Kinderarbeit

1. Informiere dich auf dieser Seite über Kinderarbeit um 1900.
2. Präsentiere deine Ergebnisse in der Klasse.

[1] Kinder in einer amerikanischen Textilfabrik, *Foto, 1909.*

Kinder als billige Arbeitskräfte

Weil die Löhne sehr niedrig lagen, waren die Arbeiterfamilien meist sehr arm. Eltern schickten deshalb auch ihre Kinder in die Fabrik, um Geld zu verdienen. Besonders in der Textilindustrie und im Bergbau wurden sie gebraucht. Dort war geringe Körpergröße ein Vorteil. Die Unternehmer zahlten Kindern noch weniger Lohn. Sie waren billige Arbeitskräfte. In Deutschland arbeiteten noch um 1900 viele Kinder in Fabriken.

Folgen der Kinderarbeit

Die Kinderarbeit hatte schwere Folgen: Viele Kinder bekamen körperliche Probleme. Sie wuchsen zum Beispiel nicht mehr richtig. Dazu kam, dass sie oft unterernährt waren. Falls sie in die Schule gingen, waren sie unkonzentriert und müde. So konnten sie später keinen guten Beruf erlernen. Für den Staat waren sie als Soldaten nicht einsetzbar.

Gesetze zum Schutz der Kinder

Deshalb erließen viele deutsche Staaten Gesetze gegen Kinderarbeit:

- Ab 1840 durften in Bayern keine Kinder unter 9 Jahren mehr in Fabriken arbeiten.
- 1878 wurde im ganzen Deutschen Reich die Grenze auf 12 Jahre erhöht. Die Höchstarbeitszeit betrug 10 Stunden.
- 1891 wurde das Mindestalter auf 14 Jahre erhöht.

Die Gesetze betrafen nur die Kinderarbeit in Fabriken. In der Landwirtschaft waren Kinder weiterhin tätig. Das wurde in Deutschland erst 1960 eingeschränkt. Damals trat das Jugendarbeitsschutzgesetz in Kraft, das bis heute gilt.

Tipps für die Erarbeitung
Bild [1] beschreiben – diskutieren, warum Erwachsene Kinderarbeit zulassen

Tipps für die Präsentation
Interview mit einem Kind aus Bild [1] gestalten – Umfrage durchführen: Wer hat schon gejobbt?

Wahlseite

Frauenrechte

1. Informiere dich über die Rechte der Frauen um 1900.
2. Präsentiere deine Ergebnisse in der Klasse

[1] Frauen in einer Berliner Fabrik, *Foto, um 1900.* Man durfte damals nur zu vorgeschriebenen Zeiten eine sehr kurze Pause machen.

Die Situation der Frauen um 1900

Frauen aus dem ärmeren Teil der Bevölkerung waren doppelt belastet. Sie mussten in der Fabrik arbeiten, weil das Geld sonst nicht für die Familie reichte. Gleichzeitig mussten sie sich um die Kinder und den Haushalt kümmern.
Dazu kam, dass sie im Beruf weniger verdienten als Männer, obwohl sie die gleiche Leistung erbrachten. Ein Arbeiter in einer Stofffabrik verdiente zum Beispiel 27 Mark pro Woche, eine Frau nur 11 Mark.
Frauen durften nicht an Universitäten studieren. Außerdem durften sie nicht wählen und politisch tätig sein. Parteien war es verboten, Frauen aufzunehmen oder an Versammlungen teilnehmen zu lassen.

Die Frauen protestieren

Viele Frauen waren unzufrieden mit ihrer Situation. Sie gründeten Vereine, um sich gemeinsam für bessere Löhne und das Wahlrecht einzusetzen. Die Vereine gaben Zeitschriften heraus und schrieben Briefe an Politiker.
Schrittweise erreichten die Frauen einige Verbesserungen:

- 1893 wurde das erste Mädchengymnasium gegründet.
- Ab 1900 durften Frauen an einigen deutschen Universitäten studieren.
- Ab 1918 durften Frauen wählen.

Dennoch blieben Frauen in vielen Bereichen schlechter gestellt als Männer. Zum Beispiel brauchten Frauen bis 1957 die Erlaubnis ihres Ehemanns, um arbeiten zu dürfen.

Tipps für die Erarbeitung
Bild [1] untersuchen – Benachteiligungen der Frauen um 1900 auflisten – die Situation der Frauen mit heute vergleichen

Tipps für die Präsentation
Spielszene gestalten: Diskussion zwischen einer modernen Frau und einem Mann von 1900

M

Wahlseite Neue Berufe entstehen

1. Informiere dich über die Entstehung neuer Berufe durch die Industrialisierung.
2. Präsentiere deine Ergebnisse in der Klasse.

[1] Angestellte in einer Telefonvermittlung, *Foto, 1892*. Es war damals verboten, mit dem Stuhl zu wippen oder sich anzulehnen.

Neue Berufe für Männer und Frauen

Die Industrialisierung veränderte die Arbeit der Menschen dramatisch. Maschinen übernahmen Tätigkeiten, die früher Schmiede oder Schlosser von Hand ausgeführt hatten.
Es entstanden aber auch völlig neue Berufe. Maschinen mussten bedient und repariert werden. Besonders beim Bau von Autos und Elektrogeräten wurden Fachleute gebraucht. Ingenieure entwickelten neue Geräte weiter.
Ab 1900 gab es die ersten Schreibmaschinen in Büros. Um sie zu bedienen, wurden vor allem Frauen eingestellt. Sekretärin war ein typisch weiblicher Beruf. Er wurde schlecht bezahlt. Frauen arbeiteten auch häufig bei der Telefonvermittlung. Anrufer mussten damals noch in einer Zentrale von Hand verbunden werden.

Berufe wandeln sich immer noch

In der heutigen Zeit steht die Arbeitswelt wieder vor großen Veränderungen. Computer und künstliche Intelligenz werden in Zukunft viele Berufe ersetzen. Selbstfahrende Autos könnten zum Beispiel LKW-Fahrer überflüssig machen. Jobs, in denen man einfache Handgriffe am Fließband ausführt oder etwas im Lager verwaltet, sind nicht mehr so gefragt.
Gleichzeitig entstehen neue Berufe, vor allem in der Informatik. Berufe, die viel mit Menschen zu tun haben oder kreativ sind, werden nicht so leicht ersetzbar sein. Dazu gehört zum Beispiel auch die Pflege von Kindern, kranken und alten Menschen.

Tipps für die Erarbeitung

Bild [1] untersuchen – neue Berufe um 1900 auflisten – den Wandel der Arbeitswelt heute beschreiben

Tipps für die Präsentation

Ein Gespräch zwischen einem oder einer Berufstätigen um 1900 und heute über die Arbeitswelt vorführen. Die Körperhaltung der Frauen nachstellen.

Gemeinsam sind wir stark

Wie versuchten die Arbeiter, ihre Lage zu verbessern?

[1] Arbeiter und Unternehmer. *Gemälde von Stanislaw Lentz, 1895.*

1. Beschreibe Bild [1]. Vermute, worum es bei dem Gespräch gehen könnte.

Die Arbeiter organisieren sich

Viele Unternehmer wollten die Lage der Arbeiter nicht verbessern. Sie fürchteten, dadurch Geld und die Kontrolle zu verlieren.

Die Arbeiter erkannten, dass sie nur gemeinsam etwas erreichen konnten. Sie organisierten Streiks*. So zeigten sie, wie ernst sie es meinten. Doch während der Streiks erhielten sie keinen Lohn.

Daher gründeten die Arbeiter Gewerkschaften. Das waren Zusammenschlüsse von Arbeitern aus mehreren Fabriken. Das Ziel von Gewerkschaften war es, Forderungen durchzusetzen. Bei Streiks erhielten die Mitglieder Unterstützung aus einer gemeinsamen Kasse.

2. Stelle dar, warum und wie sich die Arbeiter organisierten.
3. Vermute, gegen welche Schwierigkeiten die Arbeiter kämpfen mussten.

Karl Marx

Karl Marx (1818–1883) war ein Journalist und Denker aus Trier. Er beschäftigte sich sehr mit der Lage der Arbeiter. Gemeinsam mit seinem Freund Friedrich Engels kritisierte er die schlechten Lebensbedingungen. Er forderte eine Revolution der Arbeiter und einen Wandel der Gesellschaft. Die Schriften von Karl Marx hatten großen Einfluss.

(der) Streik:
Verweigerung der Arbeit, um Forderungen durchzusetzen (z. B. mehr Lohn)

[2] Der Streik. *Gemälde von Robert Köhler.* Streiken war in Deutschland vor 1919 nicht erlaubt. Die Arbeiter gingen damit ein großes Risiko ein.

Eine Partei für die Arbeiter

Ab 1863 bildeten sich politische Parteien, die die Interessen der Arbeiter vertraten. 1881 schlossen sie sich zu einer großen Partei zusammen: der Sozialdemokratischen Partei Deutschlands (SPD). Ihr Ziel war es, dass auch die Arbeiter im Staat mitbestimmen durften. Fabriken und Rohstoffe sollten allen gemeinsam gehören, nicht nur den Unternehmern.

4. Berichte über die Gründung von Arbeiterparteien und ihre Ziele.
5. Beschreibe Bild [2]. Achte dabei auf einzelne Personen und Gruppen.
6. Vergleiche Bild [1] mit Bild [2].

Die SPD wird vom Staat verfolgt

Kaiser, Adel und viele Bürger sahen die SPD mit großem Misstrauen. Für die Arbeiter hatten sie kein Verständnis. Sie fürchteten, ihre Macht zu verlieren.
1878 wurden Attentate auf Kaiser Wilhelm I. verübt. Der Kaiser überlebte. Doch Reichskanzler Otto von Bismarck nutzte die Situation aus. Er gab den Sozialdemokraten die Schuld an den Attentaten, obwohl sie nichts damit zu tun hatten.
Bismarck erließ ein Gesetz gegen die Sozialdemokraten, das „Sozialistengesetz". Es trat 1878 in Kraft. Der SPD wurde jede Tätigkeit verboten. Ihre Mitglieder durften sich nicht mehr treffen und keine Texte mehr veröffentlichen. Viele verloren ihren Arbeitsplatz. Die Anführer der SPD wurden mit Gefängnis bestraft.
Doch die Arbeiter gaben nicht auf. Sie gewannen immer mehr Anhänger. 1889 kam es zu einem großen Streik. So wurde das Gesetz im Jahr 1890 wieder aufgehoben.

Wähle einen der Arbeitsaufträge aus:

- Gestalte Sprechblasen für die Personen in Bild [2].
- Gestalte ein Plakat mit dem Titel: „Die Bewegung der Arbeiter". Nutze die Materialien und Texte auf dieser Doppelseite.
- Gestalte Bild [1] oder [2] als Spielszene. Überlege zunächst: Was war vorher? Was passiert im Augenblick? Wie könnte es weitergehen? Schreibe dann die Dialoge. Gib Anweisungen, z. B.:
  - Bleibt der Unternehmer freundlich?
  - Brüllt er?
  - Wird er zornig?

M Reformen statt Revolution

Wie entwickelte sich unser heutiger Sozialstaat?

[1] Zwei Arbeiter unterhalten sich, *Illustration.*

1. Gib das Gespräch der Arbeiter in eigenen Worten wieder.
2. Vermute, welche Probleme sich für die Familie des Arbeiters Karl ergaben.

Die Einführung der Sozialversicherungen

Zu Beginn der Industrialisierung waren die Arbeiter ganz auf sich gestellt. Wer nicht mehr arbeiten konnte, dem zahlten die Unternehmer keinen Lohn. Auch der Staat half den Arbeitern nicht, wenn sie krank wurden oder zu alt waren. Daraus ergaben sich große Probleme.
Reichskanzler Bismarck fürchtete, dass die Soziale Frage zu einer Revolution führen könnte. In den Parteien und Vereinen der Arbeiter sah er eine Bedrohung für den Staat. Deshalb führte seine Regierung ab 1883 Sozialversicherungen ein. Sie sollten die größte Not der Arbeiter lindern.
Eine Versicherung funktionierte so: Arbeiter und Unternehmer wurden gezwungen, monatlich etwas Geld einzuzahlen. Wenn ein Arbeiter krank wurde, einen Unfall hatte oder zu alt zum Arbeiten war, bekam er eine kleine Rente.

3. Erläutere, warum die Sozialversicherungen eingeführt wurden.

Die Entwicklung der Sozialversicherungen	
1883	Krankenversicherung
1884	Unfallversicherung
1889	Rentenversicherung
1911	Rente für Hinterbliebene
1927	Arbeitslosenversicherung

Die Wirkung der Sozialversicherungen

Die Versicherungen waren etwas völlig Neues. Nirgendwo auf der Welt gab es damals etwas Vergleichbares. Bismarck wollte beweisen, dass sich der Staat um die Arbeiter kümmerte. Er hoffte, dass sich die Arbeiterparteien auflösen würden. Doch das geschah nicht. Viele Arbeiter sahen in Bismarcks Handeln ein Ablenkungsmanöver.
Anfangs waren die Leistungen der Versicherungen sehr niedrig. Um eine Rente zu bekommen, musste man zum Beispiel 70 Jahre alt werden. Dieses Alter erreichten damals nur wenige Arbeiter.

4. Erkläre, was Bismarck mit der Einführung der Sozialversicherungen erreichen wollte.
5. Bewerte die Einführung der Sozialversicherungen aus Sicht der Arbeiter.

Die fünf Sozialversicherungen

Die heutige Sozialversicherung umfasst fünf Bereiche:

- **Betriebliche Unfallversicherung:** Wenn man sich bei der Arbeit oder auf dem Hin- oder Rückweg verletzt, übernimmt sie alle entstehenden Kosten.

- **Krankenversicherung:** Wenn man krank wird, bezahlt sie die Behandlung beim Arzt, Medikamente oder den Aufenthalt im Krankenhaus.

- **Rentenversicherung:** Sie zahlt die Rente im Alter oder bei Erwerbsunfähigkeit (Invalidität). Die Höhe richtet sich nach der Dauer der Beschäftigung und dem Gehalt, das man vorher verdient hat.

- **Pflegeversicherung:** Wenn man Pflege braucht, übernimmt sie einen Teil der Kosten (auch junge Leute können pflegebedürftig werden).

- **Arbeitslosenversicherung:** Wenn man arbeitslos wird, bekommt man Arbeitslosengeld. Die Höhe richtet sich nach dem Gehalt, das man vorher verdient hat.

Wer zahlt die Beiträge?

Die Beiträge zur Unfallversicherung übernimmt der Betrieb, in dem man arbeitet. Die Beiträge zu den übrigen Versicherungen werden jeweils zur Hälfte vom Betrieb und vom Arbeitnehmer bezahlt.

4. Gestalte eine Tabelle zu den fünf Sozialversicherungen. Informiere darüber:
- Wer ist versichert?
- Wer zahlt den Beitrag?
- Für welchen Fall ist man versichert?

[3] Zwei Jugendliche von heute äußern ihre Meinung über die Sozialversicherungen:

[A] **Dominik, 20:**

„Als ich nach meiner Ausbildung das erste richtige Gehalt bekommen habe, bin ich erschrocken. Von 2200 € habe ich nur 1500 € ausgezahlt bekommen.
Der Rest wurde für Steuern und Sozialversicherungen abgezogen. Besonders die Kranken- und Rentenversicherung sind sehr teuer. Dabei bin ich doch nie krank! Ich finde das ungerecht ...“

[B] **Arzu, 18:**

„Neulich hatte ich auf dem Weg zur Firma einen Unfall mit dem Mofa. Dabei habe ich mir das Bein gebrochen.
Das Krankenhaus hat die Unfallversicherung bezahlt.
Früher fand ich es unfair, dass man so hohe Beiträge für Versicherungen bezahlen muss. Heute bin froh, dass es sie gibt.“

(Verfassertexte)

5. Nimm Stellung zu den Aussagen in [3].

Wähle einen der Arbeitsaufträge aus:

- Zeichne ein Schaubild für die fünf Sozialversicherungen in Form eines Gebäudes.
- Spiele mit einem Partner folgende Szene: Zwei Arbeiter unterhalten sich 1883 über die Einführung der Sozialversicherungen. Der eine findet sie gut, der andere ist kritisch.
- Formuliere Fragen für ein Interview mit einem Berufstätigen über das Thema „Sozialversicherungen“.

GPG aktiv

Denke daran, dein Portfolio zu führen:
- Sammle schöne Ergebnisse in Text und Bild.
- Notiere Lernerfahrungen zum Thema „Industrialisierung“.

Vorschläge für eine Erkundungstour:

- **Industriedenkmäler**
z. B. Industriedenkmal Maxhütte in Sulzbach-Rosenberg im stillgelegten Stahlwerk (Bild unten). An vielen Orten gibt es noch alte Wassertürme oder historische Wasserkraftwerke zu besichtigen.

- **Bayerische Eisenstraße,**
Tour von Sulzbach-Rosenberg nach Amberg. Hier gibt es viel aus der Zeit der Industrialisierung zu sehen: alte Stollen, Bergarbeitersiedlungen, Schleusen, Kraftwerke.

- **Industriemuseen**
  - z. B. Bergbau- und Industriemuseum Ostbayern mit Schachtanlage und Hammerwerk
  - Augsburger Bahnpark (Bild unten)
  - Textilmuseum Augsburg
  - Deutsches Museum München
- **Historische Gebäude aus dem 19. Jahrhundert**
z. B. Bahnhöfe, Postämter, Theater in deinem Schul- oder Wohnort fotografieren und zeichnen.

- Eine **Betriebsbesichtigung** mit einem Industriebetrieb in der Nähe vereinbaren.

Teste dich!

[1] **Begriffe und ihre Bedeutung**

Sozialgesetzgebung	Große Halle, in der mit Maschinen etwas hergestellt wird
Streik	Sie versorgt Arbeiter bei Unfällen oder Krankheit.
Fabrik	Mit ihnen versuchte Reichskanzler Bismarck, die Lage der Arbeiter zu verbessern.
Dampfmaschine	Arbeitskampf für bessere Bedingungen
Sozialversicherung	Sie treibt andere Maschinen oder Lokomotiven an.

M

[2] Arbeit in einer amerikanischen Baumwollfabrik, *Foto, 1910.*
Die Kinder starben oft schon mit 15 Jahren, weil sie Baumwollfasern in die Lunge einatmeten.

Erkenntnisse gewinnen

1. Ordne die Begriffe in [1] richtig zu.
2. Nenne drei wichtige Erfindungen aus der Zeit der Industrialisierung.
3. Beschreibe den Alltag einer Fabrikarbeiterin im 19. Jahrhundert.
5. Stelle dar, wodurch sich die Stadt um 1900 von der Stadt z. B. im Mittelalter unterscheidet.
6. M Erkläre, was man unter der „Sozialen Frage" versteht.
7. Zähle Veränderungen auf, die die Industrialisierung für das Leben der Menschen brachte.

Beurteilen und bewerten

8. Bewerte aus deiner Sicht die Situation der Arbeiter während der Industrialisierung.
9. Stelle dar, wie die Arbeiter im 19. Jahrhundert versuchten, ihre Lage zu verbessern. Bewerte diese Versuche aus deiner Sicht.
10. M Beurteile die Wirkung des Sozialistengesetzes aus der Sicht von Bismarck.

Anwenden und handeln

11. M Werte das Foto [2] aus. Nutze die Arbeitsschritte auf Seite 100.
12. Entwirf einen Fragebogen für ein Interview mit einer heutigen Fabrikarbeiterin. Frage sie zum Beispiel nach ihren Arbeitsbedingungen und ihrer sozialen Absicherung.

WEBCODE: MZ648979-121

Imperialismus und Erster Weltkrieg

Im Schützengraben

Von 1914 bis 1918 tobte in Europa und anderen Teilen der Erde der Erste Weltkrieg. Millionen Menschen wurden verletzt oder getötet. Sie verloren Arme, Beine oder wurden blind.
Die Soldaten verbrachten Monate in den Schützengräben. Dort hofften sie vor feindlichen Gewehrkugeln oder Splittern von Granaten geschützt zu sein.

1. Beschreibe das Foto.
   - Woran könnten die Männer gedacht haben?
   - Wovor hatten sie Angst?
   - Welche Hoffnungen hatten sie?

2. Berichte, was du über den Ersten Weltkrieg weißt.

3. Notiere deine Fragen zum Ersten Weltkrieg.

[1] Deutsche Soldaten in einem Schützengraben an der Westfront.
Foto, 1914.

Schauplatz Im Schützengraben

Wie erlebten die Soldaten den Ersten Weltkrieg?

1. Beschreibe die Fotos [1] bis [4]. Was erfährst du über den Ersten Weltkrieg?
2. Lies die Texte zu den Fotos und den Text [5].

[1] Deutsche MG-Schützen, *Foto, 1917.*

Stellungskrieg

Vor Granaten oder Panzerangriffen waren die Soldaten auch in den Schützengräben nicht sicher. Den Alltag der Soldaten bestimmte der Stellungskrieg.* Nach Tagen des Wartens stürmten Tausende auf die Stellungen der Feinde zu. Dabei waren sie aber fast immer dem Kugelhagel von feindlichen Maschinengewehren (MGs) ausgesetzt. Manchmal wurde dabei die gegnerische Stellung erobert, vielfach aber auch nicht. Sehr oft kam es vor, dass der gerade erkämpfte Schützengraben wieder von den feindlichen Truppen zurückerobert wurde. Die Soldaten mussten sich dann wieder in ihre bisherigen Schützengräben zurückziehen. Viele ihrer Kameraden lebten aber nicht mehr.
An manchen Tagen einer der großen Schlachten wurden bis zu 40 000 Soldaten getötet.

[2] Soldaten nach einem Gasangriff. *Foto, 1915.*

Giftgas

Seit April 1915 wurde zuerst von den Deutschen Giftgas eingesetzt. Es gab verschiedene Arten von Giftgas: Chlorgas verätzte die Lunge und die Soldaten starben einen qualvollen Tod. Andere Giftgase führten dazu, dass die Menschen erblindeten.
Die Soldaten versuchten mit Gasmasken, ihr Leben zu retten. Die Giftgaswolken waren manchmal sichtbar, sodass die Gasmasken noch aufgesetzt werden konnten. Es gab aber auch unsichtbare Gase. Wurde der Giftgaseinsatz zu spät bemerkt, starben zahlreiche Soldaten.

(der) Stellungskrieg:
Gegensatz zum Bewegungskrieg. Die Armeen gruben sich entlang einer 700 Kilometer langen Frontlinie von der Kanalküste bis zur Schweizer Grenze in die Erde ein.

Panzer
Eine neue Waffe des Ersten Weltkrieges waren Panzer, auch „Tanks“ genannt. Sie kamen in den letzten Monaten des Krieges zum Einsatz. Mit „Tanks“ konnte man Schützengräben überrollen und Stacheldrahtsperren leicht überwinden.
Mit Maschinengewehren und Handgranaten war nicht viel gegen Panzer auszurichten. Der Einsatz von Panzern durch die Kriegsgegner war einer der Hauptgründe für die deutsche Niederlage im Ersten Weltkrieg.

[3] Englischer Panzer, auch „Tank“ genannt. *Foto, 1917.*

Tote, Verletzte und Krankheiten
Täglich sahen die Soldaten überall Tod und Elend. Millionen Soldaten wurden während der Kämpfe getötet oder verletzt. Ähnlich hohe Opferzahlen forderten Seuchen wie Ruhr*, Tuberkulose* oder andere Infektionen. Verdorbene Lebensmittel und Mangelernährung führten ebenfalls zu zahlreichen Krankheiten und Todesfällen.

[4] Ein Soldat stützt einen verletzten Kameraden. *Foto,* 1916.

*

(die) Ruhr:
Extremer Durchfall infolge unsauberen Trinkwassers.

(die) Tuberkulose:
Infektionskrankheit, die häufig die Lungen befällt und unbehandelt zum Tode führt.

[5] M **Q: In einem Brief schrieb der deutsche Soldat Andreas Wilmer am 28. Oktober 1914:**
[...] Mit welch überschwänglichen Gefühlen bin ich in diesen Kampf gezogen, liebe Mutter. Und jetzt sitze ich hier, von Grauen geschüttelt, und genieße jeden Atemzug an Leben! Eigentlich wollte ich Dir von der großen Schlacht schreiben. [...] Aber mir stehen nur wenige, grauenvolle Einzelheiten vor Augen, die ich ganz schnell wieder vergessen möchte: der Kamerad mit dem blutenden Armstumpf, das zerschossene Gesicht eines Freundes, die nicht enden wollenden Salven englischer Maschinengewehre. [...] Es war furchtbar, so habe ich mir den Kampf nicht vorgestellt! [...]

(Zit. nach: Hans Peter Peschke, Von der Schulbank in den Tod. In: Journal Geschichte 1, 1993, S. 6–7.)

3. Berichte, was du über das Leben der Soldaten an der Front erfahren hast.

Wähle einen der Arbeitsaufträge aus:

- Schreibe zu den folgenden Begriffen jeweils mindestens einen Satz: Stellungskrieg, Giftgas, Panzer, Verletzte und Tote...
- Schreibe einen zusammenfassenden Text: Wie erlebten die Soldaten den Krieg?
- Verfasse einen Brief eines Soldaten an seine Frau oder an seine Eltern. Der Soldat befindet sich schon seit Monaten im Schützengraben und hat viele Angriffe erlebt.

Orientierung – Der Erste Weltkrieg

Wer kämpfte gegen wen?

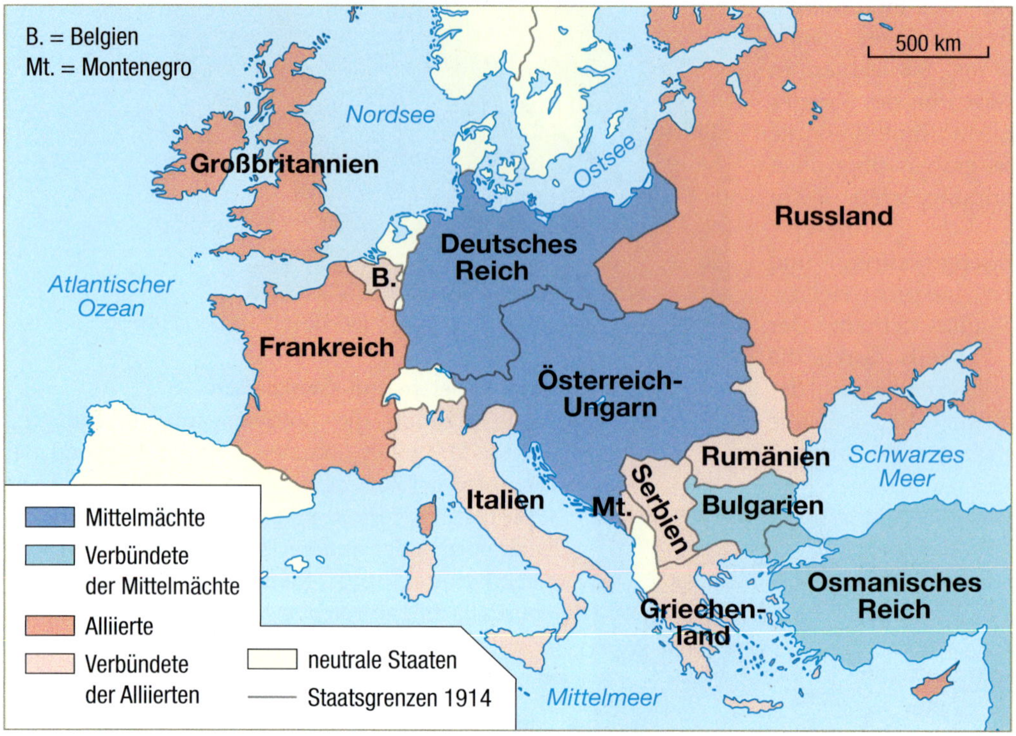

[1] Die Kriegsgegner zu Beginn des Ersten Weltkrieges 1914. *Karte.*

1. Beschreibe und erkläre die Karte [1].
- Benenne die Alliierten und die Staaten, die auf ihrer Seite kämpften.
- Zähle Staaten auf, die neutral blieben.

Der Erste Weltkrieg

Wer gegeneinander in den Krieg zog, das entschieden damals die geschlossenen Bündnisse. Diese waren zum Teil schon mehrere Jahre vor 1914 vereinbart worden. In Europa gab es 1914 zwei große politische Bündnissysteme: die „Mittelmächte" und die „Alliierten", auch „Entente"* genannt.

Die meisten Kämpfe wurden auf dem europäischen Kontinent ausgetragen. Es gab aber auch kriegerische Auseinandersetzungen in Afrika, im Nahen Osten und in Ostasien.

Auf den Meeren standen sich zunächst vor allem britische und deutsche Kriegsschiffe feindlich gegenüber.

Auf der Seite der Engländer stritten Soldaten aus Indien und Australien, denn beide Länder gehörten damals zum Britischen Weltreich.

Im April 1917 traten die USA auf der Seite der Entente in den Krieg ein. Sie kämpften nun ebenfalls gegen die Mittelmächte.

Insgesamt befanden sich im Ersten Weltkrieg ungefähr 70 Millionen Menschen aus etwa 40 Ländern unter Waffen.

(die) Entente:
Französisches Wort für „Bündnis".

Wähle einen der Arbeitsaufträge aus:

Fertige eine Übersicht an:

Alliierte	Mittelmächte
...	...

Zeichne eine Kartenskizze nach [1].

Begründe, warum man den Krieg 1914 bis 1918 als „Weltkrieg" bezeichnet.

1850

- **um 1870**
  Das Zeitalter des Imperialismus beginnt
- **1871**
  Gründung des Deutschen Kaiserreichs
- **ab 1871**
  Aufteilung Afrikas durch die Europäer

1900

- **Juni 1914**
  Attentat von Sarajewo
- **August 1914**
  Beginn des Ersten Weltkriegs

- **April 1917**
  Kriegseintritt der USA
- **1917**
  Revolution in Russland
- **November 1918**
  Waffenstillstand und Ende des Krieges

- **Juni 1919**
  Der Friedensvertrag von Versailles wird unterzeichnet

Imperialismus und Erster Weltkrieg

Imperialismus

Was sind „Mutterländer“ und Kolonien?

[1] Deutsche Karikatur von 1912.

1. Sieh dir die Karikatur [1] genau an und beschreibe sie.
- Informiere dich im Internet, für welche Länder die dargestellten Personen stehen.
- Welche Ländernamen sind auf den Kuchenstücken zu lesen? Siehe auch die Methodenseite 53.

Lesehilfe: Der deutsche Kaiser – erkennbar an der Pickelhaube im Hintergrund links – wird von zwei finsteren Figuren daran gehindert, ...

Kolonialismus

Nach der Entdeckung Amerikas durch Kolumbus 1492 eroberten Spanien und Portugal große Gebiete Mittel- und Südamerikas. Sie bezeichneten die Gebiete als ihre „Kolonien“*. Diese waren für die „Mutterländer“ in erster Linie Lieferanten für billige Rohstoffe. Die Europäer kauften den Menschen in den Kolonien deren Land für wenig Geld ab, drohten mit Gewalt oder setzten ihre überlegenen Waffen ein.
Die Inbesitznahme ferner Gebiete in dieser Zeit nennt man auch „Kolonialismus“.

(die) Kolonien:
Eine Kolonie ist ein auswärtiger Besitz eines Staates, der politisch und wirtschaftlich von ihm abhängig ist.

Das „Britische Weltreich“

Großbritannien errichtete bis etwa 1750 ein riesiges Kolonialreich, das ein Viertel der Weltbevölkerung umfasste. Die Briten setzten vor allem auf die „indirekte Herrschaft“ über die neuen Gebiete. Sie versuchten bestehende Machtstrukturen (z. B. kleine Königreiche) zu erhalten. So gelang z. B. die Beherrschung ganz Indiens mit nur wenigen Tausend britischen Beamten und Soldaten. Indien galt als wertvollste „Perle“ im Britischen Weltreich und wurde als „Quelle des britischen Reichtums“ bezeichnet. Indien war bis 1947 englische Kolonie.

Der Wettlauf um die noch „freien“ Gebiete

Ab etwa 1870 kamen neue Kolonialmächte hinzu: Frankreich, Italien, Belgien, Deutschland, aber auch das Russische Reich, Japan und die USA versuchten Kolonien zu erwerben. Die schnelle industrielle Entwicklung und ein Überlegenheitsgefühl gegenüber den „Eingeborenen“ in den Kolonien führten zu der Überzeugung, dass das eigene Land auch zu einem Weltreich werden müsse. Großbritannien wurde als Vorbild angeführt. Es kam immer wieder zum Streit zwischen den Kolonialmächten um die noch „freien“ Gebiete der Erde.

2. Erläutere die Begriffe „Mutterländer“ und „Kolonien“.

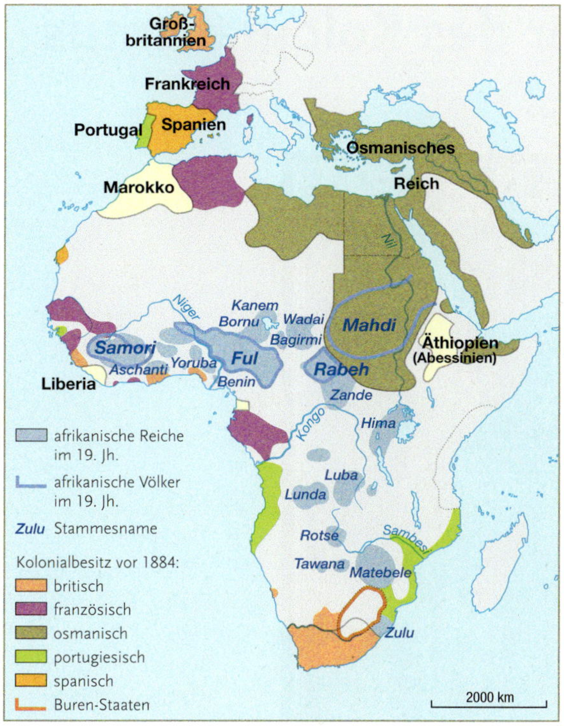

[2] Afrika 1880, *Karte.*

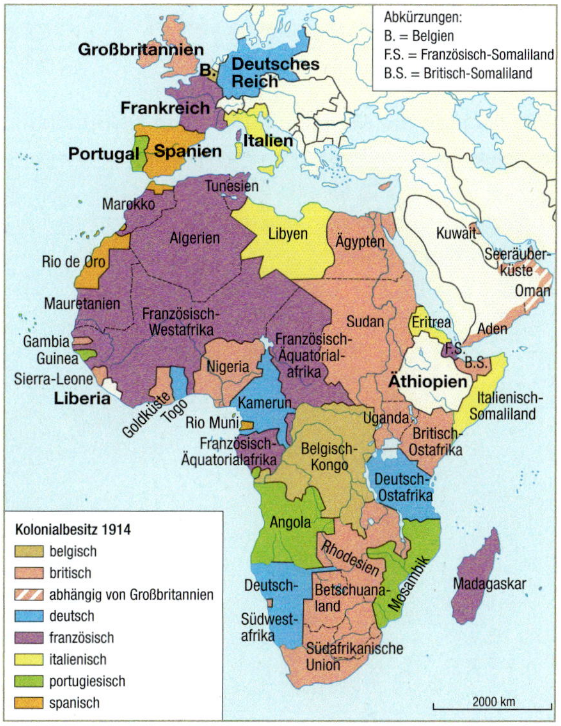

[3] Afrika 1914, *Karte.*

Europäische Staaten teilen Afrika auf

1884/1885 fand in Berlin die „Kongo-Konferenz" statt. Weite Teile Afrikas waren bereits von Großbritannien und Frankreich besetzt worden. Ziel der Konferenz war es, ganz Afrika aufzuteilen. Konflikte der „Mutterländer" untereinander sollten dabei aber vermieden werden.

Dies gelang zunächst. Man einigte sich beispielsweise darauf, dass die Flüsse Niger und Kongo für die Schifffahrt frei bleiben sollten.

Imperialismus und Rassismus

Die Menschen in den Kolonien wurden nicht nach ihren Wünschen gefragt. Bis 1914 hatten die europäischen „Mutterländer" fast den gesamten afrikanischen Kontinent untereinander aufgeteilt. Es kam dabei aber immer wieder zu heftigen Streitigkeiten unter den Kolonialmächten.

Der Versuch Europas, Japans und der USA, sich durch Unterwerfung fremder Völker jeweils ein Weltreich aufzubauen, wird Imperialismus* genannt. Viele Weiße glaubten, dass sie den Völkern in den Kolonien grundsätzlich überlegen seien. Diese Einstellung nennt man Rassismus.

Für viele Europäer war ihre technische Überlegenheit ein Beweis dafür, dass sie das Recht, ja sogar die Pflicht hatten, über die Völker in den Kolonien zu bestimmen. Die europäische Lebensweise hielten sie für die einzig richtige.

(der) Imperialismus:
Imperialismus bezeichnet das Streben eines Landes nach größtmöglicher Macht über andere Länder. Meist besteht das Ziel, das eigene Herrschaftsgebiet zu erweitern.

3. Erläutere, wie es zum „Wettlauf" um Kolonien in Afrika kam.

Wähle einen der Arbeitsaufträge aus:

- Erstelle anhand der Karte [3] eine Tabelle:

„Mutterland"	Kolonien in Afrika
Deutschland	Togo, Kamerun, ...
...	...

- Schreibe eine Rede zur Aufteilung Afrikas durch die Kolonialmächte aus Sicht eines Europäers.

- Verfasse eine Rede, die ein Afrikaner auf der „Kongo-Konferenz" hätte halten können, wenn er daran hätte teilnehmen können.

Befürworter und Gegner des Kolonialismus

Was dachten die Menschen über den Kolonialismus?

[1] Plakat für eine „Völkerschau" in Berlin, *Foto, um 1901.*
Bei der Ausstellung wurden lebende Menschen aus deutschen Kolonien vorgeführt.

[2] Zwangsarbeiter in einer Kolonie, *Foto, 1901.*

1. Beschreibe die Abbildungen [1] und [2].
2. Notiere, was die Bilder zum Verhältnis „Mutterländer" und Kolonien aussagen.

Auf fremden Boden

Menschen aus den Kolonialmächten traten in den Kolonien fast immer wie „Herren" auf. Sie erteilten Befehle und die Einheimischen wurden gezwungen, diese auszuführen.
Wenn sie Widerstand leisteten, wurden sie mit Waffengewalt bekämpft und hart bestraft. Die Europäer waren überzeugt, dass ihre Kultur einen höheren Wert besaß als die Kultur anderer Völker.

[3] M **Der britische Politiker Cecil Rhodes äußerte sich 1877 über die Kolonialpolitik seines Landes:**
„Ich behaupte, dass wir die erste Rasse in der Welt sind und dass es für die Menschheit umso besser ist, je größere Teile der Welt wir bewohnen. [...] Darüber hinaus bedeutet es einfach das Ende aller Kriege, wenn der größere Teil der Welt in unserer Herrschaft aufgeht. [...] Da Gott sich die Englisch sprechende Rasse offensichtlich zu seinem auserwählten Werkzeug geformt hat, [...] muss es auch seinem Wunsch entsprechen, dass ich alles in meiner Macht Stehende tue, um jener Rasse so viel Spielraum und Macht wie möglich zu verschaffen."

(Zit. nach: Wolfgang Mommsen, Imperialismus. Hamburg 1977, S. 48 f.)

3. M Gib die Äußerungen des Politikers Cecil Rhodes in [3] mit eigenen Worten wieder. Wie begründet er seine Meinung zur Kolonialpolitik?

4. Lest die folgenden Äußerungen mit verteilten Rollen.

Ein Unternehmer: „Wir brauchen die Rohstoffe, die in den Kolonien zu finden sind. Die Eingeborenen nutzen sie ja nicht. Außerdem können wir unsere Produkte in den Kolonien verkaufen."

Ein Stammesführer: „Die Europäer haben uns erklärt, dass dieses Land nun ihr Land ist. Wir müssen für sie arbeiten und nach ihren Gesetzen leben. Sie erlauben uns nicht, unser eigenes Land zu nutzen. Sogar die Jagd ist uns verboten. Wenn wir Widerstand leisten, werden wir grausam bestraft."

Eine Missionsschwester: „Für die Eingeborenen ist es ein Segen, dass wir ihnen den wahren Glauben bringen. Sehr viele von ihnen haben sich taufen lassen. Wir betreiben auch Krankenhäuser. Ärzte retten Leben und heilen Kranke. In unseren Schulen vermitteln wir wichtiges Wissen."

Ein Politiker: „Wir bringen diesen Leuten die Zivilisation. Von uns können sie lernen. Außerdem braucht unser Volk Land zum Besiedeln."

Ein anderer Politiker: „Woher nehmen wir das Recht, diese Länder in Besitz zu nehmen und die Menschen dort für uns arbeiten zu lassen? Und wer profitiert davon? Sicher, einige. Die ganz normalen Leute hier bei uns? Oder die Eingeborenen?"

Eine Siedlerin: Hoffentlich erfüllen sich unsere Erwartungen! Hier ist es doch ganz anders als in Deutschland. Zurück können wir nicht. Unser Geld ist für die Fahrt in die Kolonie draufgegangen. Und die Eingeborenen ...

5. Gib die Äußerungen in eigenen Worten wieder.
6. Bewerte die Äußerungen aus deiner Sicht. Was hältst du für richtig, was für teilweise richtig, was für falsch? Begründe deine Aussagen.

Wähle einen der Arbeitsaufträge aus:

Fertige eine Übersicht an:

Argumente

für Kolonialismus	gegen Kolonialismus
...	...

Wähle einen der Arbeitsaufträge aus:

Verfasse einen Protestbrief an Cecil Rhodes [3] aus heutiger Sicht.

Schreibe mit einem Partner ein Streitgespräch zwischen dem Stammesführer und einer der Personen oben, die den Kolonialismus befürworten. Tragt das Streitgespräch in der Klasse vor.

Aufrüstung in Europa

Was bedeuten „Nationalismus“ und „Militarismus“?

[1] Postkarte zum Flottenbauprogramm in Deutschland von 1900.
Der Text unten links lautet: „Das erste Kaiserwort im neuen Jahrhundert: Wie mein Großvater für sein Landheer, so werde auch ich für meine Marine unbeirrt in gleicher Weise das Werk der Reorganisation (= Neugestaltung) fort- und durchführen.“

1. Beschreibe die Abbildung [1].
2. Lies den kurzen Text, der zu der Postkarte gehört. „Übersetze“ ihn in heutige Sprache für eine Meldung in den Fernsehnachrichten.

Jedes Land verfolgt seine eigenen Ziele

Der „Wettlauf“ um Kolonien führte zu einer starken Rivalität zwischen den Kolonialmächten. Jeder Staat verfolgte seine eigenen Ziele. Der Nationalismus* in Europa gewann an Stärke.

Rivalen zur See

Großbritannien konnte sein riesiges Weltreich mit zahlreichen Kolonien erkämpfen, weil es als Seemacht über eine starke Flotte verfügte. Die weit entfernten Kolonien in Indien, Australien, Kanada oder Afrika konnte es mithilfe der Flotte schnell erreichen und dort ggf. militärisch eingreifen.
Deutschland war seit der Reichsgründung 1871 die militärisch stärkste Landmacht in Europa (siehe S. 81). Um ebenfalls ein weltweites Kolonialreich erstreiten zu können, schien der Aufbau einer eigenen Flotte zwingend notwendig.

Der deutsche Kaiser Wilhelm II., einflussreiche Politiker und große Teile der deutschen Bevölkerung forderten den Bau einer großen Flotte. Man wollte auf See ebenso stark werden wie Großbritannien. Deutschland begann mit dem Aufbau einer kampfkräftigen Flotte.
Die Rivalen Großbritannien und Deutschland bauten immer mehr Kriegsschiffe. Beide Staaten sahen sich jeweils vom anderen Land bedroht. Großbritannien fühlte sich als Seemacht vom deutschen Flottenbau herausgefordert.

3. Erläutere: Warum wurden Großbritannien und Deutschland Feinde?

*

(der) Nationalismus:
Starke Betonung der Interessen und Ziele des eigenen Staates. Er ist mit einem Überlegenheitsgefühl und der Bereitschaft verbunden, die eigenen Interessen auch mit Gewalt durchzusetzen.

[2] M „Wie sollen wir uns da die Hand geben?" *Karikatur aus der Zeitschrift „Simplizissimus" von 1912.* Die linke Person stellt einen Deutschen dar, die rechte Person einen Engländer. Bei den Schiffen, die beide in ihren Armen halten, handelt es sich um Kriegsschiffe.

4. M Deute die Karikatur. Gehe nach der Methode auf Seite 52 vor.

Immer mehr Waffen

Alle Staaten in Europa verfolgten ihre eigenen Ziele und Interessen. Und jedes Land war bereit, diese notfalls auch mit Waffengewalt gegen andere Staaten durchzusetzen. Daher wurde mehr Geld für die Herstellung von Waffen ausgegeben. Die Politik wurde immer stärker vom Militarismus* geprägt.

Auch im Alltagsleben war dies zu sehen. Offiziere genossen hohes Ansehen. Militärische Aufmärsche prägten das Bild in den Städten. Der Alltag der Menschen wurde durch verschiedene Feiertage aufgelockert: Der „Sedan-Tag" wurde zur Erinnerung an den Sieg über Frankreich 1870/71 begangen. Dazu wurde auch der Geburtstag des Kaisers gefeiert.

Gleichzeitig wuchs die Angst vor einer militärischen Übermacht der anderen Staaten. Viele deutsche Politiker fühlten sich von Feinden umgeben. Würden immer mehr Waffen dazu führen, dass es zu einem Krieg kommt?

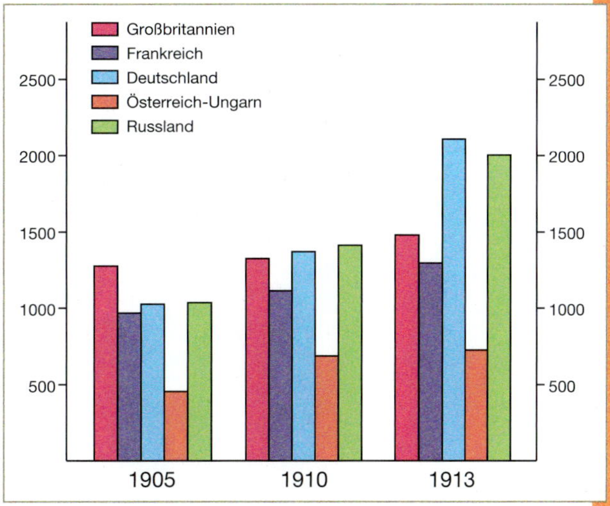

[3] Ausgaben für Rüstung (Waffen und Munition) von 1905 bis 1913 durch die Großmächte Europas.

5. Beschreibe die Entwicklung der Rüstungsausgaben. Benutze dazu den Text und das Säulendiagramm [3].

(der) Militarismus:
Das Militär gewinnt an Bedeutung. Uniformen, Waffen und Soldaten genießen ein hohes Ansehen. Gewalt wird als Mittel der Politik akzeptiert.

Wähle einen der Arbeitsaufträge aus:

- Sammle Stichwörter zu den Begriffen „Nationalismus" und „Militarismus".
- Entwirf mit einem Partner ein Streitgespräch zwischen einem Briten und einem Deutschen über den Bau von Kriegsschiffen.
- Schreibe eine Rede aus der Sicht von 1913: Stoppt das Wettrüsten in Europa!

Das Attentat von Sarajewo

Was waren der Auslöser und die Ursachen des Ersten Weltkrieges?

Sarajewo, 28.6.1914
Bei einem Attentat in Sarajewo, der Hauptstadt Bosniens, wurden heute der Thronfolger von Österreich-Ungarn Franz-Ferdinand und seine Ehefrau erschossen. Der Attentäter wurde noch am Tatort verhaftet. Nach ersten Ermittlungen verbirgt sich hinter dem Mord die serbische Geheimorganisation „Schwarze Hand“.

Das Ziel der „Schwarzen Hand“ ist es, ein „Großserbisches Reich“ zu gründen, das unabhängig von Österreich-Ungarn ist. Zum „Großserbischen Reich“ soll auch Bosnien gehören. Doch Bosnien ist seit nunmehr sechs Jahren von Österreich-Ungarn besetzt. Es herrscht ein angespanntes Verhältnis zwischen Österreich-Ungarn und Serbien.

Die Regierung von Österreich-Ungarn fordert eine lückenlose Aufklärung des Verbrechens. Sie verlangt von der serbischen Regierung, dass Beamte aus Österreich-Ungarn an der Aufklärung des Mordes beteiligt werden. Zur Zeit scheint es eher unwahrscheinlich, dass Serbien Kriminalbeamte aus Österreich-Ungarn ins Land einreisen lässt.

Das schlechte Verhältnis der beiden Staaten wird sich in nächster Zeit kaum entspannen. Beide Staaten, so meinen Experten, fühlen sich in dem Konflikt durch ihre Bündnispartner gestärkt. Serbien wird durch Russland gestützt. Österreich-Ungarn setzt auf sein Verteidigungsbündnis mit dem Deutschen Kaiserreich. Ein Konflikt ist absehbar.

[1] Zeitungsartikel zum Attentat von Sarajewo am 28. Juni 1914. *Collage.*

1. Beschreibe die Abbildung und lies den dazugehörigen Zeitungsartikel.
2. Fasse den Zeitungsartikel zum Attentat von Sarajewo mit eigenen Worten zusammen.
3. Erkläre die Karte [2]: Wer war mit wem verbündet?
4. Stelle einen Zusammenhang zwischen dem Zeitungsartikel [1] und den Bündnissen vor dem Ersten Weltkrieg [2] her.

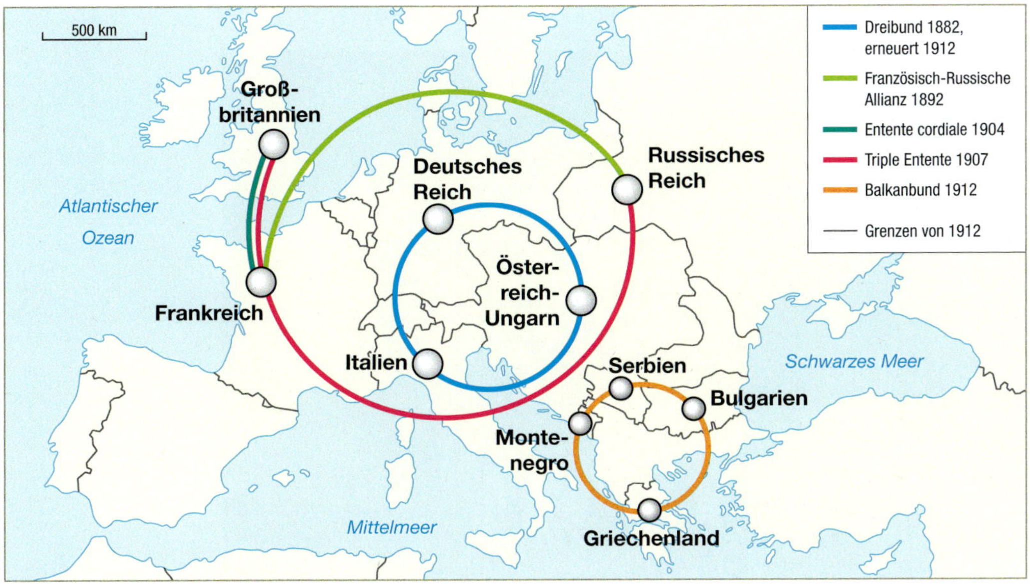

[2] Bündnisse in Europa 1914.

Ursachen des Ersten Weltkrieges

Viele Menschen in Europa hatten Angst vor einem Krieg. Andererseits glaubten zahlreiche Menschen, dass ein Krieg unvermeidbar sei:

- Die europäischen Staaten wollten ihre jeweiligen Kolonialreiche möglichst vergrößern (Imperialismus).
- Die europäischen Großmächte rüsteten auf und produzierten immer mehr Waffen (Militarismus).
- Die einzelnen Staaten verfolgten ihre Ziele, ohne die Interessen anderer Staaten zu berücksichtigen (Nationalismus).
- Schließlich standen sich zwei Militärbündnisse unversöhnlich gegenüber (siehe Karte [2]).

Der Weg zum Krieg

Nach dem Attentat von Sarajewo sicherte der deutsche Kaiser dem österreichisch-ungarischen Kaiser volle Unterstützung zu. Österreich-Ungarn beschuldigte Serbien der Anstiftung zum Attentat und verlangte eine Bestrafung Serbiens. Da Österreich-Ungarn auf die Hilfe Deutschlands zählen konnte, erklärte es Serbien den Krieg. Der Erste Weltkrieg begann. Das Attentat von Sarajewo war jedoch nur der Auslöser des Kriegs.

[3] M **Eine Kette von Kriegserklärungen 1914:**

28.7. Österreich-Ungarn erklärt Serbien den Krieg.
30.7. Generalmobilmachung in Russland: Alle Vorbereitungen zum Krieg werden getroffen.
1.8. Kriegserklärung Deutschlands an Russland.
3.8. Kriegserklärung Deutschlands an Frankreich.
4. 8. Kriegserklärung Englands an Deutschland.

5. M Erkläre die Kette von Kriegserklärungen [3]. Berücksichtige dazu die Bündnisse in [2].

Wähle einen der Arbeitsaufträge aus:

- Erstelle eine Stichwortliste: Ursachen des Ersten Weltkriegs.
- Schreibe einen Leserbrief eines Österreichers zu dem Zeitungsartikel [1].
- Erörtere in einem Text den Unterschied zwischen dem Auslöser des Ersten Weltkriegs und den Ursachen des Ersten Weltkriegs.

Der Verlauf des Ersten Weltkriegs

Warum mussten 20 Millionen Menschen sterben?

[1] Freiwillige aus Bayern im August 1914. *Foto.*

1. Vergleiche die Fotos [1] und [5].
- Lies, was auf dem Eisenbahnwaggon [1] geschrieben wurde.
- Beschreibe die Stimmung, die die beiden Bilder vermitteln.

Der Kriegsbeginn

Als im August 1914 der Krieg begann, glaubten die meisten Menschen in allen beteiligten Länder, dass der Krieg schnell und siegreich enden würden. Die Soldaten zogen unter dem Jubel der Bevölkerung an die Fronten.
Im Westen marschierten die deutschen Truppen durch das neutrale* Belgien nach Frankreich hinein. Ein deutscher Sieg schien zum Greifen nahe. Doch den Franzosen gelang es, den deutschen Vormarsch aufzuhalten. Im Osten drangen russische Truppen zunächst auf deutschen Boden vor. Dann wurden sie zurückgeschlagen und die Deutschen eroberten große Gebiete in Russland.

2. Nenne in Stichworten die Ereignisse bei Kriegsbeginn.

*
neutral:
unparteiisch, unbeteiligt, hier: nicht beteiligt am Krieg

Materialschlachten

Doch auch im Osten wurde aus dem Bewegungskrieg schon nach kurzer Zeit ein Stellungskrieg. Die Soldaten verschanzten sich in ihren Gräben, Unterständen und Bunkern, um sich vor den Angriffen und dem Trommelfeuer des Gegners zu schützen.
In keinem Krieg zuvor wurden so viele Waffen eingesetzt und solche Mengen an Munition verschossen. Millionen von Soldaten starben, ohne dass die Frontverläufe sich wesentlich veränderten.
Entscheidend für den Ausgang des Krieges wurde die Frage: Welche Seite konnte möglichst schnell möglichst viele Waffen und viel Munition herstellen und an die Front transportieren?

3. Definiere den Begriff „Materialschlacht“.

Der Kriegseintritt der USA

Auch U-Boote kamen im Ersten Weltkrieg zum Einsatz. Vor allem die Deutschen setzten diese Waffe ein. Sie versenkten zahlreiche Kriegsschiffe der Engländer. Zu einer Entscheidungsschlacht zwischen der deutschen und der britischen Flotte kam es jedoch nicht.

[2] Französische Soldaten beim Angriff, *Foto, 1916.*

[4] Deutsche Soldaten im Schützengraben, *Foto, 1916.*

Aber die deutschen U-Boote griffen auch Handels- und Passagierschiffe an. Nachdem US-Bürger bei der Versenkung von Passagierschiffen zu Tode gekommen waren, erklärten die USA dem Deutschen Reich den Krieg. Die USA kämpften nun auf Seiten der Alliierten. Damit verfügten die Gegner der Mittelmächte über weitere Millionen von Soldaten und scheinbar unbegrenzte Lieferungen an Waffen. Auch wenn die Kämpfe an den Fronten noch mehr als ein Jahr andauerten, war der Krieg zugunsten der Gegner Deutschlands entschieden.
Im Herbst 1918 standen die Deutschen im Westen wie im Osten zwar noch im Land des Feindes. Dennoch erkannte die militärische Führung, dass der Krieg für Deutschland und seine Verbündeten verloren war.

[3] M Die Bilanz des Krieges

Die Todeszahlen des Ersten Weltkriegs können nur geschätzt. Viele Opfer wurden als vermisst gemeldet, konnten aber nicht aufgefunden und begraben werden.
Insgesamt etwa 20 Millionen Tote;
- davon 10 Millionen Soldaten und
- 10 Millionen Zivilisten.

4. Begründe, warum Deutschland den Krieg verlor.

5. Vermute, wie sich die Erwartungen an das Ende des Krieges verändert haben.

[5] Junger deutscher Soldat am Ende des Ersten Weltkriegs. *Foto, 1918.*

Wähle einen der Arbeitsaufträge aus:

- Schreibe zu jedem der folgenden Begriffe mindestens zwei Sätze: Kriegsbeginn, Materialschlachten, Kriegseintritt der USA.
- Verfasse einen Brief, den ein Soldat auf Bild [1] oder der Soldat auf Bild [5] an seine Frau oder seine Familie geschrieben haben könnte.
- Erkläre in einem Text den Unterschied auf den Fotos [1] und [5] anhand des Kriegsverlaufs.

M

Methode Feldpostbriefe auswerten

Post im Krieg

Während des Ersten Weltkriegs wurden mehrere Milliarden Briefe zwischen Front und Heimat portofrei verschickt. Diese Briefe nennt man auch Feldpostbriefe. Feldpostbriefe waren das einzige Mittel, mit dem die Soldaten an der Front mit ihren Familien in der Heimat in Kontakt bleiben konnten.

In „Postüberwachungsstellen" wurden viele Briefe kontrolliert. Die Soldaten sollten nicht entmutigt werden, wenn sie in den Briefen lasen, wie schlecht es den Menschen zu Hause ging. Auch die Angehörigen der Soldaten sollten nicht von Niederlagen oder Problemen an der Front erfahren. Dennoch konnten nicht alle Briefe kontrolliert werden.

Die folgenden Schritte helfen dir, Feldpostbriefe auszuwerten.

1. Schritt: Erste Informationen sammeln

- Wer ist der Absender?
- Wer ist der Empfänger?
- Wann wurde der Brief geschrieben?
- Was ist noch über den Absender oder den Empfänger zu erfahren?

2. Schritt: Inhalte erfassen

- Worüber wird berichtet?
- Welche Informationen liefert der Brief?
- Welche Stimmung vermittelt er?

3. Schritt: Inhalte in den Zusammenhang einordnen

- Was weißt du über die Zustände in der Heimat oder an der Front zu der Zeit, in der der Brief verfasst wurde?
- Entspricht der Brief deinen Erwartungen?

4. Schritt: Inhalte erfassen

- Wie wirkte der Brief vermutlich auf den Empfänger?
- Welche Gefühle könnte er beim Empfänger ausgelöst haben? (Freude, Trauer, Wut, Hilflosigkeit, Hoffnung, Angst...)

1. Werte die beiden Feldpostbriefe mithilfe der Schritte 1 bis 4 aus (Beispiele 1 und 2).

[1] Ein Soldat erhält einen Feldpostbrief. *Foto, 1916.*

[2] **Beispiel 1**

Eine Frau aus Sachsen an ihren Mann, der sich in Kriegsgefangenschaft befand, vom 5.3.1917: „Die Not wird immer schlimmer, weil es hier bei uns nichts mehr gibt. [...] Seit 14 Tagen habe ich das Mittagessen von der Volksküche, und zwar zwei Portionen und da essen fünf Mann davon. [...]. So hungert mich den ganzen Tag. Sollte nun der Mist nicht bald ein Ende nehmen oder muss man selbst noch eine Waffe in die Hand nehmen, damit die Kinder wenigstens aus der Welt kommen, denn das Elend kann ich nicht mehr ertragen. Mich dauern die armen Kinder, die sehen mich an und ich kann ihnen nicht helfen. [...]

(Zit. nach: Ute Daniel, Arbeiterfrauen in der Kriegsgesellschaft, Göttingen (Vandenhoeck &Ruprecht) 1989, S. 149 f.)

[3] **Beispiel** 2

Brief eines Soldaten an seine Familie Ende 1914: „Ihr könnt euch ja gar nicht ausmalen, wie so ein Schlachtfeld aussieht. [...] Schritt für Schritt muss erstritten werden, alle hundert Meter ein Schützengraben, und überall Tote, reihenweise! Alle Bäume zerschossen, die ganze Erde metertief zerwühlt von schwersten Geschossen, und dann wieder Tierleichen und zerschossene Häuser und Kirchen. [...] Und jede Truppe [...] muss kilometerweit [...] durch Leichengestank und durch das riesige Massengrab."

(Zit. nach: Kriegsbriefe gefallener Studenten. München 1928, S. 90.)

Methode Kriegerdenkmäler untersuchen

Was sind Kriegerdenkmäler?
Nach Kriegen wurden oft Denkmäler errichtet. Sie erinnern meistens an die Soldaten, die während der Kämpfe ums Leben kamen.
Viele der getöteten Soldaten konnten nicht in ihren Heimatstädten oder Heimatdörfern beerdigt werden. Die Gedenkstätten sollten daher auch die Gräber der Soldaten ersetzen.
In Dörfern und Städten, aber auch außerhalb von Wohngebieten finden wir solche Denkmäler. Sicher gibt es sie auch in deinem Schulort. Die folgenden Schritte helfen dir, Kriegerdenkmäler besser einordnen zu können.

[1] Kriegerdenkmal in Würzburg, *Fotos, 2018.*

1. Schritt: Das Denkmal beschreiben

- In welcher Umgebung steht das Denkmal? (Innenstadt, Park, Dorfzentrum, außerhalb von Stadt oder Dorf, ...)
- Was ist dargestellt? (kämpfende Soldaten, getötete Soldaten, Symbole, Zeichen, Tiere, ...)
- Aus welchem Material besteht das Denkmal?

2. Schritt: Texte lesen, die zum Denkmal gehören

- Welche Informationen erhältst du durch Texte, die zum Denkmal gehören?
- Finden sich Texte auf der Rückseite oder an den Seiten?
- An welches Ereignis wird durch das Denkmal erinnert? (Erster Weltkrieg, Zweiter Weltkrieg, eine bestimmte Schlacht, ...)
- Sind auf dem Denkmal Namen, Orte und Daten zu lesen?
- Gibt es weitere Informationen oder Erklärungen, die vielleicht zu einem späteren Zeitpunkt angebracht wurden?

3. Schritt: Das Denkmal beurteilen

- Erscheint dir das Denkmal angemessen?
- Entspricht es deinen Vorstellungen?
- Werden die getöteten Soldaten als „Helden" verherrlicht oder auch als „Opfer" des Krieges bezeichnet?
- Wird nur der Toten der eigenen Seite gedacht oder auch der Toten der anderen Seite (z. B. ehemalige Kriegsgegner)?
- Was wurde deiner Meinung nach nicht berücksichtigt?

1. Untersuche das abgebildete Denkmal [1] mithilfe der Schritte 1 bis 3.
2. Untersuche ein Denkmal in deinem Schulort oder in der Nähe.

M

Wahlseite Kriegswirtschaft

1. Informiere dich auf dieser Seite über die Kriegswirtschaft.
2. Präsentiere deine Ergebnisse in der Klasse.

[1] Frauen als Lokomotivführerinnen, *Foto, USA 1918.*

Die Wirtschaft im Krieg

Schnell mangelte es in allen Krieg führenden Ländern an Rohstoffen, die zur Herstellung von Waffen und Munition gebraucht wurden. Besonders Deutschland hatte große Probleme, an kriegswichtige Rohstoffe zu kommen. Denn die britische Flotte versperrte den Zugang zu den deutschen Häfen. Ihre Blockade hatte eine Mangelwirtschaft in fast allen Bereichen zur Folge. Vor allem Metalle waren sehr knapp. Die Regierungen begannen bald damit, Metalle zu beschlagnahmen, die sich in Privatbesitz befanden. Gegenstände aus Kupfer, Messing oder Aluminium mussten abgegeben werden.

Ziel war es, die gesamte Produktion dem Krieg anzupassen. Fabriken und Handwerksbetriebe, die bisher Gegenstände für den alltäglichen Gebrauch produzierten, fertigten nun Waffen, Munition, Uniformen oder Konserven mit Lebensmitteln für die Soldaten. Das Schlagwort lautete „Heimatfront“: Wie die Soldaten in der Schlacht sollten auch die Menschen in der Heimat für den Sieg kämpfen, nur mit anderen Mitteln.

Die Krieg führenden Länder brauchten dringend Geld. Deshalb baten sie die Bevölkerung, Gold- und Silberschmuck abzugeben. Viele Menschen spendeten ihre Eheringe. Als Anerkennung erhielten sie eiserne Eheringe mit Inschriften wie „Gold gab ich für Eisen“.

Frauen besetzen „Männerarbeitsplätze“

Immer mehr Männer kämpften an den Fronten. Daher mangelte es in Industrie und Handel an Arbeitskräften. Die tägliche Arbeitszeit wurde verlängert, um die Produktion zu erhöhen. Frauen verrichteten nun Arbeiten in der Landwirtschaft und in der Industrie, die vor dem Krieg ausschließlich von Männern ausgeübt worden waren. Allerdings wurden die Frauen erheblich schlechter bezahlt als die Männer, die zuvor dieselbe Arbeit verrichtet hatten.

Mit dem Ende des Krieges 1918 wurde immer häufiger das Wahlrecht für Frauen gefordert. Dabei wurde auch darauf verwiesen, welch wichtige Rolle Frauen in der Kriegswirtschaft eingenommen hatten. Doch die Widerstände gegen ein Wahlrecht für Frauen blieben groß.

Tipp für die Erarbeitung
- Veränderungen der Kriegswirtschaft und deren Folgen beschreiben.

Tipp für die Präsentation
- Die Plakate vergrößert während des Vortrags der Klasse zeigen.

Wahlseite

Die Bevölkerung hungert

1. Informiere dich auf dieser Seite über die Versorgung der Bevölkerung während des Krieges.
2. Präsentiere deine Ergebnisse in der Klasse.

Mehlkarte
der Stadt München
Nicht übertragbar! Rückseite beachten! Unveräusserlich!
Die Karte berechtigt zum Einkauf von 2 Pfund Mehl in der Zeit vom 14. Juni bis 8. August 1915 (8 Wochen). Für verloren gegangene oder zu früh verbrauchte Karten werden neue Karten **nicht** abgegeben.

125 Gramm
Fett, Margarine
Oel oder Butter
Gültig vom
3.—12. Sept. 1917

[1] Lebensmittelkarten im Ersten Weltkrieg, *Fotos.*

[2] Menschen warten vor einer Ausgabestelle für Lebensmittel. *Foto, um 1917.*

Lebensmittelknappheit

Alle beteiligten Länder hatten mit einem kurzen siegreichen Krieg gerechnet. Keine Regierung hatte deshalb Pläne für die Versorgung der Bevölkerung mit Lebensmitteln getroffen. Es kam daher schnell zu Versorgungsengpässen, die sich im weiteren Verlauf des Krieges vergrößerten. Besonders hart traf dies die Bevölkerung in Deutschland, denn die Sperre durch britische Kriegsschiffe verhinderte auch die Einfuhr von dringend benötigten Lebensmitteln.

„Schweinemord" und „Steckrübenwinter"

Lebensmittel wurden mit Wasser und minderwertigen Ersatzstoffen versehen. Schweine wurden vor dem Krieg zu einem großen Teil mit Getreide aus Russland gefüttert. Der Kriegsgegner Russland lieferte dieses Getreide nun nicht mehr. Die deutsche Regierung ließ daher 1915 fünf Millionen Schweine wegen Getreidemangels schlachten. Diese Aktion wurde auch als „Schweinemord" bezeichnet. Die Preise für Schweinefleisch fielen kurzzeitig stark. Dann stiegen sie wieder steil an und blieben bis Kriegsende sehr hoch.

Die Lage verschärfte sich im „Steckrübenwinter" 1916/17. Es gab eine Missernte bei Kartoffeln. Für viele Menschen in Deutschland wurde die Steckrübe zum wichtigsten Nahrungsmittel. Es gab Steckrübensuppe, Steckrübenauflauf, Steckrübenkoteletts, Steckrübenpudding, Steckrübenmarmelade und Steckrübenbrot.

Im Frühjahr 1917 waren pro Person nur noch 1000 Kalorien für einen Tag vorgesehen. Erwachsene brauchen über die doppelte Menge, körperlich arbeitende Menschen wesentlich mehr. Nach Schätzungen starben rund 800 000 Menschen allein in Deutschland während des Krieges an Hunger oder Unterernährung.

Tipp für die Erarbeitung
– Unterscheiden zwischen Ursachen und Folgen der Lebensmittelknappheit.

Tipp für die Präsentation
– Das Diagramm vergrößert während des Vortrags präsentieren und erläutern.

Wahlseite Verletzte und Kriegsinvaliden

1. Informiert euch auf dieser Seite über Verletzte und Kriegsinvaliden während des Krieges und in der Zeit danach.

2. Präsentiert eure Ergebnisse in der Klasse.

[1] Bettler in Soldatenuniform. *Foto, um 1920.*

Versorgung hinter der Front

Noch nie waren in einem Krieg zuvor so viele Menschen verletzt oder getötet worden. Die Zahl der **Verwundeten** aller am Ersten Weltkrieg beteiligten Länder wird auf **21 Millionen geschätzt.** Soldaten verloren Arme, Beine oder erblindeten. Nicht wenige wurden verstümmelt.

Hinter der Front waren **Kriegslazarette** eingerichtet, in denen die Verletzten im Vergleich zu früheren Kriegen recht gut versorgt wurden. Doch viele Soldaten waren so schwer verletzt, dass sie dauerhaft an den Folgen ihrer Verwundungen litten.

Menschen, die infolge einer Kriegsverletzung behindert blieben, nennt man auch **Kriegsinvaliden** oder **Kriegsversehrte**.

Zurück ins normale Leben?

Zwar wurde von staatlicher Seite die Absicht bekundet, dass den Kriegsinvaliden geholfen werden sollte. Soldaten, die Beine oder Arme verloren hatten, erhielten **Prothesen** und wurden im Umgang mit den **künstlichen Körperteilen** trainiert. Ziel war es, diese Menschen in die Lage zu versetzen, wieder arbeiten zu können.

Dennoch mussten viele betteln und waren darauf angewiesen, dass Menschen ihnen auf der Straße Geld gaben. Eine ausreichende finanzielle **Unterstützung** von Seiten des **Staates** gab es **nicht**. Um zu zeigen, dass sie nicht selbst verschuldet in diese missliche Lage gekommen waren, sondern für ihr Land gekämpft hatten, trugen nicht wenige von ihnen ihre Weltkriegsuniformen. **Bettelnde Kriegsinvaliden** prägten noch lange Zeit nach dem Krieg das Alltagsleben in den Städten.

Viele ehemalige Soldaten erlitten so starke **seelische Verletzungen**, dass sie lange Zeit oder gar nicht mehr ins normale Leben zurückfanden.

Tipp für die Erarbeitung

– Anhand des Textes und der Bilder beschreiben, welches Schicksal Verletzte und Kriegsinvaliden ertragen mussten.

Tipp für die Präsentation

– Während des Vortrags das Foto vergrößert an passender Stelle zeigen und auf die Uniform hinweisen.

M

Wahlseite „Weihnachtsfrieden" 1914

1. Informiert euch auf dieser Seite über den „Weihnachtsfrieden" 1914.
2. Präsentiert eure Ergebnisse in der Klasse.

[1] Weihnachten 1914: Britische und deutsche Soldaten spielen Fußball. Die Kampfhandlungen ruhen. *Foto.*

Soldaten hören auf, Feinde zu sein

Mit großer Begeisterung waren im August 1914 viele Soldaten aus allen beteiligten Ländern in den Krieg gezogen. Fünf Monate später war von dieser Begeisterung nicht mehr viel übrig geblieben. Etwa eine Million Soldaten hatte bereits ihr Leben verloren.

An Heiligabend 1914 hörten die Kriegshandlungen – wenn auch nur für kurze Zeit – an vielen Abschnitten der Front auf. Der deutsche Kaiser hatte den Soldaten zu Weihnachten kleine Tannenbäume mit Kerzen zukommen lassen. Als die Soldaten an der Westfront die Kerzen entzündeten, war dies auch von der gegnerischen Seite aus zu sehen. Dort lagen britische Soldaten in ihren Schützengräben. Anfangs wurde Alarm gegeben. Doch als keine Schüsse fielen, begannen die Soldaten auf beiden Seiten sogar damit, Weihnachtslieder zu singen. Von deutscher Seite sollen Rufe zu hören gewesen sein: „You dont't shoot, we dont't shoot!" Nach kurzer Zeit kamen Soldaten auf beiden Seiten aus ihren Schützengräben und gingen aufeinander zu. Das war strengstens verboten und hätte mit dem Tod bestraft werden können. Die Soldaten taten es dennoch.

Die Offiziere griffen nicht ein. Einige beteiligten sich sogar an den folgenden Weihnachtsfeiern.

Es wurde vereinbart, dass auch am folgenden Tag nicht geschossen werden sollte. Beide Seiten wollten die Waffenruhe dazu nutzen, tote Kameraden zu bergen.

An einigen Frontabschnitten spielten die Kriegsgegner sogar Fußball. Der „Weihnachtsfrieden" hielt nur einen Tag. Nachdem die Soldaten sich in ihre Schützengräben zurückgezogen hatten, wurden die Kämpfe fortgeführt. In den Weihnachtstagen der folgenden Jahre kam es nicht mehr zu solchen Verbrüderungsszenen. Die militärischen Führungen hatten den Soldaten mit Kriegsgerichten und Todesstrafe gedroht.

Tipp für die Erarbeitung

– Sinnabschnitte bilden und passende Überschriften finden.

Tipp für die Präsentation

– Das Foto vergrößern und verdeutlichen, dass britische Soldaten und deutsche Soldaten zu sehen sind.

Der Konflikt in Syrien

Was waren der Auslöser und die Ursachen des Bürgerkriegs in Syrien?

[1] Nach einem Bombenangriff in Syrien, *Foto, 2014.*

1. Zeige Syrien mithilfe der Karte [2] auf einer Atlaskarte oder auf einer Wandkarte.
2. Beschreibe die Fotos [1] und [3].
3. Berichte, was du bereits über den Krieg in Syrien weißt.

[2] Wo liegt Syrien? *Karte.*

Der Bürgerkrieg in Syrien

Seit 2011 tobt in Syrien ein Bürgerkrieg mit katastrophalen Folgen für die Bevölkerung. Nach Schätzungen wurden bisher etwa 400 000 Menschen getötet. Es wurde sogar Giftgas eingesetzt. Über 11,5 Millionen Menschen waren oder sind noch immer auf der Flucht, davon über sechs Millionen innerhalb des eigenen Landes. Mindestens fünf Millionen Syrer sind aus ihrem Land geflohen.

Was war der Auslöser des Krieges?

In einigen arabischen Ländern wie Marokko, Tunesien oder Ägypten gingen die Menschen im Frühjahr 2011 auf die Straße. Sie demonstrierten gegen ihre Regierungen. Diese Proteste nannte man auch den „arabischen Frühling“.
Auch in Syrien gingen Menschen auf die Straße und protestierten gegen die Regierung. Als eine Gruppe von 14 Schülern im März 2011 den Satz „Das Volk will den Sturz der Regierung“ an mehrere Wände schrieb, wurden die Schüler verhaftet. Daraufhin gingen noch mehr Menschen auf die Straße und forderten die Freilassung der Verhafteten. Soldaten gingen mit Gewalt gegen die Demonstranten vor. Bei den Zusammenstößen starben mehrere Menschen.
Kurz darauf gründeten ehemalige Soldaten und andere Gegner der Regierung die „Freie Syrische Armee“. Die „Freie Syrische Armee“ war entschlossen, die Regierung mit Waffengewalt zu stürzen. Der Bürgerkrieg zwischen der Armee der Regierung und der „Freien Syrischen Armee“ begann.

4. Erkläre: Wodurch wurde der Bürgerkrieg in Syrien ausgelöst?

[3] Lager syrischer Flüchtlinge in Jordanien, *Foto, 2012.*

Die Ursachen des Krieges

Seit langem herrschte in großen Teilen der syrischen Bevölkerung Unzufriedenheit mit der Regierung:

- Syrien wurde seit Jahren von Baschar Al Assad beherrscht. Assad hatte die Macht aus den Händen seines Vaters erhalten.
- Assad und die ihm unterstehende „Baath-Partei“ duldeten keine andere politische Partei oder Organisation.
- Jede Art von Kritik wurde unterdrückt. Menschen wurden ohne Gerichtsverfahren verhaftet und gefangen gehalten oder sogar getötet.
- Wichtige politische Ämter und Positionen in der Wirtschaft wurden nur von Anhängern Assads oder von Familienmitgliedern des Diktators besetzt.
- Viele Menschen lebten in Armut und hatten kaum Aufstiegschancen.

Ein großer Teil der Bevölkerung forderte bessere Lebensbedingungen, politische Änderungen, mehr Freiheit und Mitsprache. Forderungen nach dem Rücktritt Assads und ein Ende der Diktatur wurden laut. Assad wollte seine Macht aber nicht abgeben.

5. Nenne Ursachen für den Bürgerkrieg.

Die Ausweitung des Krieges

Nach dem Beginn der Kämpfe zwischen der Armee der Regierung und der „Freien Syrischen Armee“ zeigte sich, dass keine Partei schnell einen Sieg erringen würde.

Diese Situation nutzte die Terrororganisation „Islamischer Staat“ aus und eroberte Gebiete.

Im Norden Syriens setzen sich die dort lebenden Kurden gegen den „Islamischen Staat“ zur Wehr und versuchten einen eigenen Staat zu gründen. Seit dem Sommer 2017 gewann die Seite Assads wieder die Oberhand. Die Kämpfe gingen weiter.

Wähle einen der Arbeitsaufträge aus:

- Erstelle eine Liste. Damit waren die Menschen in Syrien unzufrieden: ...
- Schreibe jeweils einen kurzen Text zu den Stichworten: Auslöser des Krieges, Ursachen für die Ausweitung des Krieges.
- Verfasse zwei Tagebucheinträge, die ein Gegner Assads geschrieben haben könnte:
  - im Frühjahr 2011,
  - im Herbst 2017.

Was du noch tun kannst ...

- Weitere Informationen über den Bürgerkrieg in Syrien im Internet suchen.

Kriege heute

Was bedeutet Krieg für die Menschen?

[1] Menschen auf der Flucht vor dem Krieg im Kongo. *Foto, 2017.*

1. Beschreibe die Fotos [1] und [2].
2. Zeige auf der Karte S. 158 die Demokratische Republik Kongo und Nigeria.

Gewaltsame Konflikte in unserer Zeit

In vielen Ländern der Erde finden Kriege oder andere Kampfhandlungen statt. Weltweit starben nach Schätzungen im Jahr 2015 mindestens 165 000 Menschen infolge von Kriegen. Mehrere Millionen Menschen sind heute auf der Flucht vor Gewalt, Armut und Hunger.

Krieg um Bodenschätze

Seit vielen Jahren herrscht Krieg in der „Demokratischen Republik Kongo“. So lautet jedenfalls der offizielle Name des Staates in Zentralafrika. Doch Demokratie gibt es in diesem Land nicht. Die Soldaten der Regierung und verschiedene Rebellengruppen bekämpfen sich seit vielen Jahren mit großer Brutalität. In Massengräbern wurden Hunderte von Toten gefunden. Insgesamt kamen fast vier Millionen Menschen ums Leben. Es geht um Bodenschätze wie Gold, Diamanten, Kupfer und Erdöl.

Die Zivilbevölkerung leidet

Besonders die Bevölkerung leidet sehr unter den Folgen des Krieges. Die Menschen verlassen ihre Dörfer, weil sie Angst vor Kämpfen oder umherstreifenden Soldaten haben. Kinder werden gefangen genommen und mithilfe von Gewalt und Drogen zu Kindersoldaten gemacht, Frauen und Mädchen vergewaltigt.

Die Landwirtschaft kommt fast vollständig zum Erliegen. Denn die Menschen wissen nicht, wie lange sie an demselben Ort bleiben können und ob eine Ernte überhaupt eingebracht werden kann. Ende 2017 drohte etwa 400 000 Kindern der Hungertod.

Jeder zweite Todesfall ist auf verseuchtes Trinkwasser zurückzuführen. Die medizinische Versorgung ist mangelhaft. Die Menschen sterben zu Tausenden an Krankheiten wie Masern, Malaria oder an Durchfall.

3. Schildere die Folgen des Krieges für die Menschen in der Demokratischen Republik Kongo.

[2] Demonstration in Nigeria für die Befreiung der von „Boko Haram“ entführten Mädchen. *Foto, 2014.*

Religiöser Fanatismus*

Seit mehreren Jahren gibt es in Nigeria einen Krieg zwischen Christen und fanatischen Muslimen. Dieser Kampf wird auf dem Rücken der Bevölkerung ausgetragen. Der Norden des Landes wird vor allem von Muslimen bewohnt, der Süden überwiegend von Christen.

Im Norden wurde die islamische Rechtsprechung, die „Scharia“, eingeführt. Die Terrororganisation ‚Boko Haram‘ kämpft für die Verbreitung der „Scharia“ in ganz Nigeria. Dabei schreckt sie vor mörderischen Anschlägen und der massenhaften Entführung von Mädchen und Frauen nicht zurück.

[3] Aisha Moussa, zehn Monate lang in der Gewalt von Islamisten, erzählt nach ihrer Befreiung:

„Ich bin 15 Jahre alt. Vor zwei Jahren wurde ich von den Männern von „Boko Haram“ entführt. Sie kamen nachts in unser Dorf und verschleppten mich und andere Mädchen. Wir kamen in ihr Lager. Am nächsten Tag wurde ich bis zur Taille eingegraben. So zwangen sie mich, zum Islam überzutreten. Aus Angst um mein Leben widerrief ich meinen christlichen Glauben. Danach wurde ich sofort mit einem der Männer gegen meinen Willen verheiratet. Ich glaube, er war ungefähr 30 Jahre alt. Einige von uns Mädchen waren noch jünger als ich, vielleicht gerade einmal acht oder neun Jahre alt. Auch sie wurden mit Männern verheiratet, die viel älter waren.

Tagsüber mussten wir im Lager arbeiten. Doch am meisten fürchteten wir uns, wenn unsere ‚Ehemänner‘ zurückkamen. Das bedeutete Misshandlung und Vergewaltigung.

Die Zeit, in der ich in der Gewalt der Terroristen war, war das schlimmste, was ich erlebt habe. Ich kann und werde das nie vergessen. Hoffentlich werde ich irgendwann ein normales Leben führen können.“

(Autorentext nach Zeitungsberichten)

(der) Fanatismus:
Fanatisch heißt eifernd oder rücksichtslos. Ein Fanatiker setzt sich ohne Grenzen für eine Sache ein.

4. Erkläre, mit welchen Problemen Nigeria zu kämpfen hat.

Wähle einen der Arbeitsaufträge aus:

- Erstelle ein Plakat für die Klasse mit dem Titel: **Das bedeutet Krieg.**
- Schreibe einen Tagebucheintrag eines der Mädchen, das rechtzeitig vor der Terrorgruppe „Boko Haram“ fliehen konnte.
- Schreibe einen zusammenfassenden Text: „Kriege heute: Kriege um Bodenschätze und religiöser Fanatismus“.

Der Versailler Vertrag

Welche Veränderungen brachte das Ende des Ersten Weltkrieges?

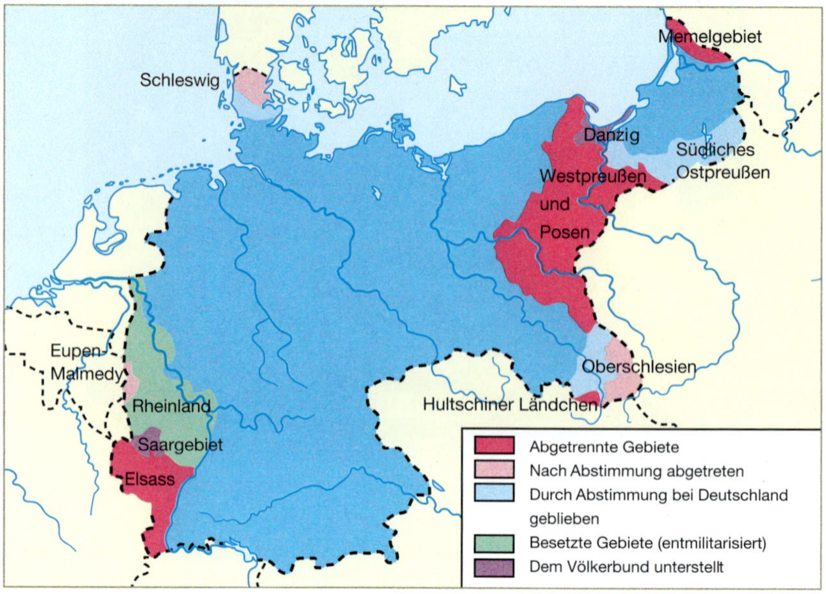

[1] Gebietsveränderungen durch den Versailler Vertrag. *Karte.*

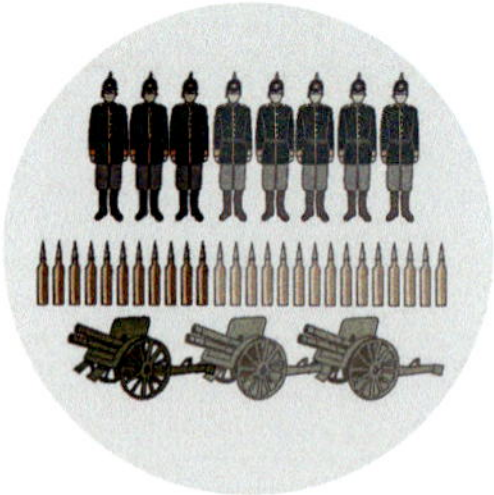

Reichswehr: maximal 150 000 Mann; Auslieferung des Kriegsmaterials

Reparationen: 226 Millionen Goldmark, zahlbar in 42 Jahren

Sachlieferungen

Verlust der Kolonien

[2] Weitere Bestimmungen des Versailler Vertrages. Schaubild.

Versailler Vertrag: Der Vertrag wurde in Versailles, einer Stadt in der Nähe von Paris, unterschrieben.

1. Beschreibe und erkläre Karte [1] und Bild [2].
2. Erstelle eine Tabelle:

Diese Gebiete gehörten nicht mehr zu Deutschland:	Sie gehörten jetzt zu:
Elsass-Lothringen	Frankreich
…	…

Der Vertrag von Versailles
Nach dem Ende des Ersten Weltkriegs legten die Sieger Frankreich, Großbritannien und die USA Deutschland den „Versailler Vertrag“ vor. In dem Vertrag stand, dass Deutschland und seine Verbündeten die alleinige Schuld am Ausbruch des Ersten Weltkrieges tragen.
Die Alliierten verlangten, dass Deutschland den Versailler Vertrag unterzeichnet. Andernfalls drohten sie damit, die Kampfhandlungen wieder aufzunehmen und mit Soldaten in Deutschland einzumarschieren.

Soll Deutschland den Vertrag unterzeichnen?
Die militärische Führung des Deutschen Kaiserreichs hatte im Herbst 1918 erkannt, dass der Krieg verloren war, und gefordert, dass die Kampfhandlungen sofort zu beenden seien. Es

[3] Reaktionen auf den Versailler Vertrag. *Zeichnung.*

bestand die Gefahr, dass die deutsche Front zusammenbrach.
Der deutsche Kaiser hatte abdanken müssen und war in die Niederlande geflohen. Die neue Regierung zögerte: Sollte sie den Vertrag unterschreiben, der für Deutschland große Landverluste und hohe Kosten für viele Jahre bedeuten würde? In der Zwangslage, in der Deutschland sich befand, unterschrieb ein Vertreter der neuen deutschen Regierung im Juni 1919 den Versailler Vertrag.

Die Folgen des Vertrages
Für viele Menschen in Deutschland war kaum zu verstehen, dass der Krieg für sie verloren war.
Die Bestimmungen des Versailler Vertrages wirkten wie ein Schock. Hatten die deutschen Soldaten nicht noch weit im Land des Feindes gestanden und waren sie nicht unbesiegt gewesen? Nun sollte Deutschland allein die Schuld am Ersten Weltkrieg tragen und für die Kosten aller beteiligten Länder aufkommen.
Ein großer Teil der Bevölkerung gab der neuen Regierung die Schuld für die Situation: Warum hatte Deutschland überhaupt aufgehört zu kämpfen? Und warum sollte nun Deutschland für die Kriegskosten aller beteiligten Staaten aufkommen?

Die Wut vieler Menschen in Deutschland richtete sich gegen die Sieger des Ersten Weltkriegs, die Deutschland zur Unterschrift unter den verhassten Vertrag zwangen. Fast noch mehr richtete sich dieser Hass jedoch auch gegen die neue Regierung in Deutschland, die den Vertrag unterzeichnen musste.

3. Erkläre:
- Warum unterzeichnete die deutsche Regierung den Versailler Vertrag?
- Warum gaben viele Menschen in Deutschland der neuen Regierung die Schuld für ihre schlechte Situation?

Wähle einen der Arbeitsaufträge aus:

- Vergrößere die Zeichnung [3] für das Klassenzimmer und erfinde weitere Sprechblasen.
- Fertige eine Faustskizze nach Karte [1] an.
- Erfinde mit einem Partner ein Gespräch: Zwei deutsche Soldaten, die den Krieg mit viel Glück überlebt haben, sprechen über den Versailler Vertrag.

Die Kriegsschuldfrage

Wer trägt Schuld am Ersten Weltkrieg?

[1] „Vernichtet dieses wilde Tier!“, *amerikanisches Plakat von 1918.* Die Figur trägt eine deutsche Pickelhaube.

[2] Deutsche Postkarte von 1915.

Meinungen zur Kriegsschuldfrage

Die Schülerinnen und Schüler der Klasse 7 C haben sich mit der Frage beschäftigt: Wer trägt Schuld am Ersten Weltkrieg?
Sie haben sich im Internet informiert: Was sagen Fachleute zu dieser Frage?
Sie haben vier Standpunkte herausgearbeitet. Lars, Hannah, Sophia und Lucas tragen vier Meinungen und die dazu gehörigen Begründungen vor.

1. Lest die folgenden Standpunkte zur Kriegsschuldfrage in verteilten Rollen vor.
2. Gib die Argumente zu jedem Standpunkt mit eigenen Worten wieder.
3. Stelle die Aussagen des Plakates und der Postkarte gegenüber.

Hannah

„Meine Meinung ist: Deutschland hat vor allem Schuld am Ersten Weltkrieg.
Nach dem Attentat von Sarajewo wurde das Verhältnis zwischen Österreich-Ungarn und Serbien noch schlechter.
In dieser Situation betonte Deutschland, dass es auf jeden Fall seinen Bündnispartner Österreich-Ungarn unterstützen wird. So ermutigte Deutschland seinen Bündnispartner Österreich-Ungarn. Österreich-Ungarn erklärte Serbien schließlich den Krieg. Hätte Deutschland Österreich-Ungarn nicht so bedingungslos unterstützt, hätte Österreich-Ungarn Serbien vermutlich nicht den Krieg erklärt.“

Lars

„Österreich-Ungarn hat den Beginn des Krieges verursacht.
Österreich-Ungarn nutzte das Bündnis mit Deutschland beim Vorgehen gegen Serbien.
Serbien hatte zwar in Russland auch einen starken Bündnispartner, doch mit der Garantie von Seiten Deutschlands riskierte Österreich-Ungarn einen Krieg mit Serbien und Russland.
Die Kriegserklärung Österreich-Ungarns an Serbien zeigt, dass Österreich-Ungarn nicht verhandeln wollte."

Sophia

„Ich glaube, Russland hat den Ersten Weltkrieg ausgelöst.
Russland unterstützte Serbien gegen Österreich-Ungarn. Österreich-Ungarn erklärte zwar als erstes Land Serbien den Krieg. Aber Kämpfe hat es zunächst nicht gegeben.
Entscheidend war etwas anderes: Als Russland mit der Mobilmachung begann, ging es das Risiko eines Krieges ein.
Nach der Mobilmachung Russlands musste sich Deutschland bedroht fühlen. Erst danach begann die Folge der Kriegserklärungen."

Lucas

„Alle am Krieg beteiligten Staaten tragen Schuld am Ersten Weltkrieg.
Die Frage nach der Schuld am Ersten Weltkrieg ist nicht einfach zu beantworten. Kein Staat hat zu Verhandlungen aufgefordert.
Die Ursachen für den Ersten Weltkrieg sind in den Jahren vor dem Krieg zu suchen. Nationalismus, Militarismus und Imperialismus hatten zu Misstrauen und Angst geführt. Und so gab es in allen Staaten so etwas wie eine heimliche Hoffnung, durch einen Krieg alle eigenen Probleme zu lösen."

Wähle einen der Arbeitsaufträge aus:

- Fertige eine Übersicht an: Vier Standpunkte zur Kriegsschuldfrage. Du kannst dazu auch die Karte von Seite 135 vergrößern und jeweils das entsprechende Land kennzeichnen.

- Entscheide dich: Welchem der vier Standpunkte stimmst du am meisten zu? Begründe deinen Standpunkt. Bereite dafür eine kurze Rede vor. Trage sie möglichst frei in der Klasse vor.

Wähle einen der Arbeitsaufträge aus:

- Arbeitet in einer Vierergruppe und bereitet eine Diskussionsrunde vor. Setzt euch jeweils mit einem der vier Standpunkte auseinander. Führt die Diskussion in der Klasse vor.

Was du noch tun kannst ...

- Im Internet der Frage nach der Kriegsschuld weiter nachgehen. Suchbegriff: „Kriegsschuldfrage Erster Weltkrieg".

GPG aktiv

Auf dieser Seite findest du Anregungen, wenn du dich mit dem Thema „Imperialismus und Erster Weltkrieg“ noch weiter beschäftigen willst.
Denke auch daran, dein Portfolio zu führen:

- gelungene Ergebnisse in Text und Bild sammeln,
- Lernerfahrungen zum Thema „Imperialismus und Erster Weltkrieg“ aufschreiben.

M Einen Roman über den Ersten Weltkrieg lesen:

„Im Westen nichts Neues“ von Erich Maria Remarque
Dieser Roman wurde weltweit etwa 30 Millionen Mal verkauft. Er beschreibt das Leben und Sterben der Soldaten an der Front.
Textauszug: „Mitten in der Nacht erwachen wir. Die Erde dröhnt. Schweres Feuer liegt über uns. Wir drücken uns in die Ecken. Geschosse aller Kaliber können wir unterscheiden.
Jeder greift nach seinen Sachen und vergewissert sich alle Augenblicke von neuem, dass sie da sind. Der Unterstand bebt, die Nacht ist ein Brüllen und Blitzen. Wir sehen uns bei dem sekundenlangen Licht an und schütteln mit bleichen Gesichtern und gepressten Lippen die Köpfe.
Jeder fühlt es mit, wie die schweren Geschosse die Grabenbrüstung wegreißen, wie sie die Böschung durchwühlen und die oberen Betonklötze zerfetzen. ...“
[zit. n. Erich Maria Remarque, Im Westen nichts Neues, Kiepenheuer & Witsch 1987, S. 100 f.]

Filme über den Ersten Weltkrieg ansehen:

- Der Roman „Im Westen nichts Neues“ wurde zwei Mal verfilmt in den Jahren 1930 und 1979.
- Der Film „Gallipoli“ erzählt vom Kampf australischer Soldaten auf Seiten Großbritanniens im Jahr 1915.

Ein Museum zum Ersten Weltkrieg besuchen:

In Ingolstadt gibt es zwei Museen, in denen man sich über den Ersten Weltkrieg informieren kann:

- Das Bayerische Armeemuseum bietet neben Ausstellungen zu anderen Kriegen eine Dokumentation zum Ersten Weltkrieg.
- Auch im Museum des Ersten Weltkriegs, das zum Bayerischen Armeemuseum gehört, gibt es eine interessante Ausstellung zu diesem Thema.

Teste dich!

[1] **Begriffe und Beschreibungen**

Militarismus	Großbritannien, Frankreich, Russland, USA, ...
Nationalismus	Uniformen, Waffen und Soldaten werden hoch geschätzt.
Imperialismus	Ein Staat, der Kolonien hat
„Mutterland“	Menschen halten den eigenen Staat anderen Staaten gegenüber für überlegen.
„Alliierte“	Deutschland, Österreich-Ungarn, ...
Aufrüstung	Ein Land, das von einem anderen abhängig ist
Kolonie	Es werden immer mehr Waffen und Munition produziert.
„Mittelmächte“	Staaten versuchen den eigenen Herrschaftsbereich auszudehnen und für sich ein Weltreich zu schaffen.

[2] **Daten und Ereignisse**

um 1870	Der Versailler Vertrag wird unterschrieben.
Juni 1914	Das Zeitalter des Imperialismus beginnt.
August 1914	Beginn des Ersten Weltkriegs
1917	Ende des Ersten Weltkriegs
November 1918	Attentat von Sarajewo
Juni 1919	Kriegseintritt der USA

[3] **Ausschnitt aus einem Feldpostbrief:**

Aus dem Brief des Soldaten Anton Staiger vom 17. Juli 1916 an seine Familie:
„... Am vierten Tage, Freitag, ging's dann schon in der Frühe los mit der schweren Artillerie bis abends halb zehn Uhr. Was das heißt: zehn Stunden im Unterstand liegen unter Granatfeuer, zehn Stunden den Tod des Lebendig-begraben-Werdens vor Augen oder die Aussicht, in die Luft zu fliegen, falls eine Granate da einschlägt, wo der Sprengstoff liegt ...“

(Zit. nachPhilipp Witkop: Kriegsbriefe gefallener Studenten, München (Georg Müller), S. 238.)

Erkenntnisse gewinnen

1. Ordne rechts und links in [1] richtig zu.
2. Ordne unter [2] den Daten die Ereignisse zu.
3. Nenne drei „Mutterländer“ und drei Kolonien aus der Zeit des Imperialismus.
4. Liste mindestens drei Bestimmungen des Versailler Vertrages auf.
5. Nenne Gründe, warum heute Kriege geführt werden.

Beurteilen und bewerten

6. Beurteile: Was waren die Ursachen und der Auslöser des Ersten Weltkriegs.
7. Bewerte das Verhalten der „Mutterländer“ den Kolonien gegenüber.
8. Beurteile: Wer hatte welche Schuld am Beginn des Ersten Weltkriegs? Begründe deinen Standpunkt.
9. Beurteile die Bestimmungen des Versailler Vertrages und die sich daraus ergebenden Folgen.

Anwenden und handeln

10. M Werte den Ausschnitt aus dem Feldpostbrief [2] nach der Methode auf Seite 138 aus.
11. Untersuche ein Kriegerdenkmal in deinem Schulort nach der Methode auf Seite 139.

Afrika – Erdteil der Herausforderungen

Schule in Kenia

So wie auf diesem Bild sieht es in vielen afrikanischen Ländern an einer Schule aus. Die Schüler haben bereits einen langen Weg zur Schule zurückgelegt.

1. Beschreibe, was du auf dem Bild siehst.
2. Erzähle, welche Unterschiede und Gemeinsamkeiten du zu deiner Schule erkennen kannst.
3. Berichte, was du über Afrika weißt.

Schauplatz Schule in Kenia

[1] Kinder in Kenia auf dem Weg zur Schule. *Foto, 2017.*

1. Zähle auf, was auf den Abbildungen [1]und [4] zu sehen ist.

[2] **David, ein dreizehnjähriger Schüler erzählt:**
„In meiner Familie bin ich der älteste Sohn. Ich habe sechs Geschwister, aber ich bin der Einzige, der in die Schule geht. Meine Geschwister müssen daheim mithelfen. Mein Schulweg dauert zwei Stunden. Ich muss aufpassen, dass ich Elefanten und anderen Tieren aus dem Weg gehe. In der Schule lernen wir viel auswendig. Wir Kinder antworten im Chor, wenn der Lehrer etwas fragt. Die Schule hat ein Klassenzimmer. Unser Lehrer ist streng. Die jüngeren Schüler lernen viel von den älteren.
Mein Vater sagt, er findet Schulunterricht unnötig. Alles, was ich zum Leben brauchen würde, könnte ich auch zuhause lernen. Meine Mutter sieht das anders. Und sie hat sich bei mir durchgesetzt.“...

(Autorentext)

2. Sammle Unterschiede zwischen dem Unterricht, wie du ihn kennst, und dem Unterricht in Kenia.

3. Spielt folgende Szene: David will gerade zur Schule losgehen. Sein Vater möchte aber, dass er zur Ernte von Rosen für den Versand nach Europa mitkommt ...

[3] **Schulleiter Oscar Tenami berichtet:**
„Ich leite die Schule hier in der Region. Wir sind etwa 30 Kilometer von der Hauptstadt Nairobi entfernt. Der Besuch unserer Schule ist kostenlos. Die Eltern bezahlen aber freiwillig zusätzliche Hilfslehrer. Unsere Schüler haben acht Stunden Unterricht pro Tag. Aber viele Stunden fallen aus. Die Eltern bezahlen auch den Koch und einen Wachmann. Viele Schüler sind sehr begabt, aber es fehlt an Schulbüchern und Schulheften. Die Eltern sind in vielen Fällen auf das Geld angewiesen, dass ihre Kinder zum Beispiel beim Verkauf von Kaugummis, Kuchen oder Zuckerstangen bekommen.“

(Autorentext)

4. Gib mit eigenen Worten die Aussagen von Schulleiter Tenami [3] wieder.

5. Informiere dich über Kenia. Erstelle ein Infoblatt zu diesem Land in Afrika.

[4] In einer Dorfschule in Mali. *Foto, 2017.*

Lernen dürfen ist teuer

In vielen afrikanischen Staaten gibt es keine Pflicht, zur Schule zu gehen. In manchen Ländern muss man für den Schulunterricht bezahlen. Zur Schule gehen die meisten Schüler auf dem Land zu Fuß. Die Fahrt mit einem Schulbus ist relativ teuer.

So gibt es in vielen Gebieten nur wenige Personen, die lesen und schreiben können. Vor allem in den abgelegenen ländlichen Gebieten Zentralafrikas (siehe Karte S. 158) ist die Zahl der Analphabeten* hoch. Internationale Hilfsorganisationen, aber auch afrikanische Politiker betonen immer wieder die große Bedeutung von Bildung für die weitere Entwicklung Afrikas.

(der) Analphabet:
Ein Mensch, der weder lesen noch schreiben gelernt hat. Vor allem in Afrika ist der Analphabetismus weit verbreitet.

Wähle einen der Arbeitsaufträge aus:

- Lies die Erklärung zum Begriff „Analphabet" im Kasten. Begründe, wozu Menschen in Deutschland lesen und schreiben können müssen.
- Schreibe Ideen auf, wie man Kindern und Jugendlichen in abgelegenen Gebieten Schulunterricht ermöglichen könnte.
- Erarbeitet ein Streitgespräch zwischen der Mutter von David, dem Vater und David zu den Vorteilen von Lesen und Schreiben.

Was du noch tun kannst ...

- Suche im Internet nach dem Film „Auf dem Weg zur Schule". Berichte in der Klasse über den Inhalt des Films.

Orientierung: Afrika

Welche Staaten liegen in Afrika?

[1] Teilräume von Afrika. *Karte.*

1. Beschreibe die Lage verschiedener Staaten Afrikas. Verwende folgende Begriffe: „... liegt südlich von ...“, „... liegt an der Küste von ...“.
2. Zähle alle Länder Afrikas auf, die an das Mittelmeer grenzen.
3. Nenne Staaten, die eine gemeinsame Grenze mit drei, vier oder mehr anderen Staaten haben.
4. Schreibe die afrikanischen Staaten auf, durch die der Äquator verläuft [1].

Nur Asien ist größer
Mit einer Fläche von mehr als 30 Millionen Quadratkilometern ist Afrika der zweitgrößte Kontinent der Erde. 22 Prozent der gesamten Landfläche der Erde entfallen auf den afrikanischen Kontinent. Afrika wird in folgende Großlandschaften unterteilt:

Nördliches Afrika

Westafrika | Zentralafrika | Ostafrika

Südliches Afrika

[2] Das Essen in der Schule ist für viele afrikanische Kinder oft die einzige Mahlzeit am Tag. *Foto, 2017.*

Afrika – Erdteil der Herausforderungen

Naturräume Afrikas

Welche Großlandschaften befinden sich in Afrika?

[1] Großlandschaften in Afrika. *Karte.*

1. Nenne, was dir an der Karte [1] auffällt.
2. Finde mithilfe der Karte auf S. 158 und der Karte auf dieser Seite heraus, welche Staaten Anteil an der Wüste Sahara und an der Wüste Namib haben.
3. Gib an, welche Namen und Begriffe aus der Karte du bereits gehört hast.
4. Finde mithilfe der Karte [1] oder dem Internet heraus, wie die größten Seen in Afrika heißen.

Die **Kalahari** ist eines der größten und bekanntesten Schutzgebiete für Wildtiere. Viele Touristen besuchen das Schutzgebiet.

Eine der größten Wüsten der Erde: die **Namib-Wüste** in Namibia.

Die größte Wüste der Welt ist die Sahara. Sie ist etwa so groß wie die USA. Deutschland passt etwa 25-Mal auf die Fläche der Sahara. Sie besteht vor allem aus Steinwüsten.

Madagaskar liegt 400 Kilometer vor dem Festland Afrikas. Weil die Insel so lange vom Festland getrennt ist, konnten sich außergewöhnliche Tiere und Pflanzen entwickeln.

Der Kilimandscharo ist **der höchste einzeln stehende Berg** der Welt. Er misst 5895 Meter und befindet sich in der Massai-Steppe.

Wähle einen der Arbeitsaufträge aus:

- Zeichne den Umriss des afrikanischen Kontinents in dein Heft. Ergänze den Äquator.
- Nenne einige Großlandschaften Afrikas. Notiere zu einer Großlandschaft Stichworte für einen Kurzvortrag.
- Schreibe zu einem Foto eine spannende Geschichte. Sie kann z. B. so beginnen: Ich war völlig fasziniert. ...

Klimazonen in Afrika

Welche Klimazonen gibt es in Afrika?

[1] Klimazonen in Afrika. *Karte.*

1. Beschreibe die Verbreitung der Klimazonen in Afrika [1].

2 Nenne Großlandschaften Afrikas, die
   a) in den Tropen liegen,
   b) sich in den Subtropen befinden. Nimm die Karte auf Seite 160 und [1] zu Hilfe.

Was bedeutet „Afrika"?

Die Römer bezeichneten das Volk, dass im Raum von Karthago im nördlichen Afrika lebte, als Afri. Im Jahr 146 v. Chr. gründeten die Römer in diesem Gebiet eine Provinz, der sie den Namen Africa gaben. Später wurde dieser Name auf den gesamten Erdteil übertragen. Diesen Erdteil teilt eine rund 2000 km breite Wüste, die früher nur mit größten Schwierigkeiten überwunden werden konnte: die Sahara.

3. Nenne Gebiete Europas, die in den Subtropen liegen.

Erinnere dich!
In der Klasse 5 hast du beim Thema „Klimazonen der Erde“ bereits einiges über die Tropenzone und den Tropischen Regenwald gehört.
In der Klasse 6 konntest du beim Lernzirkel zu Mittel- und Südamerika deine Kenntnisse vertiefen. Du hast die „Grüne Lunge“ kennengelernt, dir sind Pflanzen und Tiere im Regenwald begegnet. Du hast gelernt, dass der Regenwald in Gefahr ist und wie du selbst zur Erhaltung des Tropischen Regenwaldes beitragen kannst.

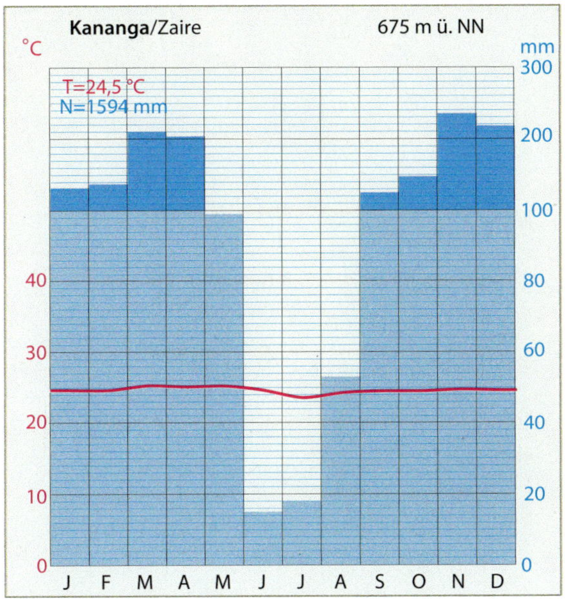

[2] Klimadiagramm von Kananga (Demokratische Republik Kongo).

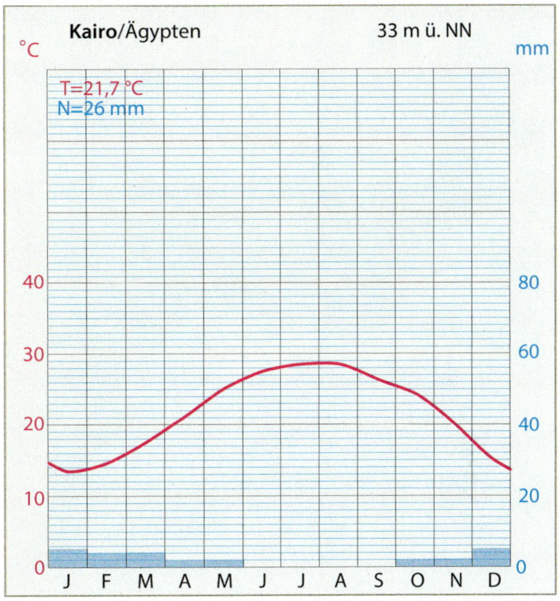

[3] Klimadiagramm von Kairo (Ägypten).

Die Tropen
Die Tropen sind die wärmste Klimazone der Erde. Sie befinden sich nördlich und südlich des Äquators. Die Grenzen der Tropen bilden der nördliche und der südliche Wendekreis.
Jahreszeiten gibt es nicht. Man unterscheidet zwischen Trocken- und Regenzeiten. Am Äquator gibt es keinen Monat ohne Regen. Deshalb spricht man von einem immerfeuchten Tropenklima.
Zwischen dem Äquator und den Wendekreisen gibt es eine Regenzeit im Jahr. Sie dauert umso länger, je näher das Gebiet am Äquator liegt. Wegen des Wechsels von Regenzeiten und Trockenzeiten bezeichnet man das Klima in diesem Raum als wechselfeuchtes Tropenklima.
Den Bereich der Wendekreise nennt man auch trockene Tropen, da sich hier häufig große Wüsten befinden.

4. Nenne Merkmale des Klimas in den immerfeuchten, wechselfeuchten und den trockenen Tropen.

Die Subtropen
Die Subtropen liegen zwischen den Tropen und den gemäßigten Zonen der Erde. Kennzeichnend für diese Gebiete sind heiße Sommer und milde Winter. Man unterscheidet trockene, wechselfeuchte und immerfeuchte Subtropen.

5. Beschreibe Unterschiede zwischen dem Klima in den Tropen und den Subtropen.

Wähle einen der Arbeitsaufträge aus:

- Schreibe einen Lexikoneintrag zu Afrika.
- Übertrage die Klimadiagramme von Kananga und Kairo in dein Heft. Beschrifte sie richtig.
- Werte die beiden Klimadiagramme oben aus. Ordne die Klimadiagramme den Tropen und Subtropen zu und begründe.

Die Savannen Afrikas

Was wächst zwischen Regenwald und Wüste?

[1] Verbreitung der Savannen in Afrika. *Karte.*

1. Beschreibe die Karte [1].

Die Savannen

Zwischen den immerfeuchten tropischen Regenwäldern und den Wüsten an den Wendekreisen liegen die Savannen. Savannen sind Grasländer in den Tropen. Typisch ist der Wechsel zwischen Regen- und Trockenzeiten. Je weiter diese Gebiete vom Äquator entfernt sind, desto kürzer sind die Regenzeiten und desto weniger Niederschlag fällt. Mit der Höhe der Niederschläge ändern sich auch die Pflanzen, die dort wachsen.

2. Schreibe die Merkmale der drei Savannenformen aus dem Text unten in einer Tabelle auf: Pflanzen, Regenzeit, Trockenzeit.

Dornsavanne

Büschelweise steht das Gras in der Dornsavanne. Es gibt nur wenige Bäume, dafür viele dornige Büsche. Die Regenzeit dauert zwei bis vier Monate.

Trockensavanne

Hier wachsen vor allem kurzes Gras und wenige Bäume, die ihr Laub in der Trockenzeit abwerfen. Der typische Baum dieser Zone ist die dornige

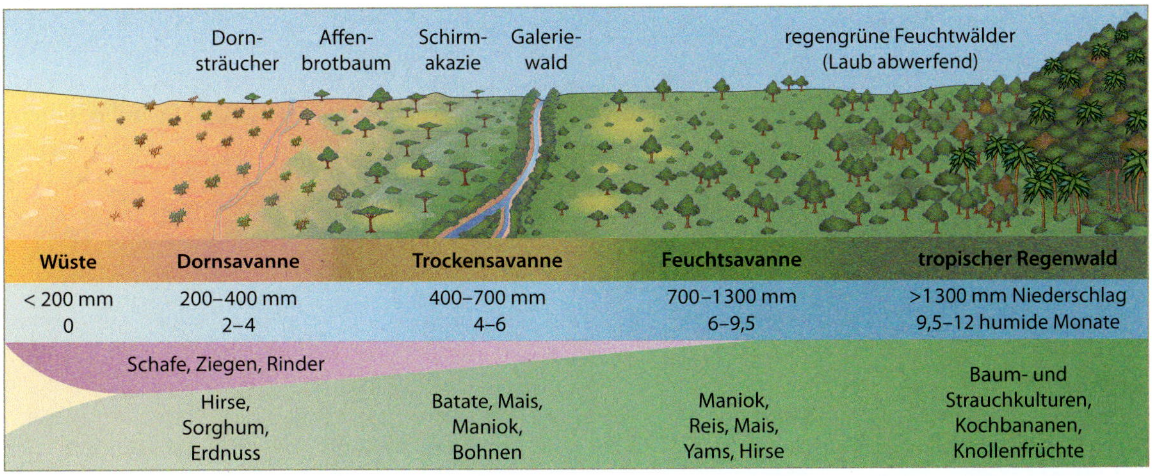

[2] Vegetation und Landnutzung zwischen Tropischem Regenwald und der Wüste in Afrika. *Schaubild.*

Schirmakazie. Der Affenbrotbaum überlebt die Trockenzeit, weil er viel Wasser speichern kann. Die Regenzeit dauert vier bis sieben Monate.

Feuchtsavanne
Das Gras wird in der Feuchtsavanne sehr hoch. Es gibt einzelne Wälder vor allem an den Flüssen. Die Regenzeit dauert über sieben Monate.

M

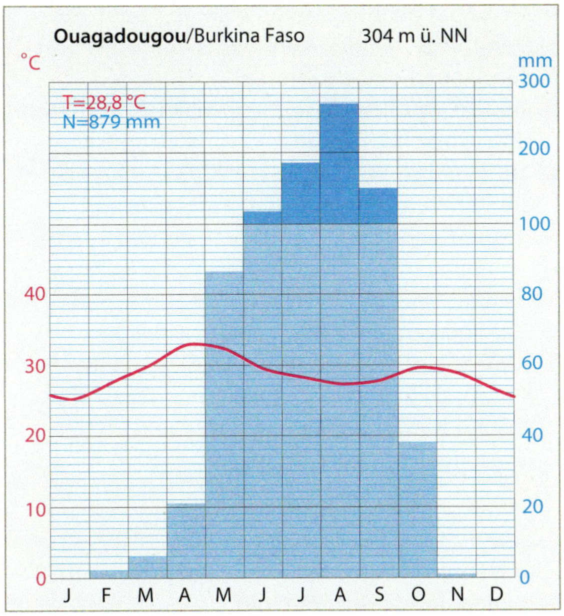

[3] Klimadiagramm von Ouagadougou (Burkina Faso).

3. Werte das Klimadiagramm von Ouagadougou aus.

[4] In der Trockensavanne. *Foto, 2017.*

4. Nenne mithilfe von Bild [4] Merkmale der Trockensavanne.

Wähle einen der Arbeitsaufträge aus:

- Zeichne das Schaubild [2] in dein Heft. Beschrifte es richtig.
- Erstelle eine Faustskizze von Afrika. Trage dort die drei Savannenformen ein [1].
- Erkläre schriftlich den Übergang vom Regenwald zur Wüste. Nutze dafür die richtigen Bezeichnungen aus [2].

M

Methode – Karteninhalte vergleichen

Zu den wichtigsten geografischen Arbeitsmitteln gehören Karten. Mit ihrer Hilfe kann man schnell Informationen erhalten. Durch den Vergleich von Karteninhalten lassen sich Räume unter einem Blickwinkel (z. B. dem Klima) vergleichen.
Folgende Schritte helfen dir, Karteninhalte miteinander zu vergleichen:

1. Schritt: Die ausgewählten Karten betrachten

- Welche Gebiete möchte ich vergleichen?
- Welches gemeinsame Thema müssen die Karten haben?
- Welchen Maßstab haben die Karten?
- Welche Zeichen und Farben gehören zu meinem ausgesuchten Thema?
- Wo sind sie auf den beiden Karten zu finden?

2. Schritt: Informationen aus den Karten entnehmen

- Welche Informationen bekomme ich zu meinen Fragen?

3. Schritt: Die Informationen vergleichen

- Welche Information bekomme ich, wenn ich beide Karteninhalte nebeneinander sehe?
- Worin liegen auf das Thema bezogen Gemeinsamkeiten und Unterschiede?

4. Schritt: Das Ergebnis bewerten

- Welches Ergebnis hat mein Vergleich gebracht?
- Welche Informationen habe ich gewonnen?

Lösungsbeispiel für die Karte rechts:

- Die Kontinente Europa und Afrika.
- Die Klimazonen der Erdteile.
- Ein Kartenmaßstab ist in der Karte vorhanden.
- Es handelt sich um zwei Kartenausschnitte aus einer Weltkarte der Klimazonen. Im oberen Ausschnitt sind die Klimazonen Europas zu finden. Im unteren Kartenausschnitt sind die Klimazonen Afrikas eingetragen. Eine Kartenlegende ist vorhanden.
- Der Kartenausschnitt zu Europa zeigt, dass Gebiete Europas zur Polarzone, der Gemäßigten Zone und den Subtropen gehören. Den größten Anteil hat Europa an der Gemäßigten Klimazone.
- Afrika hat ebenfalls Anteile an den Subtropen. Der größte Teil des Kontinents wird aber von den Tropen eingenommen.
- Es wird deutlich, dass Afrika weitaus größer als Europa ist. Dafür ist Europa vielgestaltiger.
- Im Vergleich zu Europa hat Afrika sicherlich die höheren Temperaturen aufzuweisen. Große Räume Afrikas gehören zu den Tropen.
- Für eine genauere Betrachtung eines bestimmten Raumes sind die vorliegenden Kartenausschnitte nicht geeignet. Dazu sind weitere Karten notwendig. Für einen ersten Überblick hat es aber gereicht.

1. Lies dir die Methodenschritte in der linken Spalte aufmerksam durch.
2. Überprüfe die Lösungen in der rechten Spalte anhand der Karte [1].
3. Wende nun die Methode bei einem Vergleich der Klimazonen von Europa und Asien an. Löse dazu die Aufgaben a) bis c). Eine Karte mit den Klimazonen Asiens findest du auf der Seite 22.
a) Nenne Klimazonen, die in Asien vorkommen, in Afrika aber nicht.
b) Nenne Klimazonen, die es in Afrika gibt, in Asien aber nicht.
c) Nenne die am weitesten verbreitete asiatische Klimazone.

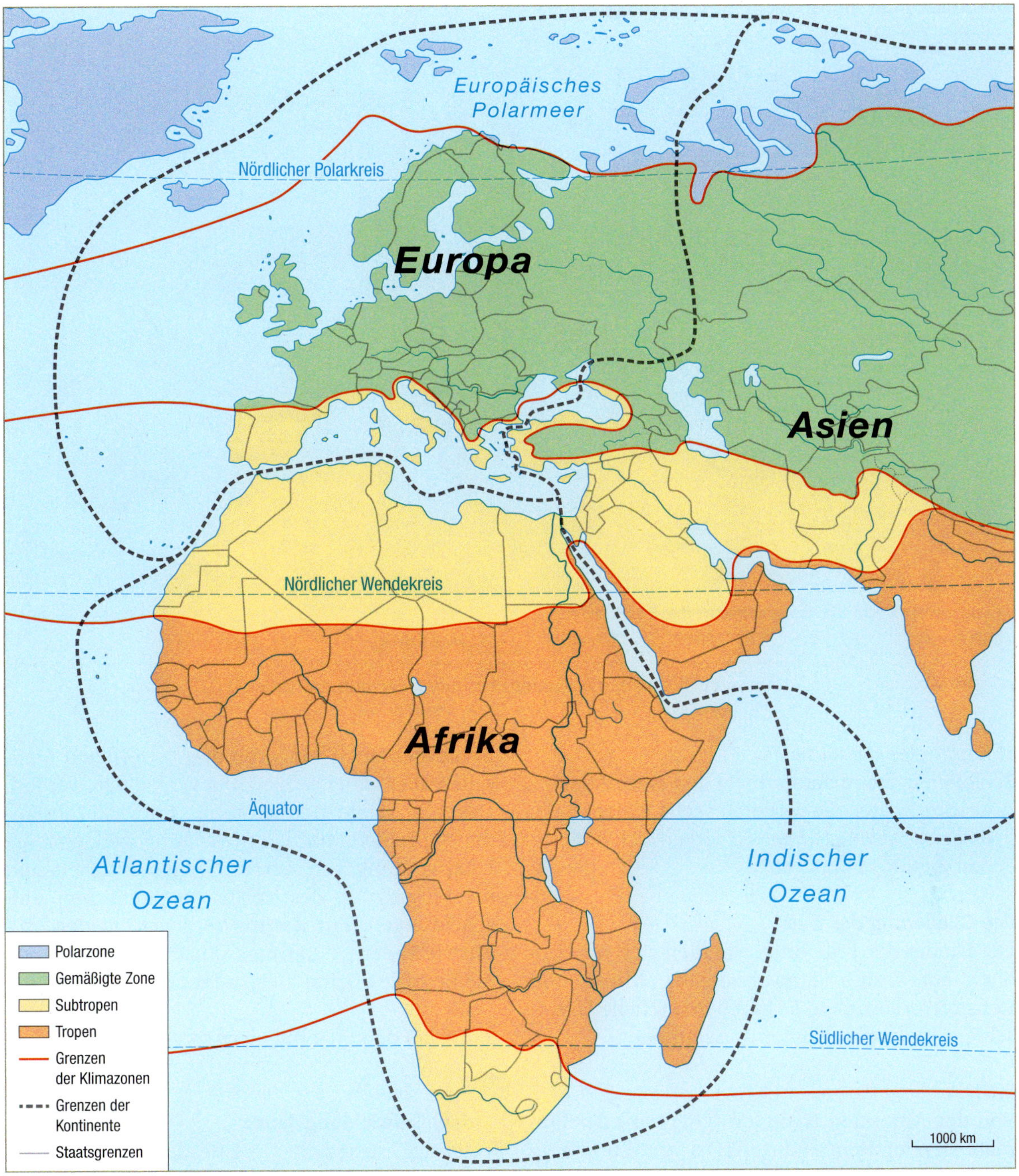

[1] Klimazonen von Afrika, Europa und Asien (zum Teil). Die Grenzen der Kontinente sind jeweils durch gestrichelte Linien markiert.

Industrie- und Entwicklungsländer

Wie misst man menschliche Entwicklung?

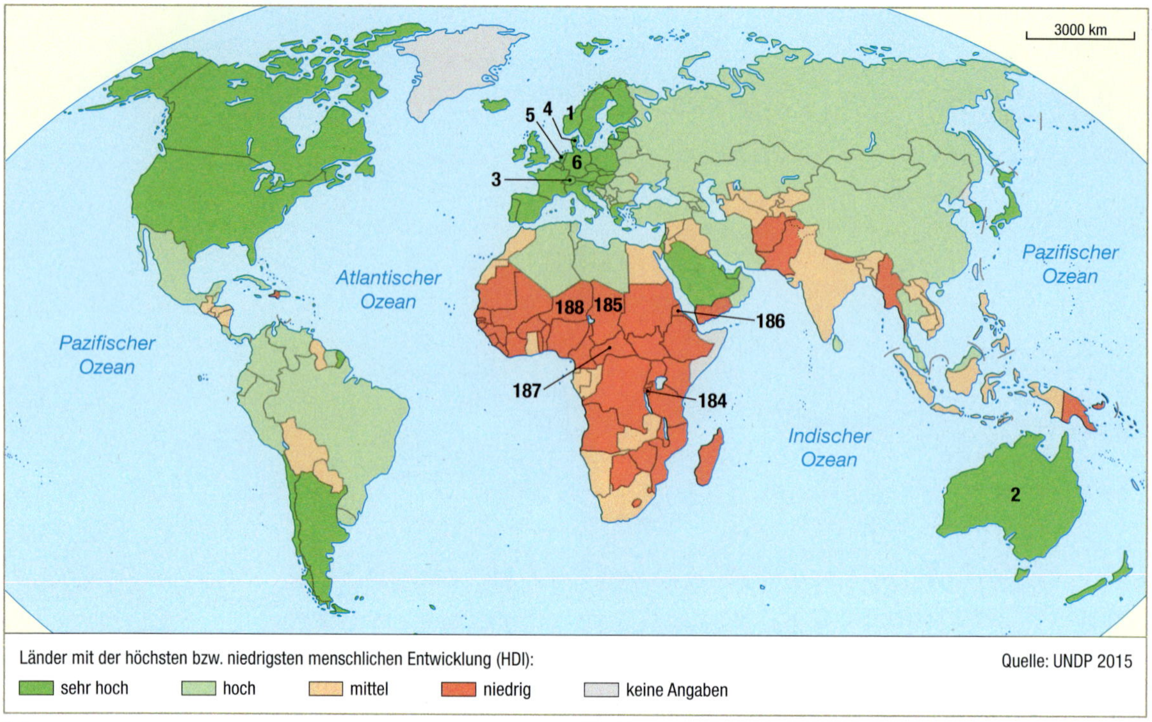

[1] Die Welt nach der Einteilung der Vereinten Nationen: Human Development Index (HDI). *Karte.*

1. Beschreibe die Karte [1].
2. Notiere anhand der Karte [1] und eines Atlas, welche Staaten die vorderen sechs Plätze belegen. Welche Länder verbergen sich hinter den Ziffern 184 bis 188?

Die Gliederung der Welt
Die Länder der Erde unterscheiden sich im Hinblick auf Größe, Einwohnerzahl, Klima und Rohstoffvorkommen. Es gibt beträchtliche Unterschiede in der räumlichen Ausstattung.

HDI
Von den Vereinten Nationen (UN) wird der Human Development Index (HDI) zur Einteilung der Länder nach ihrem Entwicklungsstand eingesetzt. Der HDI berücksichtigt mehrere Merkmale: die Lebenserwartung, den Bildungsstand der Bevölkerung und den Lebensstandard.

Entwicklung und „Unterentwicklung“
Wird der Begriff „Entwicklung“ auf Länder bezogen, liegt es nahe, entwickelte von wenig entwickelten Ländern zu unterscheiden. Dieser Sprachgebrauch kann von den betroffenen Menschen aber als Herabsetzung verstanden werden. Deshalb ist die Bezeichnung „Entwicklungsländer*“ problematisch. Entwicklung bedeutet die Überwindung von Armut, Ungerechtigkeit und die Mitwirkung des Volkes an politischen Entscheidungen. Für die im Vergleich zu den „Industrieländern*“ „armen“ Staaten werden auch die Begriffe „Dritte Welt“ oder „Süden“ benutzt.

3. Erkläre den HDI mit eigenen Worten.

(das) Entwicklungsland:
Gering „entwickeltes“, armes Land.

(das) Industrieland:
Reicher Staat mit hohem Entwicklungsstand und leistungsfähiger Wirtschaft.

(das) Schwellenland:
Entwicklungsland, dass auf dem Weg zum Industrieland ist.

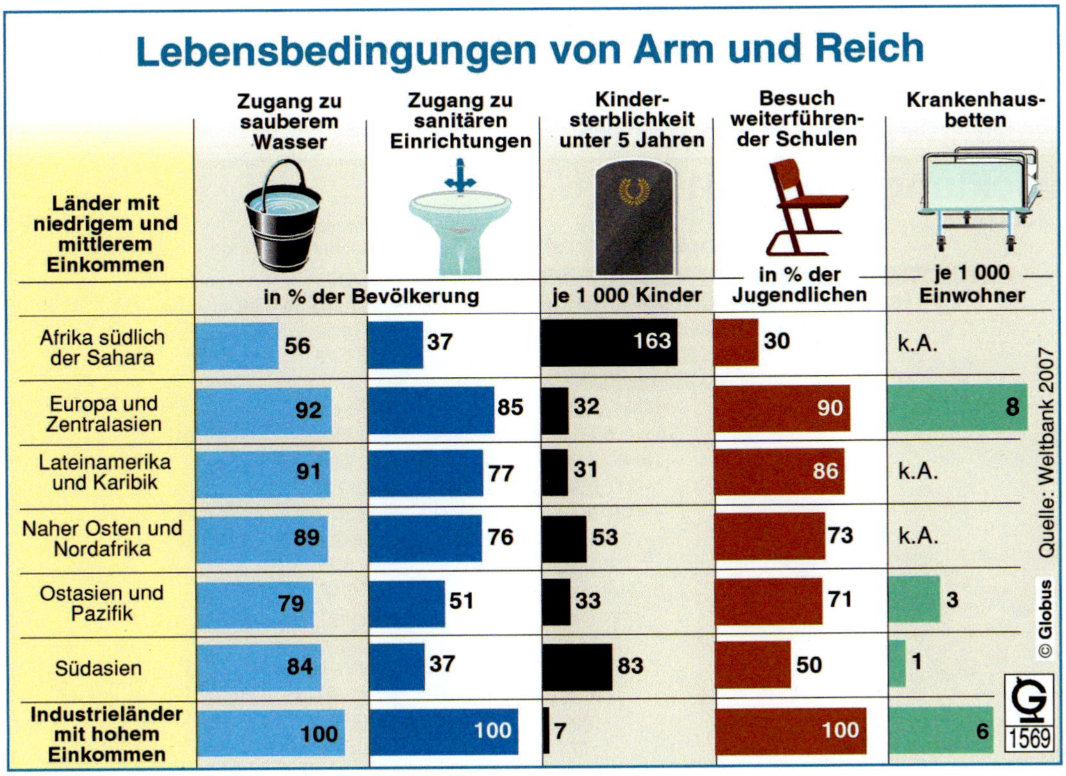

[2] Lebensbedingungen von Arm und Reich auf der Welt. *Grafik, 2015.*

Die Entwicklungsziele der UN
Im Jahr 2000 stellten die Vereinten Nationen acht Entwicklungsziele für wenig entwickelte Länder auf. Im Abstand von einigen Jahren wird mit Prognosen* überprüft, ob die Ziele bis 2030 erreicht werden können. Hauptziele sind die Bekämpfung der Armut und des Hungers.

4. Betrachte und beschreibe die Grafik [2].

Das Beispiel Malawi
Malawi im Osten Afrikas hat zum Beispiel bis 2015 nur bei vier Zielen Fortschritte gemacht. So ist ein Rückgang der Kindersterblichkeit gelungen. Auch bei der Bekämpfung von HIV/AIDS, Malaria und anderen Krankheiten konnte man Erfolge aufweisen. Der Umweltschutz und das Bildungswesen konnten ebenfalls verbessert werden. Dafür wurden in den anderen Bereichen die Entwicklungsziele verfehlt.

Große Abhängigkeit von ausländischer Hilfe
Malawi ist bis heute von ausländischer Hilfe abhängig. Die wichtigsten Geldgeber sind die USA, gefolgt von Großbritannien, Norwegen, Deutschland und Japan. Engagiert sind auch Irland sowie die Volksrepublik China und Indien.

Hauptprobleme Malawis bleiben die schlechte Trinkwasserversorgung und die ungenügenden Verkehrsverbindungen.

5. Erläutere Maßnahmen der UN im Rahmen der Hilfe für Malawi.

* **(die) Prognose:**
Vorhersage.

Wähle einen der Arbeitsaufträge aus:

- Notiere jeweils mit eigenen Worten eine Definition für einen der Begriffe „Entwicklungsland“, „Schwellenland“ und „Industrieland“ in deinem Heft.
- Halte ein Kurzreferat darüber, was der HDI über den Entwicklungsstand eines Landes aussagen kann.
- Nimm schriftlich zu der Aussage Stellung, dass der HDI nichts über die Zufriedenheit eines Menschen mit seinem Leben aussagt.

Entwicklungszusammenarbeit

Wer hilft den Menschen in den Entwicklungsländern?

[1] Hauptgeberländer von Entwicklungshilfe 2017. *Grafik.*
Lesehilfe: Deutschland hat im Jahr 2017 24 681 Millionen Dollar als Entwicklungshilfe gezahlt. Das entspricht 0,66 % der deutschen Wirtschaftsleistung. Die Wirtschaftsleistung umfasst alle während eines Jahres in einem Land hergestellten Güter (z. B. Autos) und die geleisteten Dienstleistungen (z. B. Malerarbeiten, ärztliche Behandlung). Die Vereinten Nationen (UN) fordern, dass die reichen Staaten Entwicklungshilfe in Höhe von mindestens 0,7 % ihrer Wirtschaftsleistung zur Verfügung stellen sollen.

1. Beschreibe die Grafik [1].
2. Werte die Grafik [1] mithilfe der Lesehilfe in der Bildunterschrift aus.

Armutsbekämpfung als Hauptziel

Deutschland gewährt zahlreichen wenig entwickelten Staaten Entwicklungshilfe*. Entwicklungshilfe will dazu beitragen, dass Hunger und Armut verringert werden. Daneben sollen z. B. Schulen, Krankenhäuser und Straßen verbessert werden. Außerdem soll die Wirtschaft des Entwicklungslandes gestärkt werden. Dazu werden z. B. ertragreiches Saatgut, moderne Maschinen oder Experten zur Verfügung gestellt.

Staatliche und private Hilfe

Deutschland beteiligt sich über das Bundesministerium für wirtschaftliche Zusammenarbeit und Entwicklung an Projekten zur Verbesserung der Lage in den Entwicklungsländern. Auch der Freistaat Bayern und die anderen Bundesländer beteiligen sich an Hilfsprojekten in Afrika und Asien. Private Organisationen leisten einen wesentlichen Beitrag zur Entwicklungshilfe. Der Deutsche Entwicklungsdienst vermittelt Entwicklungshelfer aus vielen Bereichen der Wirtschaft. Die kirchlichen Hilfswerke Misereor und Brot für die Welt führen Spendenaktionen und Bildungsprogramme durch. Sie leisten z. B. auch Katastrophenhilfe bei Erdbeben oder Überschwemmungen. Die Deutsche Welthungerhilfe unterstützt Selbsthilfeprogramme vor allem im handwerklichen und landwirtschaftlichen Bereich. Daneben leisten viele kleine Organisationen wichtige Hilfe vor Ort.

3. Erläutere die Ziele der Entwicklungsprojekte.
4. Erkläre, warum man heute von Entwicklungszusammenarbeit und nicht nur von Entwicklungshilfe spricht.

[2] Ein Windrad wird von Helfern einer privaten deutschen Afrika-Initiative und Einheimischen aufgebaut. Das Windrad betreibt eine Pumpe, die Wasser aus dem Brunnen nach oben fördert. *Foto, 2017.*

[3] Ein selbst erdachter und gebauter Solarkocher. *Foto, 2017.*

5. Beschreibe die Abbildungen [2] und [3].

6. Erarbeitet in Partnerarbeit ein Streitgespräch: Koni ist für das Windrad und den Solarkocher. Ihr Mann Josua lehnt Hilfsprojekte grundsätzlich ab.

(die) Entwicklungshilfe:
Hilfe (Geld, Maschinen, Personen), die den Entwicklungsländern zur Unterstützung von den reichen Industriestaaten gegeben wird. Man unterscheidet staatliche und nicht-staatliche Entwicklungshilfeprojekte.

Eine Meinung begründen

- Finde Pro-Argumente, wenn du dafür bist. Finde Kontra-Argumente, wenn du dagegen bist. Sammle und ordne deine Argumente.
- Begründe deine Meinung mit denn- und weil-Sätzen.

Wähle einen der Arbeitsaufträge aus:

- Notiere an der Tafel, was z. B. für den Aufbau eines kleinen Windrades in Mali bedacht werden muss (siehe Foto [2]). Beispiel: die passenden Stecker …
- Erkundige dich über die Ziele von UNICEF und der Welthungerhilfe. Notiere Wichtiges im Heft für einen kurzen Vortrag.
- Tragt an der Tafel zusammen, welche Bedingungen Entwicklungsprojekte erfüllen sollten, damit sie erfolgreich sind.

Diamanten – Schätze aus Afrika

Was macht Diamanten so wertvoll?

[1] Bayerische Kronjuwelen mit dem Diamanten „Der Blaue Wittelsbacher“ oben in der Krone. *Foto, 2011.*

[2] Diamantbohrköpfe für eine moderne Zahnarzt-Praxis. *Foto, 2013.*

1. Betrachte die Abbildung [1]. Erzähle, was du über Diamanten und andere Edelsteine weißt.

Schön und hart

Auf der ganzen Welt gibt es nirgends so große Vorkommen an Diamanten wie in Afrika. Schätzungen besagen, dass 50 Prozent der weltweiten Diamantenvorkommen in Afrika lagern. Diamanten sind das härteste Material der Erde.
Unter hohem Druck und Temperaturen um die 1300 Grad Celsius entstehen Diamanten aus reinem Kohlenstoff. Diamanten sind schon seit Jahrtausenden bekannt, aber erst mit der Entdeckung der Vorkommen in Südafrika im Jahre 1867 werden die Steine in großem Maße abgebaut.

Abbau

Der Tagebau ist die am weitesten verbreitete Abbauweise von Diamanten. Besonders in Südafrika arbeiten Tausende von Kindern und Erwachsenen in den Minen. Dazu graben sie mit einfachsten Werkzeugen tiefe Löcher in die Erde. Der Abbau der wertvollen Steine verursacht oft großes Leid. Die Bevölkerung wird beim Diamantenabbau ausgebeutet. Riskante Arbeitsbedingungen, unzureichende Ausrüstungen und mangelnde Sicherheitsvorkehrungen sind für die Arbeiter an der Tagesordnung. Werden die wertvollen Steine gefunden, müssen die Einwohner häufig ihr Zuhause verlassen. Das gewaltsame Vertreiben der Menschen aus ihrer Heimat ist ein oft genutztes Mittel, um an das Land für den Abbau der Diamanten zu gelangen.

2. Suche mithilfe einer Wirtschaftskarte im Atlas Diamantenvorkommen in Afrika.

„Blutdiamanten“

Als „Blutdiamanten“ werden Edelsteine bezeichnet, mit deren Verkaufserlösen militärische Konflikte finanziert werden. Zahlreiche Bürgerkriege in Zentral- und Westafrika werden mit und um die Edelsteine geführt, so z. B. im Kongo, in Sierra Leone und in Angola.
Außerdem werden mit dem Geld bis heute Kindersoldaten* ausgebildet und eingesetzt.

3. Erkläre den Ausdruck „Blutdiamanten“ in eigenen Worten. Lege dazu eine Stichwortliste an.

[3] Diamantensuche in Westafrika. *Foto, 2016.*

Industriestein oder Schmuckstein?

Nicht alle gefundenen Diamanten werden zu Schmucksteinen verarbeitet. Minderwertige Steine finden Verwendung in der Industrie: Sie werden bei Werkzeugen zum Schneiden, Bohren und Schleifen eingesetzt.
Außerdem gibt es seit einigen Jahrzehnten künstliche Diamanten. Dazu wird reiner Kohlenstoff unter sehr hohem Druck zusammengepresst. Industriediamanten bringen beim Verkauf sehr viel weniger Geld als Schmucksteine ein.

4. Nenne Bereiche für den Gebrauch von Diamanten.

(die) Kindersoldaten:
Kinder und Jugendliche unter 18 Jahren, die zwangsweise eingezogen, an Waffen ausgebildet und in Kämpfen eingesetzt werden. Sie leiden besonders unter körperlichen und seelischen Verletzungen.

Was du sonst noch tun kannst ...

- Finde im Internet Informationen zu den drei berühmtesten Diamanten der Welt. Gestalte dazu ein Plakat für das Klassenzimmer.
- Recherchiere im Internet über die Arbeitsbedingungen in einer Diamantenmine in Afrika.

Wähle einen der Arbeitsaufträge aus:

- Notiere in einem kurzen Text die Verwendungsmöglichkeiten von Diamanten.
- Berichte in einem Hefteintrag über die Verwendung geschürfter Diamanten.
- Verfasse einen Zeitungsartikel über die Abbaubedingungen für die Diamantenschürfer.

M

Wahlseite Flucht aus Kamerun

1. Informiere dich auf dieser Seite über die Situation in Kamerun.
2. Präsentiere deine Ergebnisse in geeigneter Form der Klasse.

[1] Flüchtlinge durchqueren die Sahara, *Foto, 2015.*

Die Lage in Kamerun

Zwischen 2013 und 2017 wurden in Kamerun über 100 Fälle von Personen festgestellt, die verhaftet und gefoltert wurden.

Nach der Verhaftung wurden sie in eine der Haftanstalten gebracht und dort getrennt von der Außenwelt gefangen gehalten. In einzelnen Fällen mussten Betroffene bis zu zweieinhalb Jahre so verbringen. Folter war in diesen Gefängnissen an der Tagesordnung.

Ein Geflüchteter erzählt, dass er in der Haftanstalt ständig angekettet war. Er erhielt nur eine Mahlzeit pro Tag und wurde gefoltert. Er sollte gestehen, dass er ein Mitglied einer Terrorgruppe sei.

[2] **Sadia Kanouo berichtet:**

„Mein Mann war Journalist. Er kritisierte häufiger die Regierung in Kamerun. 2015 wollte er über den Kirchentag in Stuttgart berichten. Er erhielt zu diesem Zweck ein Visum. Während einer Familienfeier wurde er in Kamerun von Soldaten verhaftet, in Untersuchungsgewahrsam genommen und misshandelt. Später konnte er fliehen. Mithilfe des Visums gelang ihm die Flucht nach Deutschland. Dort beantragte er Asyl.

Ich floh mit unseren beiden Söhnen und vielen anderen in einem Boot über das Mittelmeer. Auf dem Weg wurden wir von der italienischen Küstenwache gestoppt. Die Grenzbeamten nahmen mich und die erschöpften Kinder an Bord. Nach der Ankunft auf dem Festland kamen wir in ein Flüchtlingslager. Nach einigen Tagen wurden wir entlassen. Zu Fuß durchquerten wir Italien und Österreich. Wir froren sehr. Wir trugen Mülltüten als Regenbekleidung. Erst nachdem wir die deutsche Grenze in Passau überquert hatten, trafen wir meinen Mann wieder."

(Autorentext)

Tipp für die Erarbeitung

Was hast du über die Situation in Kamerun erfahren?

Tipp für die Präsentation

– Auf einer Wandkarte Kamerun und eine mögliche Fluchtroute zeigen.

Wahlseite Safari am Mount Kenya

1. Informiere dich auf dieser Seite über Kenia.
2. Präsentiere deine Ergebnisse in geeigneter Form der Klasse.

Kenias Landschaften

Kenia hat eine Vielzahl unterschiedlicher Landschaften. Der Mount Kenya ist mit 5 199 Metern der zweithöchste Berg Afrikas. Weite Teile des Landes sind von der **Trockensavanne** bedeckt. Aus der Luft wirkt sie oft grün, doch am Boden ist sie so trocken, dass eine landwirtschaftliche Nutzung nicht möglich ist.

Nationalparks und Reservate

Die Gesamtfläche der **Nationalparks** und **Reservate** in Kenia erreicht fast die Größe Bayerns. Weltbekannt ist das Masai-Mara-Reservat an der Grenze zu Tansania. Es ist Schauplatz der letzten großen **Wildtierwanderungen** der Welt. Den letzten Waldelefanten begegnen Besucher der Aberdares und des **Mount Kenya**. Für seinen Nashornreichtum ist der Nakuru-Nationalpark bekannt, wegen seines Sees auch bei Flamingos beliebt. Spektakulär ist der Ausblick aus dem Nairobi National Park auf die Skyline der Hauptstadt Nairobi.

Safari-Tourismus

Die Tierwelt, deren Vielfalt weltweit einzigartig ist, gehört zu Kenias wichtigsten **Touristenattraktionen**. Zahlreiche Reiseanbieter haben sich auf **Safaris** spezialisiert. Kenias Tierwelt ist auch Teil des **Weltnaturerbes** und steht unter dem Schutz der UNESCO. Viele Kenianer kennen Elefanten und Löwen aber nur aus dem Schulbuch oder von Reklametafeln, da sie sich selbst einen Nationalparkbesuch nicht leisten können.

[1] Safari im Masai-Mara-Reservat. *Foto, 2017.*

[2] Eine große Herde Gnus durchquert einen Fluss im Masai-Mara-Reservat. Im Fluss befinden sich zahllose Krokodile. *Foto, 2016.*

Tipp für die Erarbeitung
- Textknacker anwenden – Über die Folgen des Safaritourismus berichten

Tipp für die Präsentation
- Mithilfe der Informationen aus dem Text Kenias Tierwelt vorstellen

Wahlseite

Megacity Lagos

1. Informiere dich auf dieser Seite über Nigeria.
2. Präsentiere deine Ergebnisse in geeigneter Form der Klasse.

[1] In der Stadt Lagos, *Foto. 2016.*

Lagos
Lagos ist mit über 18 Millionen Einwohnern die größte Stadt in Nigeria. In Afrika hat nur Kairo mehr Einwohner. Lagos mit den zahlreichen Vororten zählt sogar zu den bevölkerungsreichsten Regionen weltweit. Tatsächlich ist der Reichtum laut Statistiken der Vereinten Nationen nur in wenigen anderen Städten der Welt ungleicher verteilt als hier.
Lagos steht für einen beachtlichen Wirtschaftsboom. Nicht alle Nigerianer profitieren davon. Etwa 70 Prozent der Bevölkerung des Landes leben in großer Armut. Außerdem herrscht in Nigeria eine hohe Kriminalität. Daneben gibt es immer wieder Kämpfe zwischen sogenannten Rebellengruppen. Sie werden entweder vom muslimischen Norden oder vom christlichen Süden militärisch und finanziell unterstützt.

Wirtschaftsboom in Nigeria
Nigeria hat 2014 Südafrika als stärkste Wirtschaftsmacht des Kontinents Afrika abgelöst. Mehrere Faktoren haben dazu beigetragen:
- die Steigerung der Erdölförderung,
- die Erhöhung des Erdölpreises,
- verbesserte Leistungen in der Landwirtschaft und im Telekommunikationssektor.

Der Telekommunikationssektor boomt bereits seit einigen Jahren. Experten bezeichnen Nigeria aufgrund der vielen Startups sogar als das zukünftige „Silicon Valley“.

Tipp für die Erarbeitung
- Probleme notieren, unter denen die Bevölkerung Nigerias zu leiden hat.

Tipp für die Präsentation
- Eine Wandzeitung gestalten und weitere Informationen, z. B. aus dem Internet, darstellen.

M

Wahlseite Kein Smartphone ohne Coltan

1. Informiere dich auf dieser Seite über den Kongo.
2. Präsentiere deine Ergebnisse in geeigneter Form der Klasse.

[1] Arbeiter in einer Coltan-Mine im Kongo. *Foto, 2016.*

Rohstoffreicher Kongo

Obwohl die Demokratische Republik Kongo über die größten Bodenschätze Afrikas verfügt, gehört sie zu den ärmsten Ländern der Welt. Auf den ersten Blick hat das Land daher große wirtschaftliche Chancen. Trotzdem liegt es im Vergleich mit anderen afrikanischen Staaten weit hinten. Seit über 100 Jahren werden die Bodenschätze im Land abgebaut, und seither wird das Land ausgebeutet.

Bis heute führen die wertvollen Rohstoffe zu großen Konflikten zwischen verschiedenen Bevölkerungsgruppen, Rebellenführern, Soldaten, Unternehmen und den angrenzenden Staaten. Wirtschaftliche Interessen werden zu Auslösern für bewaffnete Konflikte. Rohstoffreiche Gebiete werden erbittert umkämpft. Wer ein Gebiet unter seiner Kontrolle hat, hat damit den Zugriff auf die Rohstoffe.

Coltan

Für jedes Handy, jeden Computer, jede Digitalkamera brauchen die Hersteller Coltan. Das Erz und seine metallischen Elemente Niob und Tantal sind für besonders feine Elektronik unverzichtbar geworden. Tantal wird zudem in der Medizintechnik immer wichtiger. Es wird für Zahnimplantate, Knochennägel und Prothesen verwendet.

Im Osten des Kongo befinden sich 80 Prozent der weltweiten Coltan-Vorkommen. Das Erz lagert direkt unter der Oberfläche. Die Umwelt leidet unter dem Coltan-Abbau. Arbeiter holzen große Flächen Regenwald ab. Damit zerstören sie den Lebensraum der stark gefährdeten Berggorillas. Auch Elefanten, Raubkatzen und zahlreiche weitere Tierarten verlieren durch den Abbau ihren Lebensraum.

Tipp für die Erarbeitung

– Die Folgen des Rohstoffreichtums im Kongo notieren.

Tipp für die Präsentation

– Anhand des Fotos und mithilfe der Informationen aus dem Text die Schattenseiten des Rohstoffreichtums im Kongo erklären.

GPG aktiv

Diese Seite richtet sich an alle, die das Thema „Afrika“ besonders interessiert, die gern mehr erfahren, ausprobieren und vielleicht etwas organisieren wollen.
Du kannst die Aufgaben vielleicht in der Schule oder außerhalb der Schule, allein, zu zweit oder in der Gruppe anpacken und mit den Ergebnissen eine kleine Präsentation organisieren.
Denke auch daran, dein Portfolio zu führen:

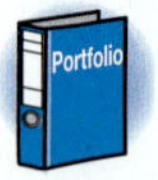

- schöne Ergebnisse in Text und Bild sammeln.
- Lernerfahrungen zum Thema „Afrika“ aufschreiben.

Kochen: Ein Afrika-Menü vorbereiten und durchführen

- ▶ Suche verschiedene afrikanische Gerichte heraus und besorge die Zutaten. Kocht in kleinen Gruppen in der Schulküche für eure Klasse ein Menü mit drei Gängen.
- ▶ Informiert euch über die Grundnahrungsmittel in Afrika und deren Verwendung.

[1] Traditionelles äthiopisches Essen. *Foto, 2018.*

Gestalten: Eine Ausstellung über afrikanische Länder gestalten

- ▶ Entscheidet euch für einige afrikanische Staaten, die ihr näher vorstellen wollt.
- ▶ Teilt Partner ein, die zusammen ein Plakat gestalten.
  - Lage des Landes
  - Flagge
  - Informationen über die Menschen dort
  - Interessantes über die Kultur des Landes ...
- ▶ Plant eine Führung für eure Wandzeitung für andere Klassen.

M Planen: Einen Tagesausflug vorbereiten

- ▶ Einen Ausflug ins Völkerkundemuseum planen (Fahrtstrecke, Führung, Ausstellungsinhalte, Verpflegung usw.)

M Aktion für Bildung als Schüssel zur Selbsthilfe in Afrika.

Die Christian Liebig Stiftung e. V. (CLS) wurde im Jahre 2003 ins Leben gerufen. Die CLS arbeitet mit großen Hilfsorganisationen wie der Deutschen Welthungerhilfe und UNICEF zusammen. Trotz kleiner Fortschritte zählt Malawi vor allem im Bereich der Bildung und Wirtschaft immer noch zu den ärmsten Ländern der Welt. In den vergangenen Jahren konnte die Stiftung vieles erreichen.

- ▶ Informiere dich über weitere Entwicklungshilfeprojekte aus Deutschland.
- ▶ Gestaltet einen Flyer „Wir helfen Kindern in Malawi“, in dem ihr um Unterstützung für ein Entwicklungsprojekt bittet.

Teste dich!

NICHT IN DAS BUCH SCHREIBEN!

[1] **Richtig oder falsch? Entscheide!**

a) Analphabeten können weder lesen noch schreiben.
b) Nur Kinder können Analphabeten sein.
c) Alle Lehrer in Afrika sind sehr gut ausgebildet.
d) In Afrika gibt es sieben verschiedene Regionen.
e) Die Sahara ist die größte Wüste der Welt.
f) Eines der reichsten Länder ist die Zentralafrikanische Republik.
g) Auf dem afrikanischen Kontinent befinden sich zwei verschiedene Klimazonen.
h) Das Gebiet zwischen Regenwald und Wüste nennt man Savanne.
i) Der Human Development Index (HDI) zeigt den Grad menschlichen Reichtums in der Welt.
j) Blutdiamanten haben ihren Namen von ihrer roten Färbung.

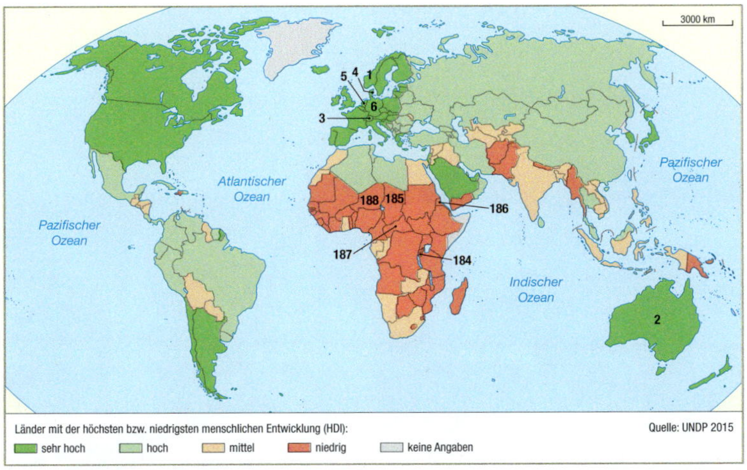

[2] Stand der menschlichen Entwicklung nach dem HDI. *Stand 2015.*

[3] Verteilung der Weltbevölkerung im Jahr 2100. *Prognose.*

Erkenntnisse gewinnen

1. Nenne drei Staaten, die in Afrika zwei Nachbarstaaten haben.
2. Finde heraus, aus welchen Ländern „Blutdiamanten" kommen.
3. Nenne drei Länder Afrikas, in denen viele Menschen nicht lesen oder schreiben können.
4. Entscheide, ob die Aussagen in [1] richtig oder falsch sind.

Beurteilen und bewerten

5. Beurteile den Handel mit sogenannten Blutdiamanten. Berücksichtige auch die Interessen der einheimischen Bevölkerung.
6. Wo liegen deiner Meinung nach Gründe für Armut und Kriege in vielen Ländern Afrikas? Begründe deine Entscheidung.
7. Beurteile die Verteilung des Lebensstandards in der Welt aus der Sicht eines Wissenschaftlers [2].

Anwenden und handeln

8. Untersuche die Karte [2] bezüglich der Lebensbedingungen der Menschen in Afrika.
9. Werte die Prognose in [3] aus. Welche Aussagen werden hier für Afrika im Jahr 2100 gemacht?

WEBCODE: MZ648979-179

ODEON
PIM AND BILLY BALL 15:00
MITEINANDER REDEN 17:00/20:00
SHADOWS 22:00 (FSK AB 18)
ODEON
Peter Pim and Billy Ball
SHADOWS

Jugendliche und das Recht

In der Öffentlichkeit

Ab einem bestimmten Alter sind Jugendliche ohne ihre Eltern unterwegs. Sie treffen sich abends oder am Wochenende mit Freunden oder gehen ins Kino. Ohne Erwachsene auszugehen, bedeutet für Jugendliche Freiheit. Allerdings gelten für sie nun auch gesetzliche Regeln und Bestimmungen.

1. Beschreibe die Situation im Bild.
2. Berichte von einem Abend, den du mit Freunden verbracht hast.
3. Was weißt du über gesetzliche Bestimmungen, die für Jugendliche gelten?

Schauplatz In der Öffentlichkeit

Wie lange dürfen Jugendliche abends unterwegs sein?

[1] Treffen auf dem Spielplatz, *Illustration.*

[2] In der Kneipe, *Illustration.*

1. Beschreibe die Bilder [1] bis [4]. Was weißt du darüber, wie lange Jugendliche abends unterwegs sein dürfen?

In öffentlichen Räumen

Bestimmt hast du auch schon mal mit deinen Eltern darüber diskutiert, wie lange du abends draußen bleiben darfst. Vielen Kinder und Jugendlichen geht das so.
Beliebte Treffpunkte sind Parks, Kinderspielplätze, Bushaltestellen oder der Pausenhof der Schule. Das sind alles öffentliche Räume*.
Grundsätzlich entscheiden allein die Eltern, wie lange sich ihre minderjährigen Kinder auf öffentlichen Plätzen aufhalten dürfen.

(der) öffentliche Raum:
Fläche in einer Gemeinde, die frei zugänglich ist. Private Gebäude und Grundstücke sind kein öffentlicher Raum.

In Gaststätten

Für den Aufenthalt in Gaststätten – also Restaurants, Cafés oder Kneipen – gibt es eine gesetzliche Regelung: Jugendliche unter 16 Jahren dürfen sie nur in Begleitung ihrer Eltern oder einer erziehungsberechtigten* Person besuchen.
Alleine oder mit gleichaltrigen Freunden dürfen sie sich nur in Gaststätten aufhalten, wenn sie eine Mahlzeit oder ein alkoholfreies Getränk zu sich nehmen. Diese Regel gilt bis 23 Uhr. Sie ist wichtig bei Klassenfahrten und Schulausflügen.
Jugendliche unter 16 Jahren dürfen in Gaststätten keinen Alkohol bekommen.

2. Gib die Regeln wieder, die für Jugendliche in Gaststätten gelten.

(die) erziehungsberechtigte Person:
Volljährige Person, die mit Erlaubnis der Eltern für eine bestimmte Zeit die Verantwortung für ein minderjähriges Kind übernimmt.

[3] Im Kino, *Illustration.*

Im Kino

Gesetzliche Regeln gibt es auch für den Besuch eines Kinofilms: Kinder unter 14 Jahren dürfen bis 20 Uhr ins Kino. Dann muss der Film allerdings beendet sein.

Jugendliche von 14 bis 16 Jahren dürfen bis 22 Uhr ein Kino besuchen. Allerdings müssen die Eltern oder eine erziehungsberechtigte Person dabei sein. Ab dem 16. Lebensjahr darf man dann bis Mitternacht ins Kino.

Kinofilme haben zusätzlich eine Altersfreigabe ab einem bestimmten Alter. Das bedeutet, man darf sie erst mit 14, 16 oder 18 Jahren ansehen. Der Staat will Kinder und Jugendliche so vor gewalttätigen und pornographischen Darstellungen schützen.

3. Nenne die Altersstufen, die für Jugendliche im Kino gelten. Erstelle dazu eine Tabelle:

Unter 14 Jahren …	…	…	…
…	…	…	…

[4] Vor der Diskothek, *Illustration.*

In der Diskothek

Der Besuch von Diskos und Clubs ist für Jugendliche unter 16 Jahren erst einmal verboten. Eine Ausnahme besteht dann, wenn ein Elternteil oder eine erziehungsberechtigte Person mitkommt. Dann darf man dort bis Mitternacht feiern.

Alleine dürfen sich Jugendliche bis 24 Uhr in Diskotheken aufhalten, wenn sie 16 oder 17 Jahre alt sind.

Einige Diskotheken haben die Regel, dass Jugendliche unter 18 Jahren eine Kopie des Ausweises beim Eintritt abgeben müssen. So wollen sie sicherstellen, dass die Jugendlichen den Ort bis 24 Uhr wieder verlassen müssen.

4. Nenne die Altersstufen, die es für Jugendliche beim Diskobesuch gibt.

Wähle einen der Arbeitsaufträge aus:

- ⚀ Notiere öffentliche Orte, an denen sich Jugendliche jeden Alters rund um die Uhr aufhalten dürfen, wenn es die Eltern erlauben.
- ⚁ Deine Freunde treffen sich abends im Park. Deine Eltern lassen dich nicht dorthin. Gestalte ein Gespräch, in dem du sie überzeugst. Spiele es der Klasse vor.
- ⚂ Viele Eltern wissen nicht, welche Gesetze für ihre Kinder gelten. Erstelle einen Elternratgeber mit allen notwendigen Informationen.

Orientierung – Recht und Gesetz

Welche Hinweise und Bestimmungen regeln den Alltag?

[1] Verbots- und Hinweisschilder, *Fotos.*

1. Begründe, warum die Schilder [1] notwendig sind.
2. Berichte über ähnliche Schilder, die du aus deinem Alltag kennst.
3. Jugendliche fühlen sich durch Regeln und Vorschriften oft in ihrer Freiheit eingeschränkt. Nimm Stellung dazu.

Regeln

Überall gibt es Regeln. Vorschriften und Hinweise sorgen im Straßenverkehr, während des Unterrichts in der Schule und sogar auf dem Spielplatz für Ordnung. Gäbe es diese Regeln nicht, würde das Zusammenleben in unserer Gesellschaft nicht funktionieren.

Regeln sind verbindliche Richtlinien. Sie gelten in einer bestimmten Situation für eine bestimmte Personengruppe.

Geht man zum Beispiel auf einen Spielplatz, darf man seinen Hund nicht mitnehmen, wenn das auf einem Hinweisschild steht.

Regeln erleichtern unser Zusammenleben. Weil es sie gibt, muss man nicht ständig neu entscheiden, ob etwas richtig ist.

Gesetze

Gesetze sind Regeln, die für ein Bundesland oder ganz Deutschland gelten. In Deutschland werden Gesetze von den Parlamenten gemacht. Das sind zum Beispiel der Bayerische Landtag oder der Bundestag. Dort sitzen vom Volk gewählte Vertreter. Gesetze sind in Gesetzbüchern zusammengefasst.

Gesetze sind etwas anderes als Spielregeln, Sitten und Gewohnheiten. Der Staat muss die Einhaltung der Gesetze überwachen und durchsetzen. Das erledigen Behörden (z. B. das Finanzamt oder die Gemeindeverwaltung), die Polizei und die Gerichte.

4. Fasse die wichtigsten Informationen über Gesetze zusammen.

[1] M **Das Bürgerliche Gesetzbuch (BGB)**
Eines der wichtigsten deutschen Gesetzbücher ist das BGB. Darin wird das Zivilrecht geregelt, also die Rechtsbeziehungen zwischen Privatpersonen, Firmen und Vereinen.
Im BGB stehen zum Beispiel Vorschriften über Kaufverträge, Erbschaften oder Ehescheidungen. Wenn jemand wissen möchte, welcher Anteil am Erbe ihm zusteht oder ob ein Vermieter die Miete erhöhen darf, kann er dort nachlesen. Die Texte sind in einzelne Paragraphen* unterteilt.

Das Strafgesetzbuch (StGB)
Das StGB legt fest, welche Handlungen strafbar sind. Es regelt, wann und wie der Staat einen Bürger bestrafen darf.
Im StGB findet man zum Beispiel Paragraphen über Körperverletzung, Diebstahl oder Beleidigung. Die einzelnen Straftaten sind dort ganz genau definiert. Außerdem stehen dort Mindest- und Höchststrafen, die ein Richter verhängen darf.

[2] Deutsche Gesetzbücher, *Foto.*

5. M Erkläre in eigenen Worten den Unterschied zwischen BGB und StGB [Text 1].

*
(der) Paragraf §:
inhaltlicher Abschnitt in einem Gesetzestext

§ Jugendliche und das Recht

Alt genug, um ...

Welche Rechte und Pflichten habe ich in welchem Alter?

Die Stufen der Geschäftsfähigkeit
Ein Fünfjähriger darf sich nichts kaufen. Kinder bis zum 6. Lebensjahr dürfen keine Geschäfte abschließen, sind also **„geschäftsunfähig“**.
Erst zwischen dem siebten und 18. Lebensjahr sind sie **beschränkt geschäftsfähig**. Sie dürfen sich nun etwas von ihrem Taschengeld kaufen. Mit 18 ist man **voll geschäftsfähig**. Man darf nun alle Verträge selbst abschließen.

1. Beschreibe die Bilder. Welche Rechte und Pflichten erkennst du auf den abgebildeten Situationen?
2. Erläutere, ab wann man von einem „Jugendlichen“ spricht.
3. Erkläre in eigenen Worten die „Stufen der Geschäftsfähigkeit“.

Geburt
Kinder haben schon mit der Geburt Rechte und Pflichten. Sie sind **rechtsfähig**. Sie dürfen z. B. Geschenke der Großeltern behalten.

ab 6 Jahren
Die Schulpflicht beginnt.
Kinder dürfen Kinofilme bis 20.00 Uhr besuchen.

ab 8 Jahren
Kinder dürfen mit dem Fahrrad die Fahrbahn bzw. den Radweg alleine benutzen.

ab 12 Jahren
Kinder dürfen jetzt im Auto vorne sitzen.

ab 14 Jahren
Jugendliche sind jetzt **strafmündig**. Das bedeutet, wenn sie eine Straftat begehen, müssen sie sich vor Gericht dafür verantworten.
Sie dürfen jetzt auch ihre Religionszugehörigkeit selbst bestimmen und ändern.

ab 15 Jahren
Jugendliche müssen bei ihrer Gemeinde einen Personalausweis beantragen.
Sie können einen Mofa-Führerschein machen.

ab 18 Jahren
Jetzt gilt man vor dem Gesetz als **volljährig**. Man darf jetzt vieles ohne Erziehungsberechtigte:
- einen Auto-Führerschein machen,
- wählen,
- eine Wohnung mieten,
- Alkohol und Tabak kaufen.

Man kann bei Straftaten aber auch bestraft werden wie ein Erwachsener.

Wähle einen der Arbeitsaufträge aus:

Übernimm die Tabelle in dein Heft und vervollständige sie:

Lebensalter	Rechte	Pflichten
Geburt	Geschenke annehmen	
6 Jahre		Schulpflicht
…	…	

Gestalte ein Gespräch: An deinem 14. Geburtstag weisen dich deine Eltern auf die Bedeutsamkeit dieses Alters hin. Trage das Gespräch in der Klasse vor.

Verfasse einen Tagebucheintrag. Beginne so: „Morgen werde ich 18. Dann darf ich machen, was ich will …

Der Jugendschutz

Hilfe oder „Spaßbremse"?

[1] Das „max" wird geschlossen! Die Polizei ermittelt, *Illustration.*

[2] Eine Zeitung berichtet über die Schließung der Disko „max":

Party – all night long! Dieses Motto gilt nicht mehr für das „max". Die größte Disko der Stadt schließt ihre Pforten. Sie war vor allem bei Jugendlichen beliebt. Mit sofortiger Wirkung entzieht das Ordnungsamt der Disko die Betriebserlaubnis. Nach den Vorfällen des vergangenen Wochenendes ermittelt nun sogar die Polizei gegen den Geschäftsführer.

Immer wieder musste die Polizei in den letzten Wochen anrücken. Gerade an den Wochenenden riefen die Anwohner oft die Polizeibeamten um Hilfe. Ruhestörung, falsch geparkte Autos von Diskobesuchern und Schlägereien waren die Gründe.

In der Nacht zum Sonntag führte die Polizei dann eine Razzia* im „max" durch. Über 200 Jugendliche wurden weit nach Mitternacht kontrolliert. Die erschreckende Bilanz: 36 der überprüften Jugendliche waren minderjährig. An viele Mädchen und Jungen unter 18 Jahren wurde Schnaps ausgeschenkt. In derselben Nacht erlitt eine 14-Jährige eine Alkoholvergiftung. Sie wurde ins Krankenhaus eingeliefert. Passanten fanden das völlig unterkühlte und bewusstlose Mädchen auf einem Parkplatz direkt neben dem „max".

Jetzt ermittelt die Polizei. Das „max" soll gegen das Jugendschutzgesetz verstoßen haben. Nun soll es geschlossen werden ...

[Verfassertext]

1. Erläutere, warum das max bei vielen Jugendlichen beliebt war.
2. Berichte in eigenen Worten vom Ergebnis der Polizeirazzia im „max".
3. Begründe, warum die Polizei gegen den Geschäftsführer der Disko ermittelt.

(die) Razzia:
eine unangekündigte Kontrolle der Polizei, zum Beispiel in einem Lokal, weil dort strafbare Handlungen vermutet werden

Erziehungsberechtigte sind nicht verpflichtet, alles zu erlauben, was das Gesetz gestattet. Sie tragen bis zur Volljährigkeit die Verantwortung.	Kinder bis 14 Jahre	Jugendliche unter 16 Jahren	Jugendliche mit 16 und 17 Jahren
Aufenthalt in Gaststätten	*	*	* bis 24:00
Aufenthalt in Nachtbars, Nachtclubs	nicht erlaubt	nicht erlaubt	nicht erlaubt
Anwesenheit in der Disko (Ausnahmegenehmigungen möglich)	*	*	* bis 24:00
Anwesenheit bei Tanzveranstaltungen von anerkannten Trägern (z. B Tanzschule)	* bis 22:00	* bis 22:00	* bis 24:00
Anwesenheit in öffentlichen Spielhallen	nicht erlaubt	nicht erlaubt	nicht erlaubt
Anwesenheit an jugendgefährdenden Orten	nicht erlaubt	nicht erlaubt	nicht erlaubt
Abgabe/Verzehr von branntweinhaltigen Getränken	nicht erlaubt	nicht erlaubt	nicht erlaubt
Abgabe/Verzehr alkoholischer Getränke, z. B. Wein, Bier	nicht erlaubt	nicht erlaubt	erlaubt
Rauchen in der Öffentlichkeit/Abgabe von Tabakwaren	nicht erlaubt	nicht erlaubt	nicht erlaubt
Besuch öffentlicher Filmveranstaltungen (bei passender Altersfreigabe, unter 6 Jahren nur mit Erziehungsberechtigten)	* bis 20:00	* bis 22:00	* bis 24:00
Abgabe von Bildträgern (Video, DVD)	erlaubt	erlaubt	erlaubt
Spielen an Geräten ohne Gewinnmöglichkeit (Altersfreigabe)	erlaubt	erlaubt	erlaubt

nicht erlaubt — erlaubt — * * bei Anwesenheit eines Erziehungsberechtigten erlaubt

[3] Regelungen und Bestimmungen des Jugendschutzgesetzes im Überblick, *Tabelle*.

4. Notiere anhand von Tabelle [3]:
- Was ist Jugendlichen in deinem Alter erlaubt?
- Was ist nicht erlaubt?
- Was ist erlaubt, wenn ein Erziehungsberechtigter dabei ist?

Schutz der Jugend

Das Jugendschutzgesetz hat die Aufgabe, Kinder und Jugendliche in der Öffentlichkeit zu schützen. Es regelt den Verkauf, die Abgabe und den Konsum von Alkohol und Nikotin sowie von Filmen und Computerspielen.
Auch die Zeiten für den Aufenthalt von Jugendlichen in Gaststätten, Bars und Diskotheken sind festgelegt. Wer gegen die Bestimmungen des Jugendschutzgesetzes verstößt, der macht sich strafbar.

5. Erkläre die Bedeutung des Jugendschutzgesetzes.
6. M Lies die Fallbeispiele in [4]. Triff eine Entscheidung und begründe sie mitHilfe der Tabelle [3].

[4] M **Erlaubt oder nicht? Jugendliche überlegen:**

„Heute ist im Jugendzentrum eine Party. Ich würde gerne bis 22:00 Uhr dorthin. Das ist doch erlaubt, oder?“ (Sascha, 14 Jahre)
„Ich will in der Tankstelle nur Zigaretten kaufen. Das ist erlaubt, oder?“ (Kai, 16 Jahre)
„Meine Mutter erlaubt mir, die ganze Nacht in der Disko zu feiern. Sie schreibt mir eine Erlaubnis, die ich dem Türsteher zeige. Das klappt doch, oder?“ (Hatice, 15 Jahre)

(Verfassertexte)

Wähle einen der Arbeitsaufträge aus:

- Notiere aus dem Jugendschutzgesetz die Verbote, die für Kinder bis 14 Jahre gelten.
- Verfasse einen Entschuldigungsbrief: Du bist der Geschäftsführer der Disko „max“ und möchtest deine Fehler eingestehen.
- Erstelle eine Mindmap zum Thema Jugendschutz.

M Jugendkriminalität

Warum begehen Jugendliche Straftaten?

[1] Straftaten Jugendlicher, *Fotos.*

1. Benenne die dargestellten Straftaten.

[2] **Ein Jugendlicher berichtet:**

„Wir trafen uns immer mittags im Park. Anfangs tranken wir Alkohol. Dann beleidigten wir Passanten. Irgendwann fingen wir an, in der Fußgängerunterführung Graffitis zu sprühen.
Dann kam die Gewalt dazu. Wir bekamen Streit mit anderen Jugendgangs. Es verging kaum eine Woche ohne Schlägerei.
Weil unser Taschengeld für teure Klamotten nicht reichte, fingen wir an zu klauen.
Später bedrohte ich einen Jungen und nahm ihm das Handy weg. Da wurde ich von der Polizei geschnappt."

(Verfassertext)

2. Nenne die Straftaten, die der Jugendliche begangen hat.

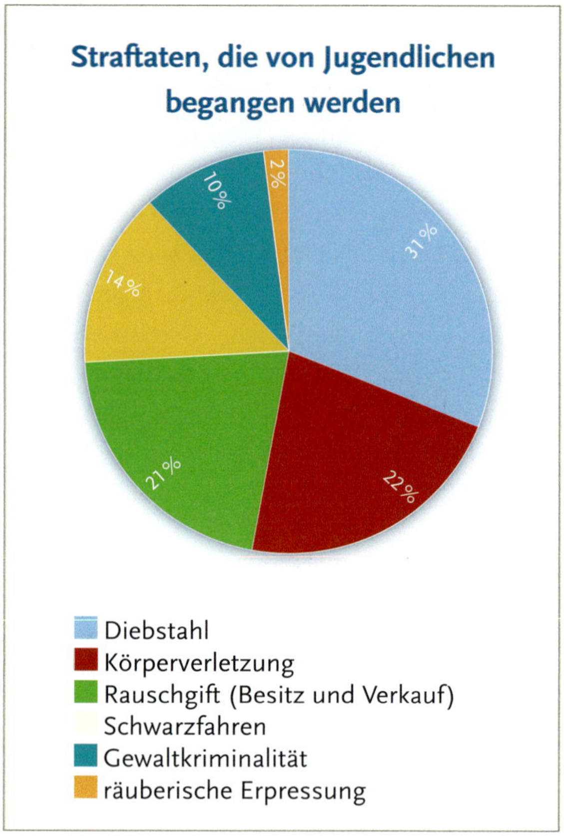

[3] Straftaten Jugendlicher, *Schaubild.*

Fakten zur Jugendkriminalität

Etwa 25 % aller Tatverdächtigen, die die Polizei ermittelt, sind unter 21 Jahre alt. Der größte Teil von ihnen ist männlich.
Insgesamt ist die Jugendkriminalität rückläufig. Das bedeutet, dass die Zahl der ermittelten Straftaten zurückgeht, bei denen Jugendliche beteiligt sind.
Doch nicht alle Straftaten von Jugendlichen werden angezeigt. Viele bleiben unentdeckt. Zum Beispiel wird nicht jeder jugendliche „Schwarzfahrer" erwischt.

3. Erläutere in eigenen Worten Fakten und Entwicklungen zur Jugendkriminalität. Nutze das Schaubild [3].

Ursachen der Jugendkriminalität

Es gibt eine Vielzahl von Gründen dafür, dass Jugendliche Straftaten begehen. Häufig wirken mehrere Ursachen zusammen.

[4] Ein Richter, ein Vater und ein Polizist berichten über die Ursachen der Jugendkriminalität:

„Oft stehen Jugendliche vor Gericht, weil sie ihre Grenzen austesten wollten. Sie sind in einem Alter, in dem sie unüberlegte Dinge tun. Leider sind dann manchmal Straftaten dabei."
(Dr. Brunner, Richter)

„Als unsere Tochter 14 war, hatte sie auf einmal ganz neue Freunde. Die hatten einen schlechten Einfluss auf sie. Vorher hat sie nämlich nie im Kaufhaus geklaut. Sie hatte Angst, ausgeschlossen zu werden, wenn sie nicht mitmacht."
(Herr Prantl, Vater)

„Wir ermitteln sehr häufig jugendliche Täter, die gar nicht wissen, dass sie eine Straftat begangen haben. Wenn man andere im Internet beleidigt oder bedroht, dann sind das Straftaten. Das ist manchen gar nicht bewusst."
(Herr Horvath, Polizist)

4. Erläutere die Ursachen, die bei Jugendlichen zu Straftaten führen können.

[5] **Ein Sozialarbeiter erklärt Jugendgewalt so:**
„Wenn Jugendliche Gewalt ausüben, haben sie oft selbst Demütigung und Gewalt erfahren. Jugendliche werden viel öfter gewalttätig, wenn sie als Kind von ihren Eltern vernachlässigt oder geschlagen wurden. Jeder Mensch sucht sich seine Vorbilder."

(Verfassertext)

5. „Jeder Mensch sucht sich Vorbilder." Nimm Stellung zu dieser Aussage [5].

Wähle einen der Arbeitsaufträge aus:

- Notiere die am häufigsten begangenen Straftaten bei Jugendlichen.
- Deine Eltern fürchten, dass du „die falschen Freunde" hast, und verbieten dir den Umgang. Gestalte ein Gespräch und führe es der Klasse vor.
- Schreibe einen Text über eine mögliche Straftat von Jugendlichen, die aus fehlendem Unrechtsbewusstsein begangen worden sein könnte.

Methode Eine Diskussion führen

Wenn man ein Thema in der Klasse bespricht, gibt es oft unterschiedliche Meinungen. Damit nicht alles durcheinandergerät, ist es wichtig, vorher klare Regeln für das Gespräch festzulegen.
Die folgenden Schritte helfen euch dabei, eine Diskussion oder ein Streitgespräch im Unterricht zu führen.

[1] Schüler bei einer Diskussion, *Foto*.

1. Schritt: Vorbereitung

- Ein strittiges Thema finden, das interessant ist und bei dem möglichst viele mitreden können, weil sie davon betroffen sind
- Alle informieren sich gezielt zum Thema und machen sich Notizen.
- Den Raum vorbereiten: Stühle zu Dreiergruppen stellen
- Rollen festlegen (zwei Redner, ein Beobachter)

[2] **Wichtige Gesprächsregeln:**
- Wir hören aktiv zu und schauen unseren Gesprächspartner an.
- Wir lassen uns gegenseitig ausreden.
- Wir nehmen andere Meinungen ernst.

2. Schritt: Durchführung

- Die Klasse wird in mehrere Dreiergruppen aufgeteilt.
- Redner A eröffnet die Diskussion und stellt seine eigene Meinung dar.
- Redner B fasst die Meinung von Redner A zusammen und fragt nach.
- Redner A hat die Möglichkeit zur Erklärung, Ergänzung oder Korrektur.
- Redner B stellt nun die eigene Position dar (Widerspruch oder Weiterführung).
- Der Beobachter schreitet ein, wenn Gesprächsregeln verletzt werden oder inhaltliche Missverständnisse entstehen.

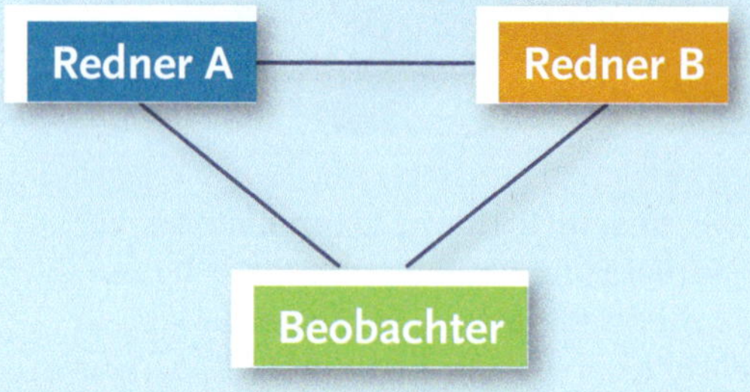

[3] Diskutieren in der Dreiergruppe, *Schaubild*.

3. Schritt: Austausch

- Im Klassenverband tauscht ihr die unterschiedlichen Positionen aus.

[4] **Formulierungshilfen zum Diskutieren:**
- „Ich bin der Meinung, dass…“
- „Ich bin davon überzeugt, dass…“
- „Warum denkst du, dass…?“
- „Ich verstehe dein Argument, aber…“
- „… erscheint mir eher unwichtig.“
- „Davon bin ich nicht wirklich überzeugt…“

[5] Mobbing auf dem Pausenhof, *Illustration*.

Diskussionsthema: Cybermobbing – Angst vor der Schule

[6] In einem Zeitungsbericht über Cybermobbing heißt es:

Eine 15-Jährige verweigert aus Angst den täglichen Schulbesuch, weil sie das Opfer von Cybermobbing wurde. Eine Mitschülerin stellte ein Nacktfoto von ihr ins Internet. Innerhalb kürzester Zeit kreiste das Foto zwischen allen Schülern. Was Annika S. passiert ist, kann jeden Jugendlichen treffen. Eine Mitschülerin fotografierte sie heimlich beim Umziehen für den Schwimmunterricht. Sie stellte das Nacktfoto ins Internet und schrieb: „Unsere fette Annika!". Andere Schüler wurden darauf aufmerksam.

Im Internet wurde das Bild immer weiterverbreitet und mit Beleidigungen kommentiert. Als Annika S. am nächsten Tag in die Schule kam, war sie die Zielscheibe von Spott und Hänseleien. Die Mitschülerin, die das Foto gemacht hatte, drohte, weitere Bilder online zu stellen.

Annika S. weigerte sich daraufhin, in die Schule zu gehen. Ihre Eltern sprachen mit der Schulleitung und dem Vertrauenslehrer. Aber das half alles nichts. Letztendlich wechselte Annika die Schule.

Doch das Foto aus der Umkleide war bereits an der neuen Schule angelangt. Die Hänseleien begannen auch hier. Annika S. ist momentan krankgeschrieben und versucht ihre Schulangst in einer Psychotherapie aufzuarbeiten.

Ihre Eltern haben die Täterin bei der Polizei angezeigt. Sie streitet die Tat ab. Was bleibt, ist die Frage, ob dies alles irgendwie zu verhindern gewesen wäre.

(Verfassertext)

1. Lest den Zeitungsbericht und fasst ihn in eigenen Worten zusammen.
2. Diskutiert in Dreiergruppen darüber, ob man Annika hätte helfen können. Nutzt die Schritte von Seite 192.
3. Diskutiert darüber, ob man die Mitschülerin bestrafen sollte, die das Foto gemacht hat.

M Diskussionsvorschläge:

- Sollte Jugendlichen mehr erlaubt sein?
- Sollen Jugendliche gleich bestraft werden wie Erwachsene?

Vor dem Jugendrichter

Wie läuft eine Verhandlung vor dem Jugendrichter ab?

[1] Verhandlung im Jugendgericht, *Illustration.*

1. Beschreibe das Bild [1]. Vermute, welche Rollen die Personen in der Gerichtsverhandlung haben.

Das Jugendstrafrecht

Hat ein Jugendlicher das 14. Lebensjahr erreicht, dann ist er strafmündig. Begeht er nun eine Straftat, dann wird er strafrechtlich verfolgt. Jugendliche müssen sich nun vor dem Jugendgericht verantworten und die Konsequenzen ihrer Handlungen übernehmen.

Das Gericht geht mit Jugendlichen behutsamer um als mit Erwachsenen. Gründe dafür sind:

- Jugendlichen fehlt die nötige Reife, um die Folgen ihres Handelns zu überblicken.
- Sie begehen Straftaten oft unwissentlich oder ohne böse Absicht.
- Die Ursachen von Straftaten sind manchmal Gewalt oder Vernachlässigung im Elternhaus.

Das Jugendgericht möchte jungen Straftätern wieder auf den „rechten Weg" helfen. Deshalb gilt vor dem Jugendrichter der Grundsatz: „Erziehung geht vor Strafe".

Die Gerichtsverhandlung

Die Staatsanwaltschaft klagt den Jugendlichen nach den Ermittlungen der Polizei an. Die Verteidigung des Angeklagten übernimmt ein Rechtsanwalt. Ein Jugendrichter leitet die Verhandlung und verkündet am Ende das Urteil. Bei schweren Straftaten wird der Richter von zwei Schöffen* unterstützt.

Beistand erhält der Jugendliche von der Jugendgerichtshilfe. Ein Mitarbeiter des Jugendamtes unterhält sich vor der Verhandlung mit dem Angeklagten über die Ursachen seiner Tat und gibt dem Richter eine Empfehlung.

2. Begründe den Grundsatz „Erziehung geht vor Strafe".
3. Erläutere den Ablauf der Verhandlung vor dem Jugendgericht.

(der) Schöffe:
Ein ehrenamtlicher Richter ohne Rechtsausbildung. Er unterstützt den Berufsrichter bei der Verhandlung und der Urteilsfindung.

[a] Sozialstunden

[b] Täter-Opfer-Ausgleich

[c] Anti-Aggressionstraining

[d] Jugendhaft

[2] Erziehungsmaßnahmen und Strafen, die das Jugendgericht verhängen kann, *Illustrationen*.

4. Beschreibe die Erziehungsmaßnahmen und Strafen [2]. Vermute, welchen Zweck sie haben sollen.

Das Urteil

In der Verhandlung befragen der Richter, der Staatsanwalt und der Verteidiger die Zeugen. Der Richter prüft, welche Umstände für oder gegen eine Verurteilung sprechen.

Am Ende halten der Staatsanwalt und der Rechtsanwalt des Angeklagten eine Rede. Darin geben sie ihre Empfehlungen für ein Urteil ab, das der Richter sprechen soll. Zuletzt spricht der Jugendrichter das Urteil. Die Höchststrafe bei schweren Taten wie Mord liegt bei zehn Jahren Jugendgefängnis.

[3] **Beispiele für Urteile des Jugendgerichts:**

a) „Das Gericht ist zu der Auffassung gekommen, dass der Angeklagte mehrfach und absichtlich ohne Fahrschein gefahren ist. Es verurteilt ihn zu 30 Arbeitsstunden, die er bei den Stadtreinigern abzuleisten hat."

b) „Das Gericht konnte nicht zweifelsfrei feststellen, dass die Angeklagte den Diebstahl begangen hat. Sie wird freigesprochen."

c) „Das Gericht ist zu der Auffassung gekommen, dass der Angeklagte die Körperverletzung begangen hat. Aufgrund der Brutalität der Tat und da der Angeklagte Wiederholungstäter ist, verurteilt das Gericht ihn zu einer Jugendhaftstrafe von zwei Jahren."

(Verfassertext)

4. Fasse die Urteile aus [3] jeweils kurz zusammen. Wie begründet der Richter seine Entscheidung?

Urteil	**Begründung**
...	...

Wähle einen der Arbeitsaufträge aus:

- Notiere die Personen, die an einer Jugendgerichtsverhandlung teilnehmen.
- Ein Angeklagter bestreitet, an einer Schlägerei teilgenommen zu haben. Er wird vom Richter befragt. Stellt die Befragung nach.
- Schreibe aus der Sicht eines jugendlichen Täters einen Brief, in dem er sich bei seinem Opfer für eine Körperverletzung entschuldigen möchte.

Methode Besuch einer Gerichtsverhandlung

[1] Zu Besuch im Gerichtssaal, *Illustration*.

Um ein realistisches Bild einer Gerichtsverhandlung zu bekommen, kannst du mit deiner Klasse eine Verhandlung besuchen. Dabei solltest du alles genau beobachten und dir Notizen machen. Ein Beobachtungsbogen hilft dir dabei.

1. Schritt: Vorbereitung

- Suche eine Gerichtsverhandlung aus, die ihr während ihrer gesamten zeitlichen Dauer besuchen könnt.
- Informiere dich vorher über den Sachverhalt, indem du den zuständigen Jugendrichter am Amtsgericht kontaktierst.
- Erstelle anhand der Vorlage einen eigenen Beobachtungsbogen mit deiner Klasse. Legt fest, was ihr unbedingt erfahren wollt.

[2] **Beobachtungsbogen**

1. Notiere, wer in der Verhandlung anwesend ist. Nutze die Abbildung [3].
2. Notiere den Wortlaut der Anklage.
3. Wer wird vom Richter zuerst befragt? Zeuge – Angeklagter – Rechtsanwalt
4. Welche Zeugen wurden zur Verhandlung geladen?
5. In welcher Reihenfolge werden die Zeugen befragt?
6. Notiere, welchen Eindruck der Angeklagte auf dich macht (Aussehen, Outfit, Verhalten).
7. Welche Strafen werden für den Angeklagten gefordert?
   vom Staatsanwalt: ...
   vom Verteidiger: ...
8. Welches Urteil fällt der Richter? Notiere die Begründung.

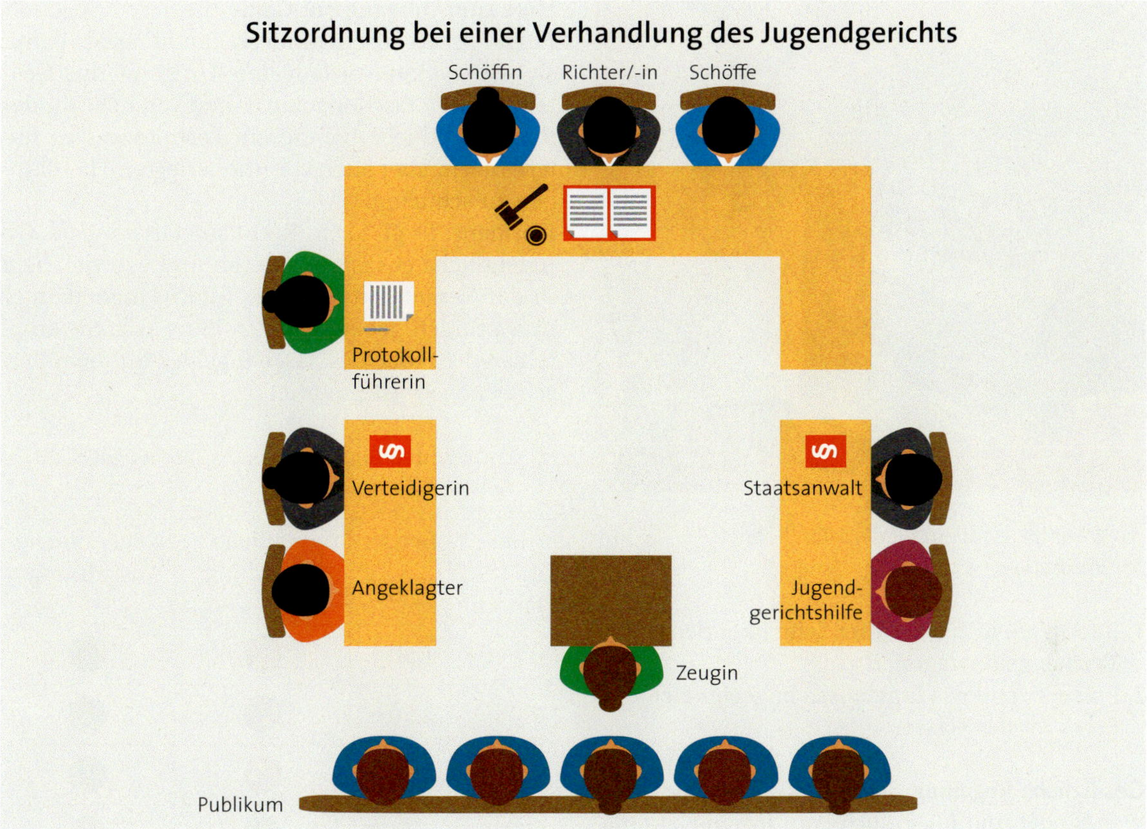

[3] Sitzordnung im Jugendgericht, Schaubild.

2. Schritt: Durchführung

- Halte die vorgeschriebenen Regeln ein:
  - angemessene und ordentliche Kleidung tragen
  - während der Verhandlung nicht herumlaufen oder sprechen
  - Smartphones ausschalten
  - aufstehen von den Sitzplätzen, wenn der Richter den Sitzungssaal betritt und das Urteil verkündet.
- Beobachte und mache Notizen auf deinem Beobachtungsbogen.

3. Schritt: Eindrücke wiedergeben

- Vergleiche deine Aufzeichnungen mit denen deiner Mitschüler.
- Ergänze Fehlendes.

4. Schritt: Präsentation und Diskussion

- Stelle in der Klasse die handelnden Personen vor. Benenne die einzelnen Phasen der Verhandlung.
- Diskutiere mit deinen Mitschülern, ob das Urteil „gerecht“ war. Findest du die Strafe für den Angeklagten angemessen?

Falls es ein Opfer gibt:

- Sprich mit deinen Mitschülern darüber, wie sich das Opfer nach dem Urteil und der Begegnung mit dem Angeklagten vor Gericht vermutlich fühlt.

1. Besuche mit deiner Klasse eine Gerichtsverhandlung. Nutze die Arbeitsschritte.

Wahlseite Der Taschengeldparagraf

[1] Wünsche erfüllen mit dem Taschengeld? *Illustration.*

1. Informiere dich auf dieser Seite über den Taschengeldparagrafen.
2. Präsentiere deine Ergebnisse in geeigneter Form vor der Klasse.

Gesetzliche Regelung

Was Kinder und Jugendliche mit ihrem Geld machen dürfen und was nicht, ist gesetzlich geregelt. Wichtig ist dabei, wie alt sie sind.
Im BGB gibt es dazu eine Regelung, den so genannten Taschengeldparagraf. Darin steht, dass die Einkäufe von Minderjährigen auch ohne die Erlaubnis der Eltern gültig sind, sofern sie dazu ihr Taschengeld verwenden.
Es gibt allerdings Ausnahmen: zum Beispiel schriftliche Verträge und regelmäßige finanzielle Verpflichtungen. Dazu gehören ein Handyvertrag, ein Zeitungsabo oder das kostenpflichtige Herunterladen von Musik. Hierfür brauchen Kinder und Jugendliche immer die Zustimmung ihrer Eltern.
Verboten ist auch der Kauf von Alkohol und Zigaretten, wenn man dafür noch nicht das entsprechende Alter hat.

Hilfe zum Umgang mit Geld

Eltern geben ihren Kindern Taschengeld, damit sie eigenverantwortlich den Umgang mit Geld lernen. Der Taschengeldparagraf versucht Kinder und Jugendliche bei diesem Lernprozess zu unterstützen, aber auch vor unüberlegten Handlungen zu schützen.
Übrigens: Es gibt kein Recht auf Taschengeld. Ob Jugendliche etwas bekommen und wie viel, liegt in der Verantwortung ihrer Eltern. Jugendämter und Schulen geben lediglich Hinweise. Sie empfehlen die Höhe des Taschengeldes für die unterschiedlichen Altersstufen.

[2] Empfehlung für die Höhe des Taschengelds, *Tabelle.*

Alter in Jahren	Betrag	monatliche Auszahlung	wöchentliche Auszahlung
unter 6	1,50 €	☹	☺
6–7	2,50 €	☹	☺
8–9	3,50 €	☹	☺
10	16 €	☺	☹
11	18 €	☺	☹
12	22 €	☺	☹
13	25 €	☺	☹
14	30 €	☺	☹
15	35 €	☺	☹
16	45 €	☺	☹
17	55 €	☺	☹
18	65 €	☺	☹

Tipps für die Erarbeitung

Notiere, wann Kinder bei ihren Einkäufen die Zustimmung der Eltern benötigen und welche Einkäufe verboten sind.

Tipps für die Präsentation

Nutze das Schaubild und erkläre, warum Kinder und Jugendliche Taschengeld bekommen.

M

Wahlseite Jugendliche und Alkohol

[1] Jugendliche und Alkohol, *Illustration.*

1. Informiere dich auf dieser Seite über den Alkoholkonsum bei Jugendlichen.
2. Präsentiere deine Ergebnisse in geeigneter Form vor der Klasse.

Alkohol in jungen Jahren

In jedem Jahr trinken etwa 750 000 Jugendliche das erste Mal Alkohol. Kinder werden in unserer Gesellschaft sehr frühzeitig an den Geschmack von Alkohol gewöhnt. Er ist in manchen Süßigkeiten, Nachspeisen oder Torten enthalten.
Die Silvesterparty mit den Eltern oder Omas Geburtstag – zu besonderen Anlässen dürfen oft auch schon Kinder am Sektglas nippen. Viele Erwachsene sind hier ein schlechtes Vorbild und machen es den Jugendlichen vor: Alkohol gehört scheinbar zum Erwachsenensein.

Gefahren durch Alkoholkonsum

- Betrunkene neigen dazu, sich zu überschätzen. Das führt zu riskanten Situationen.
- Durch Alkohol neigen manche zur Gewalt.
- Alkohol macht abhängig.
- Alkohol schädigt die Leber und andere Organe.
- Probleme in der Schule und im Beruf
- Probleme im privaten Bereich: Partnerschaft, Familie

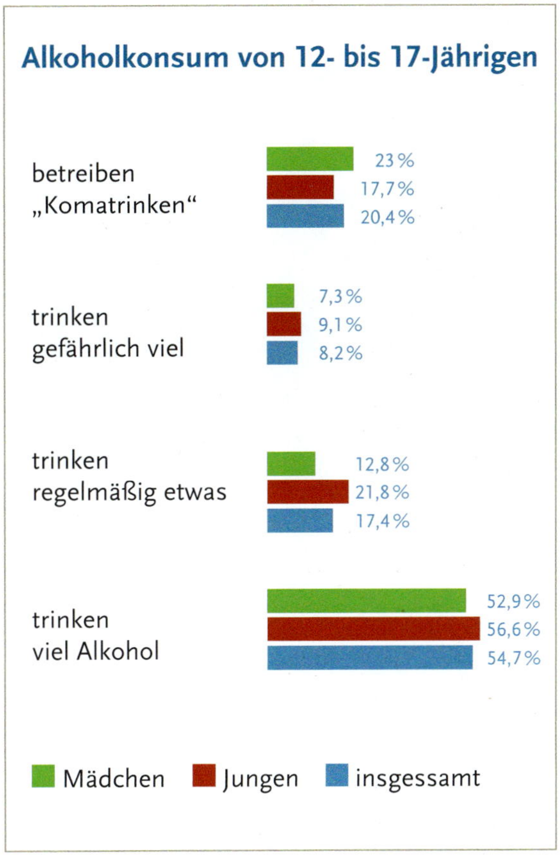

[2] Alkoholkonsum bei Jugendlichen, *Schaubild.*

Ursachen des Alkoholkonsums

Die Gründe für den Alkoholkonsum unter Jugendlichen sind vielfältig: der erste Liebeskummer, schulischer Leistungsdruck, Probleme mit den Eltern, mangelndes Selbstvertrauen, aber auch Gruppenzwang und Neugierde.

Tipp für die Erarbeitung

Notiere die Gefahren des Alkoholkonsums bei Jugendlichen.

Tipp für die Präsentation

Stelle die wichtigsten Informationen des Schaubildes der gesamten Klasse vor.

M

Wahlseite Jugendgewalt

[1] „Handy abziehen" – eine Form von Jugendgewalt, *Illustration.*

1. Informiere dich auf dieser Seite über die Jugendgewalt.
2. Präsentiere deine Ergebnisse in geeigneter Form vor der Klasse.

Fakten zur Jugendgewalt
Jugendgewalt wird von einer Minderheit der Jugendlichen ausgeübt, die dann jedoch sehr viele Gewaltdelikte begeht. Jugendgewalt ist ein männliches Phänomen, da Täter und Opfer meist Jungen sind. Außerdem geschieht sie oft aus der Gruppe heraus. Schlägereien unter Jugendlichen werden zunehmend brutaler. Eine wichtige Tatsache ist auch, dass Jugendliche oft die Opfer von Gewalt sind. Dazu zählt auch die Gewalt, die nicht wenige Heranwachsende in ihrem Elternhaus erleben.

Weitere Fakten:
- Die 18–21-Jährigen machen 3,6 % der Bevölkerung aus, sind aber für rund 7 % der Gewalttaten verantwortlich.
- Rund 30 % aller Täter begehen Gewalttaten unter Alkoholeinfluss.
- Etwa 70% der Taten werden aufgeklärt.

Unter „Gewaltkriminalität" fasst man viele Taten zusammen, bei denen Gewalt im Spiel ist. Die größte Zahl machen folgende aus:
- gefährliche und schwere Körperverletzung,
- Raub (z. B. „Handy abziehen").

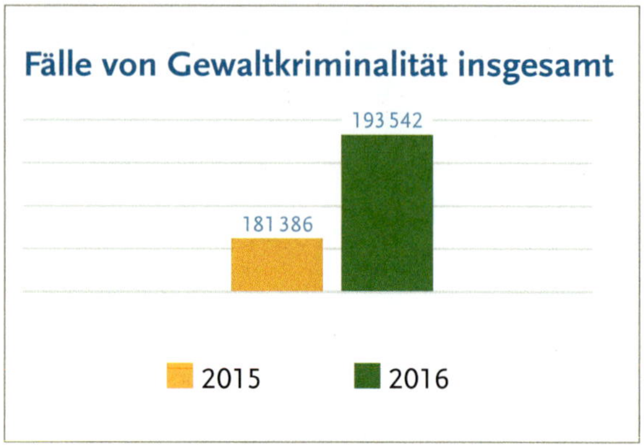

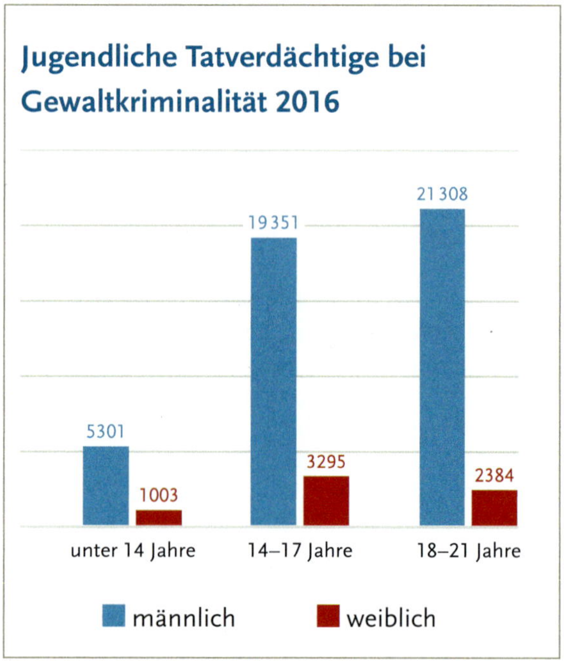

Tipps für die Erarbeitung
Entnimm dem Schaubild die Informationen, die sich auf Jugendliche beziehen.

Tipps für die Präsentation
Zeige die wichtigsten Aussagen zur Jugendgewalt anhand des Schaubildes.

Wahlseite

Intensivstraftäter

[1] Der Weg eines Intensivstraftäters? *Illustration.*

1. Informiert euch auf dieser Seite über jugendliche Intensivstraftäter.
2. Präsentiert eure Ergebnisse in geeigneter Form vor der Klasse.

Daniel – Geschichte eines Intensivstraftäters

Schwere Kindheit

Daniel wuchs im Süden Nürnbergs bei seinen Großeltern auf. Der Vater verließ die Familie schon früh. Daniels Mutter starb, als er noch in der Grundschule war.

Nach dem Tod seiner Mutter wurden Daniels Noten immer schlechter. Er hatte keine Lust mehr auf Fußball und verließ den Sportverein. Zu Kindergeburtstagen wurde er nur noch selten eingeladen.

Immer wieder Straftaten

Mit 12 schwänzte Daniel das erste Mal die Schule. Er fand neue „Freunde" auf dem Bahnhofsplatz. Gemeinsam stahlen sie Zigaretten und Bier aus dem Supermarkt.

Mit 13 wurde Daniel beim **Ladendiebstahl** erwischt. Einige Wochen später prügelte er sich auf dem Pausenhof und brach einem Mitschüler die Nase.

Mit 14 stand er das erste Mal vor dem **Jugendrichter**. Er hatte das Fahrrad der Nachbarin gestohlen und weiterverkauft. Daniel wurde zu **Sozialstunden** verurteilt. Die Fehlzeiten in der Schule häuften sich. Als sein Großvater an einem Herzinfarkt starb, geriet Daniel völlig aus der Bahn.

Jugendhaft

Körperverletzung und **Diebstahl** standen auf der Anklageschrift, als er mit 16 wieder vor dem Jugendrichter stand. Diesmal wurde er zu einer **Bewährungsstrafe*** verurteilt.

Im selben Jahr wurde er wieder straffällig. Vor einer Disko geriet er betrunken in einen Streit. Dabei verletzte er jemanden mit einem Messer schwer. Daniel wurde verhaftet.

Als er das dritte Mal vor Gericht stand, machte der Jugendrichter Ernst. Daniel wurde wegen schwerer Körperverletzung zu einer **Haftstrafe** von drei Jahren verurteilt.

(Verfassertext)

*

(die) Bewährung:
Innerhalb eines vom Richter festgelegten Zeitraums darf man keine Straftat mehr begehen, sonst muss man in Haft.

Tipps für die Erarbeitung
Nutze den Textknacker. Erstelle in einer Tabelle eine Übersicht der Straftaten, die Daniel während seiner Jugend begangen hat.

Tipps für die Präsentation
Verdeutliche, dass seine Straftaten immer „intensiver" wurden.

GPG aktiv

Willst du mehr über das Thema „Jugendliche und das Recht“ erfahren? Willst du selbst in Zeitungen und dem Internet über Jugendgewalt, Internetkriminalität und der Hilfe für Opfer recherchieren? Dann wünschen wir dir viel Spaß bei diesen Aktivitäten. Du kannst sie in der Schule oder außerhalb erarbeiten, alleine, zu zweit oder in der Gruppe. Vergiss nicht, deine Ergebnisse in der Klasse vorzustellen.

1. M Jugendgewalt und Internetkriminalität

Schlagzeilen und Zeitungsmeldungen wie in [1] nehmen immer mehr zu. Du kannst...

- Vermutungen anstellen, was sich hinter diesen beiden Schlagzeilen verbirgt,
- Zeitungsmeldungen sammeln, in denen über Jugendgewalt und Internetkriminalität berichtet wird,
- darüber diskutieren, ob die Strafen für die Täter gerecht sind, und dabei die Sicht des Opfers berücksichtigen.

[1] Mögliche Zeitungsschlagzeilen.

2. Eine Befragung zum Thema Jugendkriminalität durchführen

- Überlege dir, welche Personen du befragen möchtest, z.B. einen Polizisten, Richter oder Sozialarbeiter
- Erstelle einen Fragebogen. Du kannst z.B. fragen, welche Taten Jugendliche häufig begehen, welche Motive sie haben, welche Strafen sie bekommen.
- Führe die Befragung durch. Notiere dir die Antworten.
- Du kannst das Interview auch filmen, wenn der Befragte einverstanden ist.
- Deine Ergebnisse kannst du z.B. in der Schülerzeitung präsentieren oder das Video deiner Klasse vorführen.

3. „Weißer Ring“ – Hilfe für Opfer

Wer Opfer eines Verbrechens wird, steht oft unter Schock. Jetzt ist schnelle Hilfe notwendig. Der „Weiße Ring“ ist ein Verein, der Hilfe leisten möchte. Über 3000 ehrenamtliche Mitarbeiter in ganz Deutschland kümmern sich als erste Anlaufstelle um Menschen, die Opfer eines Verbrechens wurden, sowie um ihre Angehörigen.
Informiere dich im Internet über den „Weißen Ring“ und seine Hilfsangebote.

Teste dich!

M

j	u	g	e	b	g	e	s	e	n	d	a	n
r	e	c	p	a	r	a	g	r	a	f	g	a
g	s	t	r	a	f	m	u	e	n	d	i	g
r	s	t	r	a	f	t	a	t	o	i	g	w
J	u	g	e	n	d	r	i	c	h	t	e	r
c	e	r	S	c	h	o	e	f	f	e	j	n
d	e	v	o	k	a	s	p	i	n	k	a	n
J	u	g	e	n	d	s	c	h	u	t	z	p

[1] Kreuzworträtsel

[2] Jugendliche in verschiedenen Situationen, *Illustrationen.*

rechtsfähig	Dies ist man ab dem 18. Lebensjahr.
strafmündig	Dies ist man ab der Geburt.
volljährig	Dies ist man ab dem 14. Lebensjahr.

[3] Begriffe aus dem Recht

a) Der 13-jährige Robin möchte mit seinen Freunden ins Kino. Der Film geht bis 22 Uhr. Seine Eltern sind der Meinung, er soll selbst entscheiden wie lang er unterwegs ist und lassen ihn gehen.
b Der 15-jährige Sascha begeht einen Ladendiebstahl. Er gibt damit vor seinen Freunden an und behauptet, dass dies in seinem Alter ohne Folgen bleibt.
c) Die 16-jährige Lisa möchte mehr Taschengeld. Sie erzählt ihrer Freundin, dass es im Gesetz vorgeschrieben ist, dass sie mindestens 45 € pro Monat bekommt.

[4] Fallbeispiele

Erkenntnisse gewinnen

1. Finde im Kreuzworträtsel [1] Begriffe aus dem Kapitel und schreibe sie untereinander in dein Heft.
2. Formuliere für die Begriffe im Kreuzworträtsel [1] aussagekräftige Erklärungen (Beispiel: „Staatsanwalt: Er klagt einen Tatverdächtigen an").
3. Nenne gesetzliche Regelungen, die für Jugendliche unter 18 Jahren in den Situationen in [3] gelten.
4. Ordne die Begriffe aus [3] in deinem Heft richtig zu.

Beurteilen und bewerten

5. Lies die Fallbeispiele [4]. Entscheide jeweils, ob die Personen recht haben. Begründe deine Entscheidung.
6. „Im Gefängnis wird ein Jugendlicher erst zu einem richtigen Verbrecher!" – Nimm Stellung zu dieser Aussage.

Anwenden und handeln

7. Erstelle für deinen Banknachbarn ein ähnliches Kreuzworträtsel wie [1] mit anderen Begriffen über das Kapitel „Jugendliche und das Recht".
8. Formuliere für deinen Banknachbarn ähnliche Fallbeispiele wie in [4] über rechtsbedeutsame Altersstufen. – Lasse ihn entscheiden, ob die Aussagen richtig oder falsch sind.
9. Erstelle ein Lernplakat zum Thema „Jugendschutz".

WEBCODE: MZ648979-203

Lernzirkel: Wir nutzen Ressourcen

Wasser, Boden und Luft bilden die Lebensgrundlage auf unserer Erde. Der wachsende Verbrauch dieser Ressourcen bringt die Erde an den Rand ihrer Belastbarkeit.

1. Beschreibe das Bild.
2. Schreibe mögliche Zusammenhänge zwischen dem Bild und dem Thema des Lernzirkels auf ein großes Blatt Papier.
3. Notiere Fragen, die du zum Thema hast.

Ressourcen

Unter Ressourcen werden alle Güter und Fähigkeiten zusammengefasst, die der Mensch zum Wirtschaften benötigt.
Zu den Naturressourcen zählen z. B. unsere Flüsse, Seen und Wälder. Ressourcen sind auch Rohstoffe wie etwa Erdöl, Erdgas, Eisenerz und andere Bodenschätze.
Dazu gehören aber auch die Luft, das Wasser, der Boden und der Wind.
Darüber hinaus ist der Mensch mit seinem Wissen und seinen Fähigkeiten eine zunehmend wichtige Ressource.

Unsere Konsumgesellschaft

Mit „Konsumgütern" bezeichnet man alle Dinge, die Menschen in ihrem Leben verbrauchen. Dazu gehören Lebensmittel, Kleidung oder das Handy; aber auch ein Kinobesuch oder eine Fahrt in den Sommerurlaub.
Einkaufen und Verbrauchen spielen in unserer Gesellschaft eine große Rolle. Daher sprechen Forscher auch von einer Konsumgesellschaft. Manche Menschen kritisieren, dass in dieser Konsumgesellschaft auch viel Unnötiges hergestellt und verbraucht wird.

Ausschnitt einer Mindmap zum Thema „Wasser"

Hinweise für den Ablauf des Lernzirkels:

- Auf den folgenden Seiten findet ihr Lernpunkte.
- Richtet in eurem Klassenzimmer für jeden Lernpunkt einen Platz ein. An jedem Lernpunkt liegen mehrere Bücher aus. Es ist jeweils die Seite mit dem richtigen Lernpunkt aufgeschlagen.
  – An den Lernpunkten 2, 4, 6 und 8 braucht ihr zusätzlich einige Atlanten.
- Gehe mit dem „Aufgabenzettel" (S. 207) von Lernpunkt zu Lernpunkt und bearbeite die Aufgaben.
- Du kannst an den Lernpunkten allein oder mit einem Partner arbeiten.
- Bearbeite die Lernpunkte in einer beliebigen Reihenfolge.

Aufgaben zum Lernzirkel

	Aufgaben
Lernpunkt 1: Selbsteinschätzungsbogen	**1.** Fülle den Selbsteinschätzungsbogen aus. **2.** Notiere die Antworten in deiner Mappe/deinem Heft.
Lernpunkt 2: Kakao	**1.** Notiere in Stichworten, wie Kakao angebaut und geerntet wird. **2.** Nenne mithilfe der Karte auf S. 209 fünf Länder, in denen Kakao angebaut wird. Notiere diese Länder. **3.** Erläutere die Bedingungen, unter denen Kakaobäume gut wachsen.
Lernpunkt 3: Konsum von Kakao	**1.** Erläutere, wer am meisten vom Kakaohandel profitiert. **2.** Beim Kauf von Schokolade mit dem „FairTrade"-Siegel unterstützt du den fairen Handel. Erkläre. **3.** Gestalte ein Werbeplakat zum fairen Handel.
Lernpunkt 4: Palmöl	**1.** Suche in einer Atlaskarte zwei Länder, in denen Ölpalmen angebaut werden. **2.** Beschreibe die Bilder [1] bis [3]. **3.** Gestalte ein Symbol, das auf palmölfreie Produkte hinweist.
Lernpunkt 5: Palmöl statt Regenwald	**1.** Beschreibe die Fotos [1] und [2] in Stichpunkten. **2.** Erläutere die Folgen der Abholzung bzw. Brandrodung für die Pflanzen, Tiere und Menschen. **3.** Werte das Kreisdiagramm [3] aus. **4.** Gestalte ein Plakat für die Erhaltung des Regenwaldes.
Lernpunkt 6: Der lange Weg einer Jeans	**1.** Finde in der Karte ein bedeutendes Anbaugebiet von Baumwolle. **2.** Notiere Orte und Arbeitsschritte der Herstellung einer Jeans. **3.** Vermute, warum viele Länder an der Produktion der Jeans beteiligt sind. **M** Erstelle eine Wandzeitung zum Thema „Der lange Weg einer Jeans".
Lernpunkt 7: Mode und Konsum	**1.** Notiere Stichpunkte zur Geschichte der Jeans. **2.** Benenne anhand der Grafik, woher die meisten deutschen Textilien kommen. **3.** Warum wirft man eine Jeans nicht einfach weg? Erkläre.
Lernpunkt 8: „Virtuelles" Wasser	**1.** Nenne Produkte, zu deren Herstellung sehr viel Wasser benötigt wird. **2.** Erkläre anhand von Stichworten, was „virtuelles" Wasser ist. **M** Werte die Karte zu den Wasservorkommen im Jahr 2050 aus. Welche Kontinente werden vor allem vom Wassermangel betroffen sein? Wo wird es nur geringen oder keinen Wassermangel geben?
Das Ressourcen-Quiz	**1.** Löse das Quiz. **2.** Notiere zu jeder Frage den richtigen Lösungsbuchstaben.

Lernpunkt 1: Selbsteinschätzungsbogen

Bitte *nicht* im Buch ankreuzen!

1. Was steht ganz oben auf deiner Wunschliste?	■ Eine schnelles Auto (0 Punkte) ■ Zwei Konzertkarten meines Lieblingssängers (3 P.) ■ Das neueste Handy-Modell (2 P.) ■ Eine Reise nach New York (1 P.)
2. Was machst du, wenn du dir das neueste Smartphone-Modell kaufen willst, aber das Geld nicht dafür hast?	■ Ich suche nach einem Job, um schneller an das Geld zu kommen. (2 P.) ■ Ich versuche, meine monatlichen Ausgaben zu reduzieren, um das Geld dafür zu sparen. (3 P.) ■ Ich bitte meine Familie, Geburtstags- und Weihnachtsgeschenke vorzuziehen. (1 P.)
3. Wie häufig kaufst du dir Schuhe und Kleidung?	■ Einmal im Monat. (2 P.) ■ Mehrmals im Monat. (1 P.) ■ Alle paar Monate. (3 P.) ■ Sofort, wenn mir etwas gefällt. (0 P.) ■ Nur, wenn ich etwas wirklich brauche. (4 P.)
4. Wie wichtig sind dir Modelabels?	■ Völlig unwichtig. (2 P.) ■ Ich lege Wert darauf. (0 P.) ■ Wenn Preis und Qualität stimmen, ziehe ich Modelabels vor. (1 P.) ■ Ich lehne Modelabels aus Prinzip ab. (3 P.)
5. Ich gehe einkaufen ...	■ ... weil es Spaß macht. (1 P.) ■ ... weil ich ständig etwas Neues brauche. (0 P.) ■ ... weil ich wissen will, was zurzeit „in“ist. (1 P.) ■ ... nur wenn es sein muss. (3 P.) ■ ... um nicht als Außenseiter dazustehen. (2 P.)
6. Eric bestellt sich im Onlineshop etwas zum Anziehen. Er trägt es nur einmal und schickt es dann zurück. Was meinst du dazu?	■ Warum nicht. (0 P.) ■ Ich finde so etwas gemein. (3 P.) ■ Wenn er arm ist, dann habe ich dafür Verständnis. (1 P.) Jeder ist für sein Verhalten verantwortlich. (2 P.)

Meine Punktzahl: ____________

0 bis 6 Punkte	**7 bis 13 Punkte**	**14 bis 18 Punkte**
Keiner macht alles richtig. Aber deine Punktzahl zeigt, dass du dein Kaufverhalten ändern solltest. Fang mit einem der Beispiele oben an.	Dein Konsumverhalten ist dir nicht egal. Du machst schon vieles richtig. Wo kannst du dich noch verbessern?	Du achtest schon sehr auf dein Konsumverhalten. Siehst du noch Möglichkeiten, dein Konsumverhalten zu verbessern?

Lernpunkt 2: Kakao

[1] Kakaobaum mit Früchten. *Foto, 2016.*

Kakaobäume wachsen in tropischen Gebieten entlang des Äquators, z. B. in der Elfenbeinküste, dem Haupterzeugerland. Sie gedeihen am besten im Schatten unter dem schützenden Dach des Regenwaldes und können 10–15 Meter hoch werden. Auf Plantagen* werden sie jedoch auf 2–4 Meter zurückgeschnitten. Von der Pflanzung bis zur ersten Ernte vergehen drei Jahre. Wenn die Früchte des Kakaobaumes reif sind, schlagen die Kakaobauern sie mit einem sehr scharfen Messer vom Baum ab. Die Kakaobohnen werden meist mit Schiffen in die Verbraucherländer transportiert. Dort werden sie zu Kakaopulver oder Schokolade weiterverarbeitet.

[2] Kakaobaumfrucht mit Kakaobohnen. *Foto, 2016.*

*

(die) Plantage:
landwirtschaftlicher Großbetrieb in tropischen Gegenden

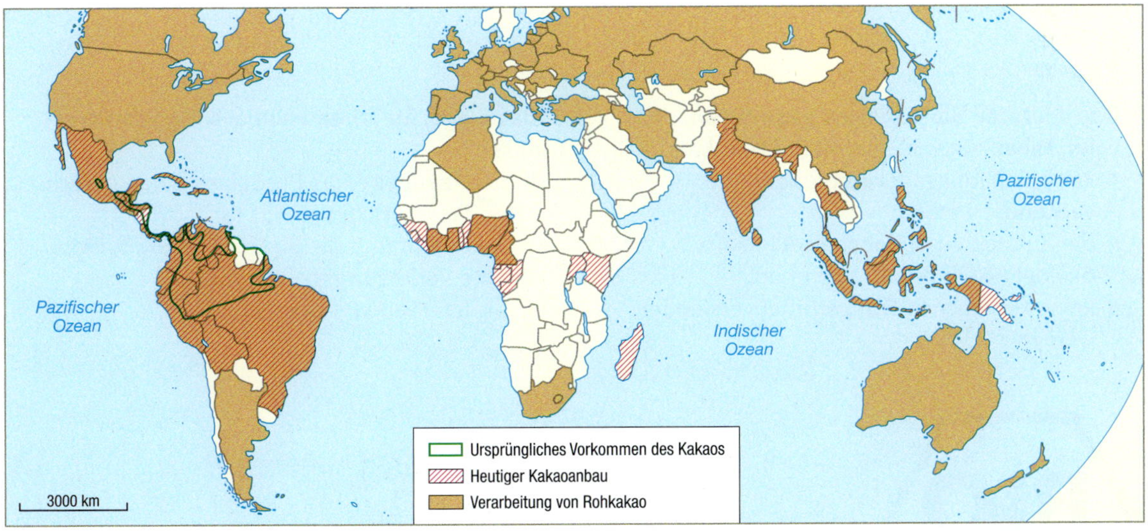

[3] Anbaugebiete von Kakao heute und Länder mit Verarbeitungsstätten von Rohkakao.

Lernpunkt 3: Konsum von Kakao

Schokolade mit bitterem Beigeschmack

Schokolade ist bei den Konsumenten (Verbrauchern) beliebt und sie ist preiswert.
An einer Tafel Schokolade verdienen die Kakaobauern nur wenig (siehe Abbildung [1]). Die Kakaohändler bezahlen den Bauern für ihre Kakaobohnen meist einen niedrigen Preis. Das Geld reicht kaum zum Überleben für die Familien.
Die Händler verkaufen die Kakaobohnen mit Gewinn an Schokoladenhersteller weiter.

[1] Verteilung der Erlöse an einer Tafel Schokolade (100 g, Preis im Laden: 1 Euro):
Kakaobauer: 7 Cent (1980: 15 Cent)
Kakao-Händler: 7 Cent
Kakao-/Schokoladenunternehmen: 65 Cent
Supermarkt (Einzelhandel): 21 Cent

[2] Bei der Kakaoernte. *Foto, 2017.*

Fair oder unfair?

„Fair“ ist englisch und bedeutet so viel wie „anständig“ oder „ordentlich“.
Wenn man von Fairness spricht, meint man, dass derjenige, der etwas anbaut oder erntet gerecht behandelt wird.

FAIRTRADE ®

Das deutsche Biosiegel soll garantieren, dass beim Anbau eines bestimmten Produktes

- keine Schädlingsbekämpfungsmittel verwendet werden,
- die Zutaten zu mindestens 95 % aus ökologischem Anbau stammen,
- keine künstlichen Düngemittel verwendet werden.

Das Siegel für fairen Handel soll garantieren, dass

- die Erzeuger eines Produktes einen gerechten Preis erhalten,
- der Anbau und die Ernte eines Produktes ohne Verletzungsgefahr verläuft,
- Kinderarbeit verboten ist.

Bio nach EG-Öko-Verordnung

[3] Biosiegel.

Lernpunkt 4: Palmöl

[1] Ölpalmenplantage. *Foto, 2016.*

Palmöl ist Bestandteil von zahlreichen Produkten, die wir im Supermarkt kaufen können. Es wird aber auch für Biokraftstoffe, Kosmetikprodukte oder Kerzen verwendet. Palmöl verbirgt sich oft hinter den Begriffen *Pflanzenfett* bzw. *pflanzliche Fette*. Du findest diese Angaben meist kleingedruckt auf den Zutatenlisten der Produkte.

Palmöl wird aus den Früchten der Ölpalme gewonnen.

Die wichtigsten Anbaugebiete sind heute Indonesien, Malaysia, Thailand und Papua-Neuguinea. Palmöl ist das pflanzliche Fett, das auf der Welt am meisten produziert und gekauft wird. Für viele Produkte wird Palmöl benutzt, weil es besonders billig ist. Für Palmölplantagen werden Regenwälder vernichtet und mit ihnen der Lebensraum vieler Tiere zerstört.

[2] Palmölfrucht. *Foto, 2016.*

[3] Bei der Ernte von Palmölfrüchten. *Foto, 2016.*

Lernpunkt 5: Palmöl statt Regenwald

[1] Rodung des Tropischen Regenwaldes in Indonesien. *Foto, 2017.*

[2] Ein Orang-Utan in einer Pflegestation. *Foto, 2016.*

Palmöl wird für die Herstellung von sehr vielen Produkten verwendet. Daher braucht man immer mehr und immer größere Palmölplantagen. Dafür wird Tropischer Regenwald vernichtet. Riesige Gebiete auf Borneo brennen jedes Jahr in der Trockenzeit, um neue Flächen für Palmölplantagen zu gewinnen. Manchmal muss der Flugverkehr wegen des dichten Rauches eingestellt werden.

Orang-Utan bedeutet laut Übersetzung aus der Sprache Malaysias „Waldmensch".
Der mit Abstand größte Feind des Orang-Utans ist der Mensch. Das Schrumpfen des Lebensraumes, die Jagd auf und der Handel mit Jungtieren führen dazu, dass die Orang-Utans als „stark vom Aussterben bedroht" eingestuft werden.

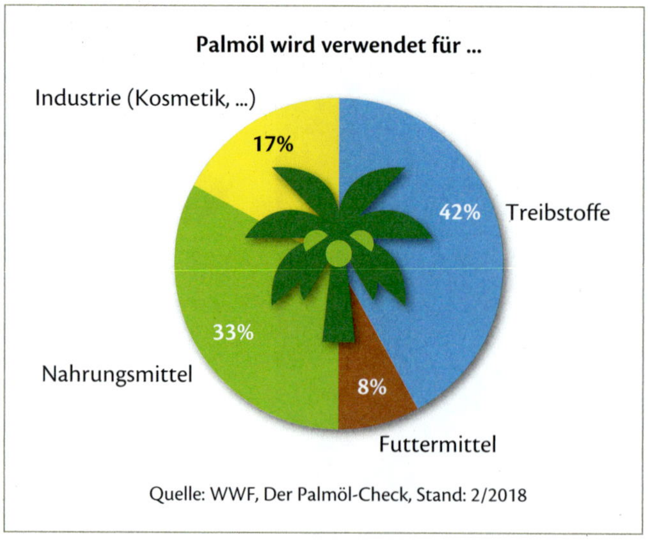

[3] Wofür Palmöl verwendet wird. *Stand 2018.*

Lernpunkt 6: Der lange Weg einer Jeans

[1] Von der Baumwollpflanze zum T-Shirt. *Grafik.*

[2] Jeansnäherei. *Foto, 2016.*

Für die Herstellung einer Jeans wird etwa ein Kilogramm Baumwolle benötigt. Aus den Kapseln der Baumwolle lassen sich dünne Fäden für den Jeansstoff gewinnen. Baumwolle wächst zum Beispiel in der trockenen Steppe Usbekistans. Von den Anbaugebieten im Westen Usbekistans wird die Baumwolle in großen Ballen in die Türkei gebracht ...

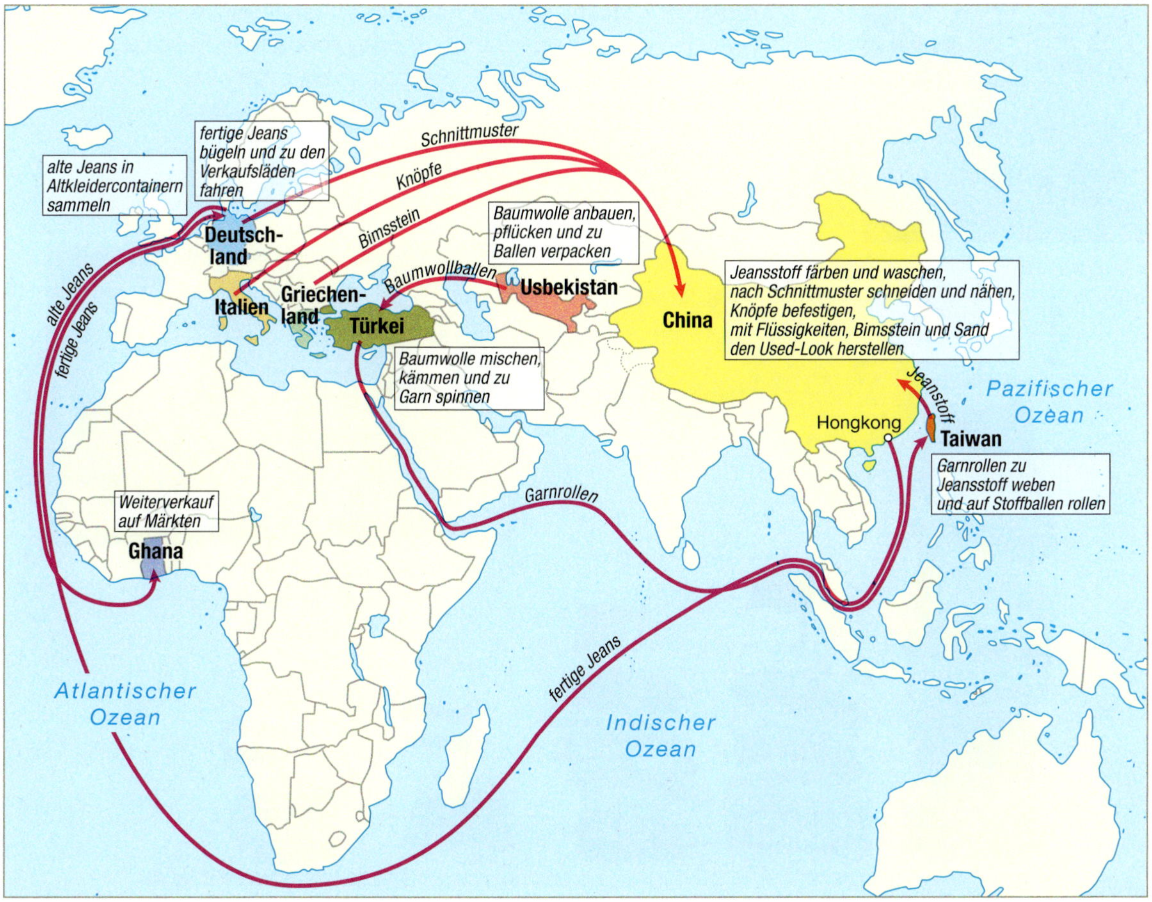

[3] Die Herstellung einer Jeans. *Grafik.*

Lernpunkt 7: Mode und Konsum

[1] **Geschichte der Jeans**

1860: Der aus der Nähe von Bamberg stammende Levi Strauss entwickelt feste und haltbare Hosen aus blauem Jeansstoff für Goldgräber.

1873: Patentierung blauer Hosen mit Kupfernieten.

1914–1918: Frauen tragen Jeans-Anzüge in den Fabriken, dadurch beginnen Frauen, Hosen zu tragen.

1920: Benennung der beliebten Hose in „Jeans" oder „Blue Jeans".

1930–1935: Jeans wird zu einer beliebten Freizeithose in den USA.

1945–1949: Jeans werden in Deutschland und Europa bekannt.

1949: Herstellung der ersten Jeans in Deutschland.

ab 1950: Jeans werden zum Symbol der Jugend.

ab 1980: Jeans werden nach der Herstellung ausgewaschen, damit sie ein gebrauchtes Aussehen bekommen.

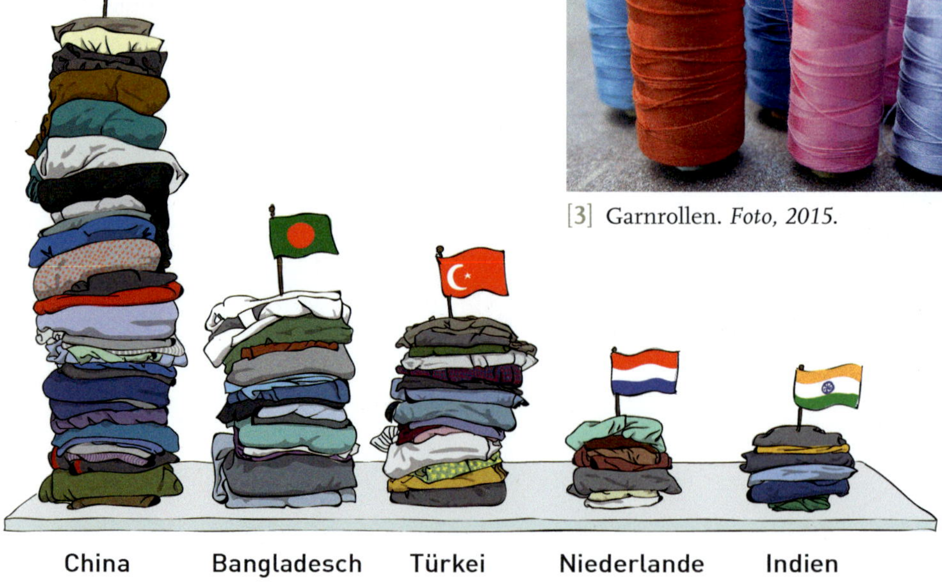

[2] Deutschlands Modelieferanten. *Grafik.*

[3] Garnrollen. *Foto, 2015.*

Lernpunkt 8: „Virtuelles“ Wasser

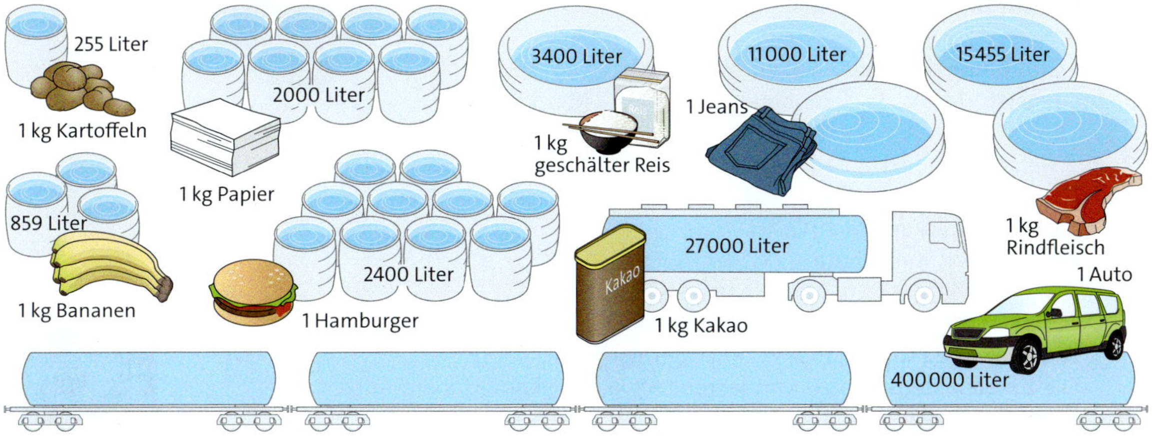

[1] Verbrauch von „virtuellem“ Wasser. *Grafik.*

Wasser im Verborgenem: Virtuelles Wasser

Virtuelles Wasser ist Wasser, das man nicht sehen, nicht fühlen, nicht trinken kann. Wasser, das in Produkten „versteckt“ ist: in Hamburgern, Jeans, T-Shirts oder Papier.

Für die Herstellung dieser Produkte benötigt man sehr viel Wasser. Was hat z. B. ein T-Shirt aus Baumwolle mit virtuellem Wasser zu tun? Baumwolle wächst nur in Gebieten mit warmem Klima. Sie muss daher bewässert werden. Wenn das T-Shirt farbig sein soll, muss die Baumwolle gefärbt und danach mit viel Wasser gespült werden.

Wenn wir ein T-Shirt anziehen, sehen wir nicht, dass dafür mehr als 4000 Liter „richtiges“ Wasser verbraucht wurden. Von dem Wasser aber ist nichts mehr zu sehen. Es ist zu virtuellem Wasser geworden.

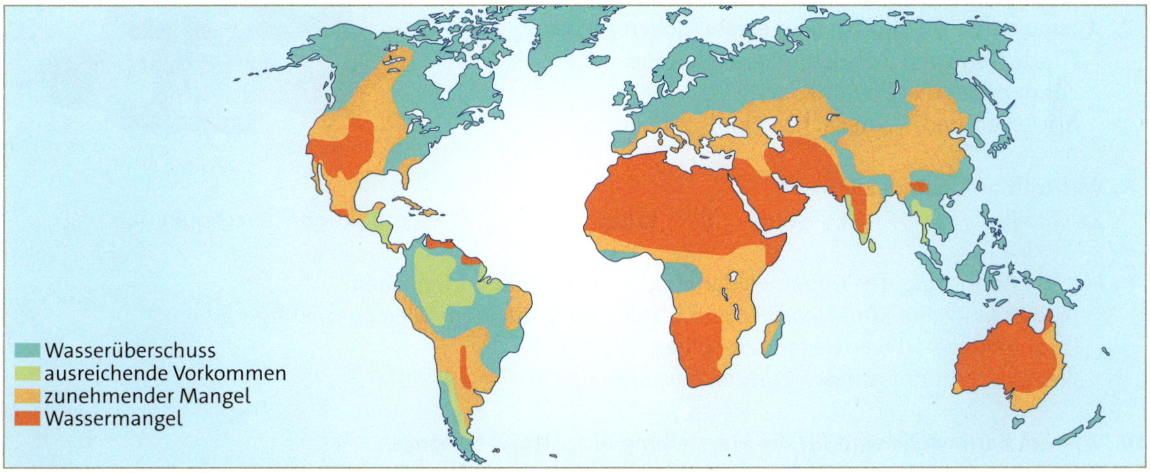

[2] Wasservorkommen auf der Erde im Jahr 2050 (Prognose). *Karte.*

Das Ressourcen-Quiz

Bitte *nicht* im Buch ankreuzen!

1. **Wo wird heute der meiste Kakao angebaut?**
   Indonesien (M) Elfenbeinküste (N) Mexiko (K)

2. **Aus welchen Hauptzutaten besteht Schokolade?**
   □ Milch, Kakaomasse, Sahne (B)
   □ Kakao-Öl, Zucker, Milch(C)
   □ Kakaomasse, Kakaobutter, Zucker (A)

3. **Das Siegel „Bio" auf einem Lebensmittel bedeutet:**
   □ Es kommt direkt vom Supermarkt auf unseren Tisch. (E)
   □ Die Zutaten stammen zu mindestens 95 % aus ökologischem Anbau. (C)
   □ Es gehört in den Kompost. (F)

FAIRTRADE ®

4. **Welches Ziel hat der „Faire Handel"?**
   □ Die Handelsbeziehungen für die europäischen Bauern zu verbessern. (J)
   □ Eine Beziehung zwischen Verkäufern und Kunden in Supermärkten herzustellen. (G)
   □ Mindestpreise für Kakao von Kleinbauern. (H)

5. **Welche der genannten Artikel gibt es nicht im Sortiment des „Fairen Handels"?**
   Kakao (M) Honig (N) Milch (H)

6. **Woran erkennt man Produkte aus fairem Handel?**
   □ Das merkt man am Preis. (L)
   □ Das sieht man am Herkunftsland. (O)
   □ Es gibt ein Siegel für fairen Handel auf jeder Packung. (A)

7. **Wozu werden abgeholzte Regenwaldflächen genutzt?**
   □ Für den Bau von Schulen und großen Firmen (K)
   □ Für den Bau von Privathäusern (R)
   □ Als Acker- und Weideflächen (L)

8. **Was trifft auf Palmöl zu?**
   Es ist billig. (T) Es ist besonders selten. (S) Die Produktion ist verboten. (U)

9. **Hat die Abholzung der Tropenwälder auch Folgen für den Menschen?**
   □ Ja, das weltweite Klima würde ohne Wälder völlig aus dem Gleichgewicht geraten. (I)
   □ Ja, aber keine schwerwiegenden Folgen. (K)
   □ Nein, es geht nur um den Naturschutz. (H)

10. **Wie viel Baumwolle wird für die Herstellung einer Jeans benötigt?**
    5 Kilogramm (E) 2,5 Kilogramm (A) 1 Kilogramm (G)

Das Lösungswort bezeichnet einen schonenden und sparsamen Umgang mit Ressourcen.

Lexikon

A

(der) Abgeordnete: Person, die von Menschen gewählt wird, um ihre Interessen zu vertreten. Sie kann im Parlament über Gesetze mitbestimmen.

(der) Absolutismus: Herrschaftsform, bei der ein Fürst die uneingeschränkte Macht besaß. Er erließ Gesetze, regierte selbst und forderte von allen Gehorsam. Der bekannteste absolute Herrscher war König Ludwig XIV. von Frankreich (1638–1715).

(der) Äquator: Gedachte Linie, die die Erde in zwei gleich große Hälften teilt (Nord- und Südhalbkugel). Die Länge beträgt etwa 40000 Kilometer. Der Äquator liegt bei der geografischen Breite 0°.

B

(der) Beamte: Person, die vom Staat eingesetzt ist, um ein Amt auszuführen. Sie arbeitet in der Verwaltung und soll die Interessen des Staates durchsetzen.

(der) Bodenschatz: Ein Rohstoff, der auf oder unter der Erde vorkommt und abgebaut werden kann. Rohstoffe können flüssig, fest oder gasförmig sein (z. B. Erdöl, Kohle oder Erdgas).

(die) Brandrodung: Vernichtung von Tropischem Regenwald. Die abgebrannte Fläche wird landwirtschaftlich genutzt.

(der) Breitengrad: Gedachte Linie, die parallel zum Äquator die Erde umzieht. Es gibt auf jeder Halbkugel zwischen dem Äquator und den Polen 90 Breitengrade. Sie haben jeweils einen Abstand von 111 km voneinander.

(der) Bürger: Angehöriger eines Staates und einer Gemeinde.

D

(die) Demokratie: „Herrschaft des Volkes". Bürger stimmen über Entscheidungen ab und wählen Vertreter (Abgeordnete), die ihre Interessen durchsetzen.

(die) Dienstleistung: Arbeit, bei der nichts hergestellt wird, sondern Menschen etwas für andere erledigen. Eine Dienstleistung ist z. B. eine Taxifahrt.

(die) Diktatur: Herrschaftsform, bei der ein Einzelner oder eine Gruppe allein im Staat entscheidet. Sie setzt ihre Interessen mit der Polizei und Verwaltung durch.

E

(die) Entente (französisch „Vereinbarung"): Gruppe von Verbündeten im Ersten Weltkrieg, unter anderem Frankreich und England. Sie kämpften gegen die „Mittelmächte" Deutschland und Österreich-Ungarn.

(die) Entwicklung: Bei Ländern spricht man von Entwicklung, wenn sie die Bevölkerung besser mit Nahrungsmitteln versorgen können, mehr Schulen und Jobs entstehen.

(die) Entwicklungshilfe: Hilfe von Staaten wie Deutschland für ärmere Länder, z. B. in Afrika. Die Hilfe erfolgt in Form von Geld oder Gütern (z. B. Maschinen, Brunnen) oder Personen (Berater, Experten).

(die) Exekutive: Die Regierung und Verwaltung eines Staates. Sie leitet den Staat und schlägt dem Parlament Gesetze vor, über die es abstimmt. Die Exekutive ist eine der drei „Gewalten" im Staat, neben der Judikative und der Legislative.

F

(der) Flüchtling: Eine Person, die ihre Heimat für längere Zeit verlassen muss. Oft fliehen Flüchtlinge in Nachbarländer, wo sie in Flüchtlingslagern untergebracht werden. Dort suchen sie Asyl (Zuflucht und Schutz).

G

(die) gemäßigte Zone: Klimazone der Erde, in der wir leben. Hier kann es während des ganzen Jahres regnen. Die Temperaturen ändern sich mit den Jahreszeiten.

geschäftsfähig: Alt genug, um etwas selbstständig kaufen oder verkaufen zu dürfen. Voll geschäftsfähig ist man in Deutschland ab 18 Jahren.

(die) Gewalten: Machtbereiche eines Staates, in denen er bestimmen kann. Die drei Gewalten sind das Parlament (Legislative), die Gerichte (Judikative) sowie die Regierung und Verwaltung (Exekutive).

(die) Gewerkschaft: Vereinigung von Arbeitern und Angestellten, um ihre Interessen zu vertreten. Gewerkschaften verhandeln mit Firmen z. B. über mehr Lohn und können Streiks ausrufen.

(die) Großlandschaft: Raum mit gleichen Merkmalen wie Relief, Vegetation und Klima.

H

(die) Heimarbeit: Tätigkeit, die jemand von Zuhause aus gegen Bezahlung ausübt. Vor der Industrialisierung fertigten z. B. viele Weber zuhause Stoffe. Mit der Entstehung der Fabriken nahm die Heimarbeit ab.

(das) Hochgebirge: Gebirge mit einer Höhe von mindestens 1500 Metern. Hochgebirge haben steile Hänge und eine besondere Vegetation. Ihre Gipfel reichen in der Regel über die Schneegrenze hinaus.

I

(die) Industrielle Revolution: Tief greifende Veränderung von Wirtschaft, Arbeit und Gesellschaft durch die Entstehung der Industrie. Sie begann um 1760. Wichtige Erfindungen (Dampfmaschine) führten zur Massenproduktion in Fabriken.

J

(die) Judikative: Die rechtsprechende Gewalt im Staat, also alle Richter und Gerichte. Die Judikative ist eine der drei „Gewalten" neben der Exekutive und der Legislative.

K

(der) Kaiser: Titel des höchsten Herrschers, abgeleitet vom Namen Julius Caesars. Der Kaiser stand über Königen und Adligen.

(das) Klima: Wetterverlauf in einem Gebiet innerhalb eines längeren Zeitraumes, meist 30 Jahre. Der Gegensatz dazu ist das Wetter: Wetter ist der Zustand der Atmosphäre zu einem bestimmten Zeitpunkt an einem Ort.

(die) Klimazone: Zone mit gleichartigem Klima, die sich in einem breiten Gürtel um die Erde erstreckt. Man unterscheidet polare, gemäßigte, subtropische und tropische Klimazonen.

(der) König: Hoher Adliger, der als Herrscher über ein Land bestimmt. Manche Könige vererbten ihren Titel an die Söhne, andere wurden von Adligen gewählt.

(der) Kontinent: Festlandmassen im Gegensatz zu Meeren und Inseln. Die sieben Kontinente (Erdteile) sind: Afrika, Antarktika, Asien, Australien, Europa, Nord- und Südamerika.

kontinentales Klima: Landklima mit heißen Sommern und kalten Wintern. Die Jahrestemperaturen schwanken stark. Der Gegensatz ist das Seeklima: Das Meer sorgt im Sommer für Abkühlung und im Winter für Erwärmung. In Meeresnähe schwanken die Temperaturen nicht so stark.

L

(die) Legende: Zeichenschlüssel für alle in einer Karte enthaltenen Elemente. Eine Legende erklärt die Bedeutung von Flächen, Linien und Zeichen.

(die) Legislative: Die gesetzgebende Gewalt in einem Staat, also das Parlament. Die Legislative ist eine der drei „Gewalten", neben der Exekutive und der Judikative.

M

(der) Maßstab: Er zeigt das Verhältnis der Streckenlänge auf der Karte zur wirklichen Länge. So erkennt man das Maß der Verkleinerung, in der die Wirklichkeit auf der Karte abgebildet ist.

(die) Menschenrechte: Rechte, die jedem Menschen gleichermaßen zustehen, egal woher er kommt oder welche Hautfarbe er hat. Dazu gehört z. B. das Recht auf Leben, Religionsfreiheit und Meinungsfreiheit. Menschenrechte können nicht verkauft oder abgegeben werden.

(der) Minister: Mitglied einer Regierung. Er ist für ein Aufgabengebiet zuständig, z. B. die Verteidigung des Landes.

(die) Mittelmächte: Gruppe von Verbündeten im Ersten Weltkrieg, unter anderem Deutschland und Österreich-Ungarn. Sie kämpfte gegen die „Entente", zu der Frankreich und England gehörten.

N

(die) Nachhaltigkeit: Handlungsweise, die langfristig denkt und die Zukunft im Blick hat. Sie will die Umwelt und die Ressourcen schonen und den Zusammenhalt der Menschen sichern.

(der) Nationalstaat: Eine „Nation" ist eine große Gemeinschaft mit gleicher Sprache und Kultur. Ein Nationalstaat soll ein Staat sein, in dem nur eine Nation lebt. Nationalstaaten entstanden im 19. Jahrhundert.

neutral: Wer sich neutral verhält, gehört in einem Streit zu keiner Seite.

P

(der) Polarkreis: Breitenkreis in 66,5° nördlicher bzw. südlicher Breite. An den Polarkreisen ist an der Sonnenwende (21. Juni; 21. Dezember) 24 Stunden lang Tag oder Nacht.

(die) Polarzone: Regionen der Erde zwischen Pol und Polarkreis. Diese Gebiete liegen jenseits von 66,6° Breite. Man nennt sie auch hohe Breiten.

(die) Pressefreiheit: Das Recht, seine Meinung frei in Zeitungen und Büchern zu verbreiten. In Deutschland steht das Recht im Grundgesetz.

R

(die) Reform: Im Gegensatz zur Revolution eine langsame, geplante und gewaltlose Veränderung der Verhältnisse durch eine Regierung oder einen König. Es gibt z. B. Steuerreformen.

(die) Republik: Staatsform ohne König, in der eine gewählte Regierung entscheidet. Das Volk oder ein Teil des Volkes übt die Macht aus.

(die) Ressource: Menge eines Rohstoffs, die zur Verfügung steht, z. B. Wasser oder Kohle.

(die) Revolution: Der Umsturz einer bestehenden politischen und gesellschaftlichen Ordnung. Revolutionen laufen oft gewaltsam und schnell ab.

(der) Rohstoff: Ausgangsmaterial, z. B. Kohle oder Erdöl, zur Herstellung neuer Produkte. Rohstoffe kommen nur in begrenzten Mengen vor. Sie können sich meist nicht selbst erneuern und werden deshalb knapper.

S

(die) Savanne: Grasland, Vegetationszone in den Tropen. Sie wird stark durch den Wechsel von Regen- und Trockenzeiten beeinflusst. Die Dauer der Regenzeit bestimmt die Zusammensetzung der Vegetation (Pflanzen). Man unterscheidet Dorn-, Trocken- und Feuchtsavannen.

(die) Soziale Frage: Bezeichnung für eine Reihe von sozialen Problemen, die durch die Industrialisierung auftraten, z. B. die Armut der Arbeiter oder die fehlende Absicherung bei Krankheiten oder Unfällen. Die Soziale Frage löste Spannungen in der Gesellschaft aus.

(der) Staat: Zusammenschluss von Bürgern in einem Gebiet. Ein Staat hat festgelegte Grenzen, einen Herrscher oder eine Regierung. Er hat Gesetze und sorgt dafür, dass sie durchgesetzt werden.

(der) Stand: Gruppe der Gesellschaft mit einer festgelegten Stellung. Im Mittelalter entschied der Stand über das Ansehen und den Beruf, den man ausüben konnte.

(der) Stellungskrieg: Form der Kriegsführung, bei der sich die Gegner aus ihren Stellungen (Schützengräben) bekämpfen. Die Front verschiebt sich lange Zeit fast gar nicht.

(die) Steppe: Baumlose Graslandschaft der gemäßigten Breiten mit kalten bis sehr kalten Wintern und trockenen, heißen Sommern.

(der) Streik: Arbeitnehmer legen gemeinsam ihre Arbeit nieder, um den Arbeitgeber zu Verbesserungen der Arbeitsbedingungen oder Lohnerhöhungen zu bewegen.

(die) Subtropen: Bereich zwischen den Tropen und der gemäßigten Klimazone. Hier fallen das ganze Jahr über fast keine Niederschläge und die Sonne scheint fast jeden Tag.

T

(die) Tropen: Gebiet zwischen den Wendekreisen, also zwischen je 23,5° nördlicher und südlicher Breite. Diese Klimazone liegt beiderseits des Äquators. Hier fallen während des ganzen Jahres Niederschläge und es ist immer warm.

Tropischer Regenwald: Immergrüner Wald in Gebieten mit tropischem Klima nahe des Äquators. Dort fällt im Jahr mindestens zwei Meter Regen auf eine Fläche von einem Quadratmeter. Im tropischen Regenwald gibt es viele seltene Tier- und Pflanzenarten. Er ist von Abholzung bedroht.

(die) Tundra: Landschaft der subpolaren Klimazone mit Moosen, Flechten, niedrigen Gräsern, vereinzelten Sträuchern, meist baumlos.

U

(der) Unternehmer: Person, die eine Firma leitet. Während ein Manager nur angestellt ist, gehört dem Unternehmer die Firma oder ein Teil davon.

V

(die) Vegetation: Pflanzenbewuchs in einem Gebiet. Er wird geprägt durch Klima, Boden, Gelände, Gestein, Wasservorkommen und die Einflüsse von Feuer, Tieren und Menschen.

(die) Verfassung: Eine Sammlung aufgeschriebener Gesetze. Darin ist festgelegt, welche Aufgaben und Rechte die Bürger haben. Die Verfassung legt fest, wie oft gewählt wird und wer wählen darf.

W

(der) Wendekreis: Die beiden Breitenkreise, über denen die Sonne einmal im Jahr senkrecht steht – und zwar zum Zeitpunkt der Sommersonnenwende. Danach wandert sie wieder in Richtung Äquator. Die Wendekreise liegen bei 23° 27' nördlicher und südlicher Breite. An den Wendekreisen der Erde befinden sich einige große Wüsten.

(die) Wüste: Vegetationsarme oder vegetationslose Gebiete durch Trockenheit, Wärme oder Kälte.

Z

(die) Zensur: Kontrolle oder Verbot von Büchern, Zeitungen, Musik, Kunst und Filmen durch einen Staat.

Lösungen zu den „Teste dich!"-Seiten

Kapitel 1 / S. 35

1. Polarzone, gemäßigte Zone, Subtropen, Tropen;
2. Ural, Kaukasus;
3. Nordasien, Ostasien, Südostasien, Südasien, Vorderasien, Zentralasien.
4. Korrigierte Aussagen: Shanghai liegt an der Küste Chinas; Indien liegt in Südasien; Asien wird in sechs Teilräume unterteilt; In Asien gibt es vier Klimazonen; Sibirien liegt im Norden Asiens; Sibirien hat reiche Bodenschätze; Die Bevölkerung wächst in den meisten Ländern Asiens, besonders in Indien.
5. Shanghai hat eine große Bedeutung als Hafenstadt und Umschlagplatz für den Handel. Dort gibt es auch viele Fabriken, z. B. für Kleidung.
6. Die Ein-Kind-Politik wurde mit sehr harten Maßnahmen durchgesetzt (z. B. Geldstrafen, Zwangsabtreibungen). Man kann es kritisch sehen, dass Menschen nicht selbst entscheiden dürfen, wieviel Kinder sie bekommen. Auch die heutigen Auswirkungen der Politik sind negativ: Es gibt bald zu viele alte und zu wenig junge Menschen, weil zwischen 1979 und 2013 weniger Kinder geboren wurden.
7. Die Grafik [2] zeigt im oberen Teil das Wachstum der Weltbevölkerung zwischen 2015 und 2100. Bis 2100 wird die Weltbevölkerung auf 11,2 Milliarden Menschen wachsen. Die Karte darunter zeigt die räumliche Verteilung der Weltbevölkerung im Jahr 2015. Die meisten Menschen leben heute in Asien (4,9 Milliarden), dahinter folgt Afrika (1,2 Milliarden). Am wenigsten leben in Australien (39 Millionen).
8. Asien hat mehr Einwohner als die restliche Welt zusammen. Das zeigt, dass die Bevölkerung sehr ungleich verteilt ist.
9. Chinas Wirtschaft ist in den letzten Jahrzehnten stark gewachsen. Es gibt riesige Bauprojekte, die die Umwelt stark verändern und gefährden (siehe S. 30). Daneben sind auch Müll, Wasserverschmutzung und Smog ein Problem.

Kapitel 2 / S. 65

1. Der König herrschte im Absolutismus mit uneingeschränkter Macht. Er konnte selbst Gesetze machen und für ihre Durchsetzung sorgen, musste sich aber nicht an sie halten. Er war auch der oberste Richter.
2. Siehe S. 38 und S. 54/55.
3. Bastille: Staatsgefängnis in Paris – Revolution: Umwälzung, Umsturz – Absolutismus: Herrschaftsform vor der Revolution – Republik: Staat ohne König – Terror: Schreckensherrschaft – Verfassung: Grundgesetz eines Staates.
4. Richtige Reihenfolge: b) Mai 1789; a) August 1789; e) 1791; c) Januar 1793; d) 1793 bis 1794.
5. Freiheit: Freiheit von der Herrschaft des Königs, Rede- und Pressefreiheit; Gleichheit: Abschaffung der Vorrechte des Adels und der Kirche, alle sollen vor dem Gesetz gleich sein; Brüderlichkeit: Zusammenhalt in einer Republik, auch gegen Feinde.
6. Der absolute Herrscher fühlt sich von Gott eingesetzt. Er hat seinen Titel (z. B. König) meist geerbt. Amtssitz: ein Schloss, z. B. Versailles. Er herrscht mit ungeteilter Macht, ohne Kontrolle, mit Beamten die er einsetzt. Staatsgäste empfängt er so, dass sie seine Macht durch besonderen Luxus zeigt.
   Der Bundeskanzler wird von einer Partei aufgestellt und vom Volk gewählt. Sein Amtssitz ist der Bundestag. Er wird vom Parlament (Bundestag) und den Gerichten kontrolliert, herrscht also nicht alleine. Er ist ein Vertreter des Volkes. Staatsgäste empfängt er „auf Augenhöhe".
7. Napoleon hat einige Errungenschaften der Französischen Revolution beibehalten, z. B. die Menschen- und Bürgerrechte. Andererseits hat er sich aber selbst zum Kaiser gekrönt und die Republik abgeschafft. Wahlen und Pressefreiheit gab es nicht mehr.
8. Die Entstehungszeit ist 1789, also kurz vor oder während der Französischen Revolution. Der Künstler wird nicht genannt. Beschreibung: Zu sehen sind drei Personen. Ein alter Mann mit einer Hacke steht gebeugt. Auf seinem Rücken sitzen ein Adliger und ein Priester. Während der alte Mann einfach gekleidet ist (Holzschuhe), tragen die Anderen prunkvolle Kleidung. Der alte Mann stützt sich auf eine Hacke. Tiere fressen Salat und Pflanzen, die wohl zu seinem Feld gehören. Deutung: Die Karikatur bezieht sich auf die drei Stände in Frankreich vor der Revolution. Der alte Mann, ein Bauer, muss den Adel und Klerus miternähren. Er ist dadurch schwer belastet. Der Text unter der Karikatur fordert, diesen Zustand zu beenden, also einen Umsturz zu wagen.
9. Individuelle Lösung. Nutze Seite 57.

Kapitel 3 / S. 89

1. liberal: freiheitlich – Parlament: Volksvertretung – Barrikade: Hindernis im Straßenkampf – Verfassung: Grundgesetz, Staatsordnung – Zensur: Verbot von Büchern und Zeitungen
2. Ziele: einen vereinten deutschen Nationalstaat gründen, Grundrechte durchsetzen (z. B. Rede-, Pressefreiheit). Sie kämpften gegen Unterdrückung durch die Fürsten.
3. Reihenfolge: Dichter – Metternich – Professoren und Studenten – Burschenschaften – Zensur – Liberalen.
4. Das Lied ist ein Volkslied von 1832. Der Verfasser ist nicht genannt. In der ersten Strophe wird gefordert, die Fürsten aus dem Land hinauszutreiben, also ihre Herrschaft zu beenden. In den drei folgenden Strophen richtet sich das Lied gegen einzelne deutsche Fürsten. Es fordert dazu auf, den österreichischen Kaiser, den preußischen König und den bayerischen König zu verjagen und zu schlagen. Es treibt die Bürger zur Gewalt und zum Aufstand an („Bayernland ans Gewehr"). Die Stimmung des Textes ist aggressiv.
5. Individuelle Lösung.
6. Mögliche Lösung: Die Verfassung von 1871 war aus heutiger Sicht nicht demokratisch. Es gab einen Kaiser an der Spitze, der sehr große Macht hatte. Er konnte die Regierung ernennen und den Reichstag (das Parlament) auflösen. Auch die Wahl war nicht demokratisch: Frauen durften nicht wählen.
7. Mögliche Lösung: Die Revolution von 1848 ist teilweise gescheitert. Der preußische König lehnte die Kaiserkrone ab und die Verfassung trat nie in Kraft. So gab es keinen deutschen Nationalstaat. Andererseits entstanden in vielen deutschen Staaten Parlamente, also Vertretungen der Bürger, die mitbestimmten. Auch die Grundrechte sind heute noch wichtig.

Kapitel 4 / S. 121

1. Sozialgesetzgebung: Mit ihr versuchte Reichskanzler Bismarck ...; Streik: Arbeitskampf; Fabrik: Große Halle, in der ...; Dampfmaschine: Sie treibt andere Maschinen oder Lokomotiven an; Sozialversicherung: Sie versorgt Arbeiter ...
2. Spinning Jenny, Dampfmaschine, Automobil ...
3. Stichworte: früh aufstehen, weiter Weg zur Arbeit, langer Arbeitstag, anstrengende und eintönige Arbeit, wenige Pausen, vielleicht Kinder und eine Familie, die sie abends versorgen muss (Wäsche, Einkauf, kochen ...).
4. Nutze Seite 116/117; Die Arbeiter wollten ihre Lage selbst verbessern. Sie organisierten Streiks und gründeten Gewerkschaften, um ihre Forderungen durchzusetzen. Ab 1863 bildeten sich Arbeiterparteien. Sie beriefen sich oft auf die Ideen von Karl Marx.
5. Stichworte: Wachstum, neue Stadtviertel, neue Verkehrsmittel, elektrische Beleuchtung, Wasser- und Stromversorgung....
6. Unter der Sozialen Frage versteht man die schlechte Situation der Arbeiter während der Industrialisierung und die Versuche, ihre Lage zu verbessern. Dazu gehörten z. B. harte Arbeitsbedingungen, fehlende Absicherung bei Krankheiten oder Unfällen, Wohnungsnot und Armut.
7. Stichworte: neue Berufe, neue Erfindungen, die Soziale Frage ...
8. Mögliche Lösung: Die Kinderarbeit während der Industrialisierung wirkte sich negativ auf die Kinder aus. Ihre Gesundheit wurde gefährdet (z. B. durch Unfälle) und sie hatten Nachteile in der Schule. Aus heutiger Sicht muss man die Unternehmer kritisieren, weil sie nicht für bessere Bedingungen für Kinder sorgten und sie ausbeuteten.
9. Mögliche Lösung: Bismarck wollte mit dem Gesetz die Arbeiter beruhigen und hoffte, dass sich die SPD auflösen würden. Das geschah jedoch nicht. Insofern war sein Handeln nicht erfolgreich.
10. Das Foto wurde bei Tag in einer Baumwollfabrik gemacht. Das Foto wurde auf Augenhöhe aufgenommen. In der Bildmitte sieht man ein etwa 6–10 Jahre altes Mädchen, das... Die Umgebung... im Hintergrund sieht man... usw. Unklar ist, wer das Bild in Auftrag gegeben hat.
11. Individuelle Lösung.

Kapitel 5 / S. 153

1. Militarismus: Uniformen, Waffen und ... – Nationalismus: Menschen halten ... – Imperialismus: Staaten versuchen ... – „Mutterland": Ein Staat ... – „Alliierte": Großbritannien ... – Aufrüstung: Es werden ... – „Mittelmächte": Deutschland ...

2. um 1870: Zeitalter des Imperialismus beginnt – Juni 1914: Attentat von Sarajevo – August 1914: Beginn des Ersten Weltkriegs – 1917: Kriegseintritt der USA – November 1918: Ende des Ersten Weltkriegs – Juni 1919: Versailler Vertrag
3. England: Kolonie Ägypten – Frankreich: Kolonie Algerien – Belgien: Kolonie Belgisch-Kongo
4. Reparationen – Verlust der Kolonien – Verkleinerung der Reichswehr ...
5. z. B. Krieg um Bodenschätze, aus religiösen Gründen (Fanatismus...)
6. Ursachen: Konkurrenz zwischen den Großmächten (Imperialismus, Nationalismus, Militarismus); Auslöser: Attentat von Sarajevo.
7. Die Mutterländer beuteten die Kolonien aus. Sie sahen die Einheimischen als unterlegen und zwangen sie zur Arbeit. Sie nahmen keine Rücksicht auf die Menschenrechte ...
8. Vergleiche Seite 150/151.
9. Die Bestimmungen waren hart für Deutschland (z. B. Gebietsverluste). Viele Deutsche fanden es ungerecht, dass sie allein die Schuld am Krieg tragen sollten. Folgen: Unzufriedenheit und Proteste.
10. Der Absender ist ... die Empfänger sind ... Der Brief wurde ... geschrieben. Der Soldat berichtet ... Er erzählt über ... Seine Stimmung ist ... Der Brief könnte so auf die Familie gewirkt haben: ...
11. Individuelle Lösung

Kapitel 6 / S. 179

1. Tunesien (Algerien, Libyen), Sierra Leone (Guinea, Liberia), Gabun (Kamerun, Kongo).
2. Kongo, Sierra Leone, Angola.
3. Das sind Länder mit niedriger Entwicklung: zum Beispiel Mali, Sudan oder Mauretanien.
4. Falsch sind: b), c), d), f), i), j).
5. Die Menschen in den betroffenen Ländern sind darauf angewiesen, Diamanten zu schürfen und zu verkaufen. Man könnte den Handel verbieten, aber dies hilft nicht unbedingt der Bevölkerung.
6. Armut: Afrika hat große Wüsten und Gebiete, in denen es nur wenige Wochen im Jahr regnet. Hier ist keine ertragreiche Landwirtschaft möglich. Kriege: knappe Ressourcen, willkürlich gezogene Grenzen, verschiedene Religionen ... Kriege und Armut hängen zusammen: Wenn Menschen vertrieben und Dörfer zerstört werden, wächst die Armut.
7. Der Lebensstandard ist ungleich verteilt. In Europa, Nordamerika und Australien ist er sehr hoch. In Afrika südlich der Sahara ist er niedrig.
8. In den meisten Ländern Afrikas südlich der Sahara ist die menschliche Entwicklung niedrig. Hier leben viele Menschen in Armut, haben kaum Zugang zu Bildung und medizinischer Versorgung.
9. Afrika wird 2100 rund 4,4 Milliarden Einwohner haben. Es hat damit Asien fast eingeholt. Die Bevölkerung Afrikas wird in den nächsten Jahrzehnten also weiter stark ansteigen.

Kapitel 7 / S. 203

1. Paragraf – strafmündig – Straftat – Jugendrichter – Schöffe – Jugendschutz.
2. Paragraf: Abschnitt in einem Gesetz; strafmündig: ist man mit 14. Man muss bei Straftaten vor Gericht; Straftat: Handlung, die gegen Gesetze verstößt und für die man bestraft werden kann; Jugendrichter: ein Richter, der sich mit Fällen Jugendlicher beschäftigt; Schöffe: ehrenamtlicher Richter, der den Berufsrichter unterstützt; Jugendschutz: Gesetze und Maßnahmen des Staates, um Kinder und Jugendliche zu schützen.
3. Siehe Seite 182/183.
4. rechtsfähig ist man ab der Geburt, strafmündig ab 14, volljährig ab 18.
5. a) Kinder unter 14 dürfen nur bis 20 Uhr ins Kino. Wird es später, muss ein Elternteil dabei sein.
b) Mit 14 ist man strafmündig. Sascha muss für seine Tat vor Gericht, wenn er gefasst wird.
c) Es gibt kein Gesetz, das die Höhe des Taschengeldes festlegt. Es regelt nur, dass Jugendliche mit ihrem Taschengeld etwas kaufen dürfen.
6. Mögliche Lösung: Jugendliche begehen Straftaten oft ohne böse Absicht. Oft sind Vernachlässigung oder ein schlechter Freundeskreis die Ursache. Im Gefängnis treffen viele zusammen, die bereits Straftaten begangen haben. Dieses Umfeld ist oft nicht geeignet dafür, dass sich Jugendliche bessern.

7.–9. Individuelle Lösung.

Lernzirkel / S. 216

Ressourcenquiz: Das Lösungswort ist NACHHALTIG.

Bildquellenverzeichnis

Cover: Corbis/Getty Images; **3 li.:** Shutterstock/Daniel Prudek; **3 Mi.:** imago stock&people/Westend61; **3 re.:** akg-images; **4 li.:** bpk/Dietmar Katz; **4 re.:** Graeme Shannon/Shutterstock; **5 ob. li.:** StockFood/Foodfolio; **5 un. li.:** akg-images; **8/9:** Cornelsen/Johannes Völker; **10 alle:** Cornelsen/Johannes Völker; **11 4:** mauritius images/Robert Harding/Tim Graham; **11 5:** Cornelsen/Johannes Völker; **13 2:** laif/Naftali Hilger/Hilger; **13 3:** Interfoto/Robert Harding/Nathalie Cuvelier; **15 2:** akg-images/Elizaveta Becker; **15 3:** LOOK/Günther Bayerl; **15 4:** Shutterstock/Daniel Prudek; **15 5:** LOOK/Priska Seisenbacher; **16 2:** laif/Le Figaro Magazine/Goisque; **17 4:** epd-bild/Stefan Auth; **17 5:** coulorbox.de/colourbox.com; **17 6:** coulorbox.de/URS FLUEELER; **18:** Fotolia/Andrey Trubicyn; **19 2:** laif/Hill; **21 2:** imago stock&people/Westend61; **21 3:** shutterstock/v.apl; **22 1:** Bildagentur Schapowalow/Susanne Kremer; **23 3:** ddp images/Jennifer Midberry/SIPA; **24 1:** your photo today/Geopress; **25 5:** action press/NurPhoto/Zuma Press; **29 2:** Barry Lewis / Alamy Stock Photo; **30 2:** Xinhua/FOTOFINDER.COM; **32 1:** ddp images/abaca press; **33 1:** laif/Dieter Glogowski; **33 2:** dpa Picture-Alliance/AP Photo; **34 ob. li u. 34 un. li.:** Bridgeman Images; **34 ob. Mi.:** shutterstock/ Namig Rustamov; **34 ob. re.:** Fotolia/Elke Hötzel; **34 ob. re.:** Colourbox; **34 un. Mi.:** F1online/Imagebroker RM/Siegfried Grassegger; **34 un. re.:** F1online/AGE/EBUIG; **35 3:** Cornelsen/ Johannes Völker; **36/37:** akg-images; **38 1 u. 38 2:** Bridgeman Images; **39 4:** dpa Picture-Alliance/ZUMA Press; **40 1:** bpk/RMN – Grand Palais/ Franck Raux; **41 ob.:** bpk/RMN – Grand Palais/Gérard Blot; **41 Mi.:** bpk; **41 un.:** akg-images; **42 1:** akg-images/Erich Lessing; **44 1:** Peter Zoeller/Design Pics/FOTOFINDER.COM; **44 2:** bpk/Bayer. Staatsgemäldesammlungen; **45 3:** euroluftbild.de/Gerhard Launer/SZ Photo; **45 4:** Bildagentur Schapowalow/Reinhard Schmid; **46 1:** bpk/RMN – Grand Palais/Gérard Blot; **47 3:** Deutscher Bundestag/Thomas Trutschel; (c) VG Bild-Kunst, Bonn **2018**; **47 4:** Rolf Zöllner/Süddeutsche Zeitung Photo; **47 5:** ddp images/Oliver Lang; **48 1:** akg-images/ Erich Lessing; **49 1:** Bridgeman Images; **50 2 u. 3:** akg-images; **51 1:** Bridgeman Images; **52 1:** bpk; **54 1:** bpk/RMN – Grand Palais/Bulloz; **56 1:** akg-images/Erich Lessing; **57 2:** epd-bild/Rolf Zoellner; **58 1:** bpk; **59 2:** Bridgeman Images; **60 1:** akg-images; **62 1:** picture-alliance/OKAPIA; **63 2:** TopicMedia/Norbert Michalke; **64 ob.:** Inge Ott „Freiheit! Sechs Freunde in den Wirren der Französischen Revolution" © **1996** Verlag Freies Geistesleben, Stuttgart (2. Aufl. **2012**); **64 un.:** shutterstock/Tata Donets; **65 2:** akg-images; **66/67:** ddp images/star-images; **68 1:** dpa Picture-Alliance/GES/augenklick/Thomas Eisenhuth; **68 2:** ddp images/star-images; **69 4:** Fotolia/Marem; **71 alle:** akg-images; **72 1:** bpk/Hermann Buresch; **74 1 u. 75 2 u. 76 1 u. 77 un.:** akg-images; **78 1:** bpk/Dietmar Katz; **79 2:** bpk; **80 li.:** akg-images; **80 2:** akg-images; **81 3 u. 4:** bpk/Hermann Buresch; **84 1:** Vintage Germany/Julius Thiele; **85 1:** dpa Picture-Alliance/ IMAGNO/Austri; **86 1:** Interfoto/TV-Yesterday; **87 1:** akg-images/Sammlung Berliner Verlag/Archiv; **88 ob. re.:** Beltz Verlag; **88 un. li.:** dpa Picture-Alliance/Daniel Karmann; **88 un. re.:** mauritius images/Marc Romanelli/Blend Images; **90/91:** Bridgeman Images/Neue Nationalgalerie, Berlin; **92 1:** Paul Senn/Sozialarchiv Zürich; **92 3:** KGPA Ltd/Alamy Stock Photo; **93 4:** Medienzentrum Osnabrück; **93 6:** bpk/Gustave Marissiaux; **95 ob.:** Bridgeman Images; **95 Mi.:** BAO/imageBROKER/SZ Photo; **95 un.:** imago stock&people/Westend61; **96 1:** Science Photo Library/LIBRARY OF CONGRESS; **96 2:** Interfoto/Granger, NYC; **98 1 u. 99 3:** akg-images; **100 1:** ullstein bild/Ilgmann, Gerda/Haeckel Archiv; **101 2:** imago stock&people/UIG; **101 3:** bpk/Gustave Marissiaux; **102 1:** akg-images; **103 3:** Bild der Ford Motor Company; **106 1:** Stadtarchiv Nürnberg; **108 1:** Visum/Thomas Pflaum; **108 2:** Fotolia/Mirko Raatz; **109 4:** CCI/Interfoto; **110 1:** bpk; **111 3:** bpk/Heinrich Lichte; **112 1:** BAO/imageBROKER/SZ Photo; **113 1:** akg-images/Science Photo Library; **114 1:** bpk/Georg Büxenstein; **115 1:** bpk; **116 ob.:** akg-images; **116 un.:** shutterstock/Everett Historical; **117 2:** akg-images; **119 3A:** shutterstock/ Halfpoint; **119 3B:** shutterstock/Umit Erdem; **120 ob.:** akg-images/Werner Unfug; **120 un.:** dpa Picture-Alliance/Stefan Puchner; **121 2:** ddp images/360° CREATIVE; **122/123:** SZ Photo/Scherl; **124 1: u. 2:** akg-images; **125 3:** akg-images; **125 4:** akg-images/NordicPhotos; **127 ob.:** Interfoto/Mary Evans/Robert Hunt Library; **127 2. v. ob.:** SZ Photo/Scherl; **127 2. v. un.:** akg-images; **127 un.:** INTERFOTO/Mary Evans; **128 1:** bpk; **130 1:** Stiftung Stadtmuseum Berlin; **130 2:** Interfoto/Mary Evans/Robert Hunt Library; **132 1:** akg-images/arkivi; **133 2:** bpk/Kunstbibliothek, SMB; **134 alle:** akg-images; **136 1:** SZ Photo/Scherl; **137 2:** SZ-Photo/Scherl; **137 4:** bpk; **137 5:** dpa Picture-Alliance/ullstein bild; **138 1:** mauritius images/alamy stock photo/Arterra Picture Library; **139 1 beide:** Cornelsen/Manuel Köhler; **140 1 u. 141 1 re.:** akg-images; **141 1 li.:** imago; **142 1:** akg-images; **141 2:** akg-images/Sammlung Berliner Verlag/Archiv; **143 1:** dpa Picture-Alliance/WHA/United Archives; **144 1:** action press/AA/Abaca Press; **145 3:** xinhua/FOTOFINDER.COM; **146 1:** Fotofinder.com/George Mulala/Lineair; **147 2:** imago stock&people/Xinhua; **150 1:** mauritius images/Circa Images/Glasshouse; **150 2:** INTERFOTO/Mary Evans; **150 un.:** Fotolia/steinerpicture; **151 ob.:** shutterstock/Zurijeta; **151 Mi.:** shutterstock/Paul Hakimata Photography; **151 un.:** shutterstock/Michiel de Wit; **152 ob.:** Verlag Spaß am Leben; **152 un.:** mauritius images/Rainer Waldkirch; **154/155:** imago stock&people/Danita Delimont; **156 1:** mauritius images/alamy stock photo/Michele Burgess; **157 4:** F1online/Robert Harding/Godong; **159 2:** your photo today/ BSIP/GODONG_DELOCHE; **161 li. ob.:** Fotolia/artepicturas; **161 li. un.:** Graeme Shannon/ Shutterstock; **161 re. ob.:** F1online/Robert Harding; **161 re. un.:** dpa Picture-Alliance/Hiroya Minaku; **161 li. Mi.:** imago stock&people/imagebroker; **165 4:** Partnerschaft Afrika e. V.; **169 2:** picture-alliance/Globus Infografik; **170 1:** dpa Picture-Alliance; **171 2 u. 3:** Partnerschaft Afrika e. V.; **172 1:** Interfoto/ARTCOLOR; **172 2:** shutterstock/RedHanded; **173 3:** Reuters/David Lewis; **174 1:** laif/Sven Torfinn; **175 1:** shutterstock/natursports; **175 2:** ddp images/Newscom/Zhao Yingquan/Xinhua; **176 1:** Majority World/FOTOFINDER.

COM; **177 1:** imago/ZUMA Press; **178 1:** F1online/ Foodcollection; **184 ob. li.:** Fotolia/vulkanismus; **184 un. li.:** action press/imagebroker.com; **184 ob. re.:** Fotolia/ SZ-Designs; **184 un. re.:** your photo today/a1pix.com/ Martina_Berg; **185 2 beide:** Verlag C.H.Beck; **190 1 ob.:** mauritius images/Karo; **190 1 un.:** shutterstock/ cunaplus; **192 1:** GlowImages/CulturaRM; **202 1:** F1online/Westend61/Martin Moxter; **202 2:** ddp images/ Norbert Millauer/dapd; **204/205:** W. Smetek; **206 ob.:** Fotolia; **206 un.:** StockFood/Foodfolio; **209 1:** StockFood/ Pfisterer, Walter; **209 2:** Fotolia/Björn Wylezich; **210 1:** Fotolia/by-studio; **210 2:** HorizonFeatures/Leemage/ FOTOFINDER.COM; **210 Mi. re.:** mauritius images/ United Archives; **210 un. li.:** Bundesministerium f. Ernährung, Landwirtschaft und Verbraucherschutz; **211 1:** Visum/Werner Rudhart; **211 2:** shutterstock/ dolphfyn; **211 3:** shutterstock/photomagically; **212 1:** mauritius images/imageBroker/Jan Krimmer; **212 2:** mauritius images/Konrad Wothe/Minden Pictures; **213 2:** dpa Picture-Alliance/ITAR-TASS; **214 li. ob.:** akg-images; **214 li. Mi.:** laif/Anita Back; **214 li. un.:** dpa Picture-Alliance/picture-alliance/dpa; **214 3:** mauritius images/Cem Canbay/age; **216 ob.:** Fotolia/Björn Wylezich; **216 2. v. ob.:** TransFair e. V; **216 2. v. un.:** shutterstock/ dolphfyn; **216 un.:** Fotolia/ SyB **7008425;**

Auftragsillustrationen und Karten
Cornelsen/Klaus Becker (bearbeitet v. Carlos Borrell): 148 1; **Cornelsen/Thomas Binder, Magdeburg:** 77 ob.; **Cornelsen/Carlos Borrell Eiköter, Berlin:** 1 VS B, 12 1, 14 1, 16 1, 20 1, 22 2, 28 1, 30 1, 61 2, 61 3, 70 1, 82 1, 94 1, 97 3, 107 2, 126 1, 129 3, 135 2, 144 2, 164 1, 158 1, 160 1, 162 1, 167 1, 168 1, 179 2, 209 3, 213 3; **Cornelsen/ Elisabeth Galas, Bad Breisig:** 98 2, 133 3; **Cornelsen/ Rainer Götze, Berlin:** 215 1; **Cornelsen/Peter Kast/Carlos Borrell:** 2 VS D, 3, 129 2; **Cornelsen/Carsten Märtin, Oldenburg:** 55 2, 104/105, 118 1; **Cornelsen/Wolfgang Mattern:** 165 2; **Cornelsen/Tom Menzel:** 215 2; **Cornelsen/Dieter Stade:** 212 3; **Cornelsen/Joana Stratmann, Oldenburg:** 16 3, 17 7, 17 8, 17 9, 25 4, 26 1, 31 1, 35 2, 43 2, 53 1, 83 3, 83 4, 83 5, 131 alle; 148 2 alle, 149 3, 163 2, 163 3, 165 3, 179 3, 193 5, 213 1, 214 un.; **Cornelsen/Michael Teßmer, Hamburg:** 5 un. re., 180/181, 182 1, 182 2, 183 3, 183 4, 186–187 alle, 191 alle, 194 1, 195 alle, 196 1, 198 1, 199 1, 200 1, 201 1, 203 2 alle; **Cornelsen/ Ute Winkler, L101 Mediengestaltung, Fürstenwalde:** 13 re., 71 re., 127 re., 159 re.; 185 re.; **Cornelsen/zweiband. media, Berlin:** 197 3.

Der Textknacker

Beim Lesen und Verstehen von Texten hilft der Textknacker.

1. Schritt: Vor dem Lesen

Bilder beim Text helfen mir, den Text besser zu verstehen.
Die Überschrift sagt mir etwas über den Inhalt des Textes.

- **Ich sehe mir die Bilder an.**
- **Ich lese die Überschrift.**

Worum könnte es in dem Text gehen?

2. Schritt: Das erste Lesen

Ein Text hat Absätze. Was in einem Absatz steht, gehört zusammen.
Die Schlüsselwörter im Text sind besonders wichtig.
Einige Wörter werden unter dem Text erklärt.

- **Ich zähle die Absätze.**
- **Ich lese die hervorgehobenen Schlüsselwörter.**
- **Ich lese die Worterklärungen.**

Was weiß ich jetzt?

3. Schritt: Den Text genau lesen

Erst der ganze Text sagt mir, worum es geht.
Ich lese den ganzen Text – Absatz für Absatz.

Was habe ich erfahren?

4. Schritt: Nach dem Lesen

Ich habe den ganzen Text gelesen.

- **Ich schreibe zu jedem Absatz etwas auf.**
- **Ich schreibe die wesentlichen Informationen auf.**
- **Ich schreibe auf, was für mich wichtig ist.**

Hilfen zum Lösen von Aufgaben (Operatoren) Teil 2

Finde heraus

Du sollst einen Sachverhalt aus unterschiedlichen Informationsquellen ermitteln.

Führe eine Umfrage durch

Du sollst z. B. Mitschüler oder Eltern zu einem Sachverhalt befragen. Deine Umfrage musst du gut vorbereiten. Zunächst solltest du einen Fragebogen entwerfen.

Gib die Aussagen von ... wieder

Wenn du einen Text oder mehrere Texte genau gelesen hast, sollst du die wichtigsten Aussagen (Behauptungen) mündlich oder schriftlich ohne Kommentar wiedergeben. Das geht am besten, wenn du beim Lesen Notizen machst.

Informiere

Du sollst Informationen aus verschiedenen Medien (Bücher, Internet) zu einer Sache herausfinden und zusammenstellen.

Lies und berichte

Zunächst musst du den Text genau lesen und dir dabei das Wichtigste merken. Über den Inhalt sollst du dann der Klasse berichten oder den Inhalt mit eigenen Worten in deiner Arbeitsmappe festhalten.

Nenne Gründe, warum

Du sollst wichtige Gründe nennen, warum eine Sache so oder anders ist. Die Informationen dafür entnimmst du Texten, Karten oder Schaubildern.

Ordne

Du sollst verschiedene Informationen in eine sinnvolle Reihenfolge, in einen sinnvollen Zusammenhang stellen.

Prüfe

Du sollst auf Grundlage eigener Kenntnisse oder zusätzlicher Materialien feststellen, ob eine Behauptung über einen Sachverhalt richtig ist.

Schreibe einen Bericht

Aus den Materialien (z. B. Texten, Bildern oder Grafiken) sollst du eine zusammenfassende Darstellung in deinen Worten erarbeiten. Dieser Bericht soll klar gegliedert sein (Einleitung, Hauptteil, Schluss) und kann mit Bildern ergänzt werden.

Suche

In verschiedenen Medien (Bücher, Filme, Internet) informierst du dich über einen Sachverhalt und notierst die Ergebnisse der Suche.

Untersuche

Du gehst einer Sache auf den Grund, indem du genaue Fragen stellt und die Ergebnisse dann aufschreibst.

Vergleiche

Aus Materialien (Texte, Bilder, Karten) sollst du Unterschiede und Gemeinsamkeiten erarbeiten. Das geht am besten, wenn du deine Beobachtungen in einer Tabelle gegenüberstellst.

Versetze dich

Du sollst dich in eine Person versetzen und durch deine Fantasie erspüren, wie es der Person (damals) wohl ergangen sein kann.

Werte aus

Zunächst musst du den Text genau lesen, dann solltest du dir wichtige Stichwörter notieren und die Argumente für und gegen eine Sache nennen und bewerten.

Sprechen, präsentieren und miteinander reden ...

Ein Kurzreferat vorbereiten

1. Schritt: Das Thema aussuchen und Fragen formulieren
2. Schritt: Informationen beschaffen
3. Schritt: Informationen aus Texten entnehmen
4. Schritt: Das Kurzreferat gliedern und die Notizen ordnen
5. Schritt: Überschrift, Einleitung und Schluss formulieren
6. Schritt: Den Vortrag vorbereiten und üben

Eine Präsentation frei vortragen

- Stelle dich so hin, dass alle dich sehen können.
- Versuche, frei zu sprechen und wenig abzulesen.
- Sprich langsam und deutlich.
- Orientiere dich an deinen Stichworten.
- Sieh beim Sprechen die Zuhörerinnen und Zuhörer an.
- Zeige deine Materialien an den passenden Stellen.
- Erkläre, was diese zusätzlichen Materialien zeigen sollen.
- Präsentiere nicht zu schnell. Das Publikum muss die Materialien oder Folien lesen können.

Feedback geben

- Sende Ich-Botschaften.
- Benenne positive Eindrücke zuerst. Beschreibe dabei genau, was positiv war.
- Stelle Fragen, wenn dir etwas unklar war.
- Sage, was noch verbessert werden könnte.
- Falls du noch einen Tipp hast, benenne diesen so konkret wie möglich.

Ein Plakat gestalten

- Wähle ein großes Papierformat aus.
- Finde eine passende Überschrift.
- Entscheide, welche Texte und welche Bilder auf das Plakat sollen.
- Gliedere das Plakat übersichtlich: Überlege, wie du Überschrift, Texte und Bilder anordnen willst.
- Schreibe groß genug und gut lesbar. Verwende dunkle, dickere Stifte.
- Nimm andere Farben für Hervorhebungen.

Ein Projekt planen, durchführen und auswerten

In einem Projekt beschäftigt ihr euch mit einem bestimmten Thema.

1. Schritt: Das Projekt planen
2. Schritt: Die Gruppenarbeit planen und umsetzen
3. Schritt: Die Ergebnisse der Gruppenarbeit vorstellen und das Projekt durchführen
4. Schritt: Das Projekt auswerten

D Technikdenkmäler in Bayern. *Karte.*

Technisches Denkmal (Auswahl) bedeutendes Technikmuseum (Auswahl)